絕響——永遠的鄧麗君

姜捷——著
鄧麗君文教基金會——策畫

推薦序——他們心目中的鄧麗君

鄧麗君雖然離我遠去了，但她一生的點點滴滴從來沒有離開過我。從她十五歲開始一直到她離開，當時每天的生活都糾葛在一起，如今回味起來仍然辛酸。很高興一本懷念鄧麗君的書終於出版，這也是我看過寫得最好的一本鄧麗君傳記，因此特別在這裡推薦！希望讀者藉由這本書，更深入了解鄧麗君的成長以及她的內心世界。身為她的老師，我更希望年輕人能看到：一個人的成功絕對是在於她自己的努力與執著！

——左宏元

那一年，鄧麗君小姐指定我當她的主持人，十天的演出期間，她總會在謝幕時叫我拉著她的手，伴隨她唱〈海韻〉的歌聲一起謝幕。然而最後一場，我竟然難過得跑了，只留她一個人謝幕。想到不知此生何時才能再有這樣的機會，和我心目中臺上、臺下都如此偉大、敬業而親切的巨星合作，那種莫名的傷感真是無法面對呀！沒想到演出結束後，她還四處找我、想安慰我，可見鄧小姐是多麼體貼與善解人意啊！

任何人跟鄧麗君聊天、相處，都會很快對她燃起仰慕、崇拜和敬愛之心，這是她令人難忘的特質；甚至很多人在她離開人間以後，仍然成為她的歌迷。她的奮鬥過程也給我們藝界兒女樹立了一個典範，我們永遠想念她！

——張　菲

民國八十一年春節，我到華視擔任總經理不久，從報紙上看到鄧麗君將要回國的消息，靈機一動，就和鄧麗君的哥哥鄧長富聯絡，看是否有機會和鄧麗君見個面。那次見面，決定了之後的勞軍演出，已經很長一段時間沒露面的鄧麗君，分別於清泉崗空軍基地及鳳山陸軍官校，各演出一場勞軍晚會。鄧麗君的歌聲風靡了空軍和陸軍基地，就在第三場左營海軍基地勞軍晚會準備完成之際，突然傳來鄧麗君逝世的噩耗。她的驟逝，也讓這美妙歌聲從此成為絕唱。

——張家驤

推薦序——印象鄧麗君

林青霞

一九九四年我結婚當天，多想把手上捧著的香檳色花球拋給她，因為我認為她是最適合的人選，我想把這份喜氣交到她手上，可是我不知道她在哪裡。

婚後不久和朋友在君悅酒店茶聚，接到她打來的電話，「妳在哪兒？我想把花球拋給妳的，妳……」我一連串說了一大堆，她只在電話那頭輕輕的笑。「我在清邁，有一套紅寶石首飾送給妳。」那是我和她最後的對白。

一九八〇年她在洛杉磯，我在三藩市，她開車來看我，我們到 Union Square 逛百貨公司，其實兩人也並不真想買東西。臨出店門，她要我等一下，原來她跑去買一瓶香水送給我。我們喝了杯飲料，她晚飯都不吃就趕著開車回去。那是我們第一次相約見面，大家都不太熟悉，也不知道該說些什麼，但是我卻被她交我這個朋友所付出的誠意深深打動。

和她的交往不算深。她很神祕，如果她不想被打擾，你是聯絡不到她的。我們互相欣賞。

對她欣賞的程度是——男朋友移情別戀如果對象是她，我絕不介意。

跟她見面的次數並不多，一九九〇年到巴黎旅遊，當時她住在巴黎，這段時間是我跟她相處較長的時段。因為身在巴黎，沒有名氣的包袱，我們都很自在的顯出自己的真性情。我會約她到香榭麗舍大道喝路邊咖啡，看往來的路人，享受夜巴黎的浪漫情懷。她也請我去法國餐廳 La Tour D'argent 吃那裡的招牌鴨子餐。

記得那晚她和我都精心打扮，大家穿上白天 shopping 回來的新衣裳，我穿的是一件閃著亮光的黑色直身 Emporio Armani 吊帶短裙，頸上戴著一串串 Chanel 珠鍊；她穿的那件及膝小禮服，雖然是一身黑，但服裝款式和布料層次分明。下襬是蕾絲打摺裙，腰繫黑緞帶，特點是上身黑雪紡點綴著許多同色綉花小圓點，若隱若現的。最讓我驚訝的是，她信心十足地裡面什麼都不穿，我則整晚都沒敢朝她胸前正面直望。

我們走進餐廳，還沒坐定，就聽到背後盤子刀叉哐啷哐啷跌落一地的聲音，我想，這 waiter 一定為他的不小心感到懊惱萬分。她卻忍不住竊笑，「妳看，那小男生看到我們，驚豔得碗盤都拿不穩了。」

有幾次在餐廳吃飯，聽到鋼琴師彈奏美妙的音樂，她會親自送上一杯香檳，讚美幾句。她對所有服務她的人都彬彬有禮，口袋裡總是裝滿一、兩百法郎紙鈔，隨時作小費用，我看她給的次數太多，換一些五十的給她，她堅持不收。

有次在車上，她拿出一盒卡帶（那時候還沒有碟片）放給我聽，裡面有她重新錄唱的三首成名曲，原來那段時間她在英國學聲樂。她很認真的跟我解釋如何運用舌頭和喉嚨的唱法令歌聲更圓潤。對於沒有音樂細胞的我，雖然聽不懂也分辨不出和之前的歌有什麼不同，但對她追求完美和精益求精的精神深感敬佩。

有一天到她家吃午飯，車子停在大廈的地下停車場，那裡空無一人，經過幾個迴廊，也冷冷清清。走出電梯進入她那坐落於巴黎高尚住宅區的公寓，一進門，大廳中間一張圓木桌，地上彩色拼花大理石，天花好像有盞水晶燈。那天吃的是清淡的白色炒米粉，照顧她的是一名中國女傭。我一直以來的夢想就是在巴黎有個小公寓，她在巴黎這所公寓比我的夢更加完美。可是我感受到的卻是孤寂。

那些日子，我們說了些什麼不太記得，只記得在巴黎消磨的快樂時光。

結束了愉快的巴黎之旅，我們一同回港，在機上我問她自己孤身在外，不感到寂寞嗎？她說算命的說她命中注定要離鄉別井，這樣對她較好。

飛機緩緩的降落香港，我們的神經線也漸漸開始繃緊，她提議我們分開來下機，我讓她先走。第二天，全香港都以大篇幅的頭條，報導她回港的消息。

二〇一三年來臨的前夕，我在南非度假，因為睡不著，打開窗簾，窗外星斗滿天，拱照著蒙上一層薄霧的橙色月亮，詩意盎然，我想起了她，嘴裡輕哼著〈月亮代表我的心〉。

她突然的離去，我悵然若失，總覺得我們的友誼不該就這樣結束了。

這些年她經常在我夢裡出現，夢裡的她和現實的她一樣——謎一樣的女人。

奇妙的是，在夢裡，世人都以為她去了天國，唯獨我知道她還在人間。

二〇一三年一月七日

出版序──
愛的禮物　禮物裡的愛

鄧麗君文教基金會董事長／鄧長富

一九九五年五月八日，家妹猝逝泰國清邁，當時幾乎全球的華文媒體都大肆報導，有哀悼、有懷念，當然也有八卦渲染及臆測死因。那時，全家都陷入哀戚的氛圍，且忙於她的後事，無暇也無心情去澄清說明。看到那些眾說紛紜、捕風捉影的事，我就想，未來一定要出一本家妹的傳記，忠實敘述她的一生，給喜愛她的歌迷和關心她的朋友們一個交代，也為從不辯解的妹妹有個說明。

隨著時間逝去，對家妹的報導卻未停止，坊間出版了好多她的傳記和報導，究其內容，大多是互相抄襲的傳言，或自言其是，與事實相悖，甚至有些惡意中傷，有辱逝者的聲譽，也給家人造成不少困擾，更加強了我出書的想法！國內也有些媒體多次和我談過出書的事，但都因找不到理想的執筆人而作罷。其後，我認識了軍中很傑出的記者作家──姜捷，當時她剛自軍中退役，有時間可專注寫作，遂一談即成。

為了讓姜捷能忠實報導，鄧麗君文教基金會擬了訪談名單，也安排她赴鄧小姐生前住過和工作過的地方，如香港、日本、泰國、新加坡、馬來西亞、法國、美國等地，訪問的人也一直增加，超過兩百人，真是辛苦她了。

二〇〇〇年我自軍中退役，因緣際會到了中國大陸，隨著中國的改革開放、經濟起飛、社會繁榮、民眾日漸富裕，這些年我也大江南北去了好多地方，接觸很多的人，在了解他們對鄧麗君的感情後，真讓我大吃一驚。以往都是從媒體上得知大陸同胞對鄧小姐的喜愛，現在卻是我親眼看到、親耳聽到、親身感受到，其中有好多感人的事，令我相當激動。對一位從未踏上祖國土地，而又逝去多年的藝人，用情之深與真，令我感動萬分。

有幾件事也可以說明他們對麗君的喜愛與支持：

一、二〇〇八年，《南方都市報》在紀念改革開放三十週年，遴選了三十位風雲人物，鄧麗君亦名列其中，是唯一的海外人士及演藝人員。

二、二〇〇九年，中共建國六十週年，中國網發起一項「新中國最有影響力文化人物」的網路評選。鄧麗君以八百五十餘萬張選票，獲選為第一名。

三、據大陸文化部一位臺灣事務官員說，在二〇〇九年以鄧麗君之名所舉辦的演唱會超過一百場。

四、在全中國超過二十個地區有「鄧麗君歌友會」。在二〇一二年九月於上海的年會，遠在齊齊哈爾、佳木斯、內蒙古和新疆的會長都專程赴會，令我非常感動。

從上面幾件事可以看出，中國大陸是麗君演藝事業非常重要的一站，她生前未能踏上此地已是一生的遺憾，如本書又遺漏了篇章，豈不更添遺憾？所以，我又託姜捷跑了北京、上海、成都三地採訪，雖不能代表整個中國對她的愛，卻也讓這本書的內容更充實。

《絕響——永遠的鄧麗君》原本在十年前就已完稿，由於一些因素考量而擱置，如今能出版，要感謝的人實在太多：感謝姜捷專程赴各地奔波採訪、大量閱讀、整理影音文字資訊並埋頭撰寫；感謝林聖芬董事長熱力協助；感謝時報出版社及李采洪總編輯的團隊；更要感謝書中的兩百多位受訪者，提供了真實而寶貴的資料。

今年正逢麗君的六十冥誕，就用這本書為她「慶生」吧！

諾貝爾和平獎得主德蕾沙（Teresa）修女經常呼籲人們「心懷大愛做小事」，我們的 Teresa Teng（編按：鄧麗君的英文名字）一生所奉行的愛也在書中處處流露。因著她的愛，「鄧麗君文教基金會」決定將本書的版稅收入全數捐贈給「單國璽弱勢族群社福基金會」，為臺灣的貧、病、孤、老、殘等弱勢朋友盡一份心，讓麗君優美的歌聲繼續傳唱，麗君慈善公益的精神繼續發揚，這是給她最好的生日禮物！

寫於二〇一三年一月一日

目次

第一章 原鄉人

我張開一雙翅膀
背馱著一個希望
飛過那陌生的城池
去到我嚮往的地方

在曠野中我嗅到芬芳
從泥土裡我攝取營養
為了吐絲蠶兒要吃桑葉
為了播種花兒要開放

我走過叢林山崗
也走過白雪茫茫
看到了山川的風貌
也聽到大地在成長

一九八〇年鄧麗君唱紅了電影《原鄉人》的主題曲，因著中國近代史上非常獨特的一段大時代洗禮，說著同樣語言，寫著同樣文字，流著相同血脈的兩岸同胞，隔著一片海峽，海棠葉那頭，淬鍊著華夏文明五千年來從未嘗試的政權管理，小番薯這頭，綰繫著斬不斷的深根、捨不了的鄉愁、忘不掉的親情、回不去的家園……中國大陸，是一九四九年到臺灣的遊子的原鄉，他們被稱為「外省人」，之後，無以數計在臺灣出生的第二代、第三代、第四代，生於斯，長於斯，臺灣就是他們的原鄉，〈原鄉人〉是如此溫柔地觸動了海峽兩岸的愛與痛，既單純又複雜，既煎熬又充滿希望。

父母把流離失所的悲劇故事告訴了兒女，讓他們不忘原鄉，而眺望著原鄉的兒女就在豐沛而真摯的關懷裡成長；這是鄧麗君每每唱這首〈原鄉人〉都泫然欲泣的原因。鄧媽媽說：「也不懂為什麼她從小就關心大陸那邊的事兒，老問咱們為什麼會丟了大陸，來到臺灣？天性吧！她是很想回去看看的，不是去開演唱會、賺大錢，她沒那心思，只是想回去看看。回去看看，我想，這是她永遠也圓不了的終生遺憾……」

那是我和鄧媽媽的第一次訪談，「一生璀璨精采的鄧麗君，可有什麼遺憾？」我以為自己問了聰明的問題，可以套出她的輝煌情史，和為什麼始終沒有結婚之謎等等大家愛談的話題，完全沒有想到，竟是這麼「大」的遺憾，鄧媽媽蓄滿淚水的雙眼，全然放空地看著遙遠的地方，不知是在思念她再沒有回去過的原鄉，還是再沒有回來過的女兒？我趕忙安慰她：「不遺憾的，鄧麗君的歌聲回去了，整個大陸都在唱她的歌，不遺憾的！」

鄧媽媽的大顆淚水終於蓄不住地滾落下來，幽幽地說：「就是因為大陸同胞這樣喜歡她，妳不覺得更遺憾嗎？」

我的心口重重揪痛了一下！是啊！是啊！如果她能回去，如果她能踏上終生嚮往的原鄉土地，如果她能抱抱她深愛的原鄉人，如果她能開口親自唱給他們聽，如果她能握著手，頑皮地用鄉音招呼「哎，老鄉！」如果……如果……

我記得，第一次訪談之後，我在採訪簿上寫下了自己的決心，我要徹底丟開一個影劇記者愛挖情史、愛報八卦的壞毛病，我想寫的鄧麗君，不是她極力想藏起來不被窺探、不遭濫傳的受傷戀情，而是她的心，她的性情，她的愛，她的理想；她的歌聲是滋養原鄉泥土的甘芳，而化作春泥更護花的這隻蠶兒，終以緊繫原鄉、張望著賦歸無期的憾，吐盡了最後的一根絲。

躲躲藏藏
歷經烽火而重生的原鄉人

想了解鄧麗君無以名之的「原鄉之愛」，那就讓我們來談談她小時候從媽媽趙素桂口中聽到的故事吧！

一九二六年，趙素桂出生於山東省東平縣一個篤實家庭，父親在哈爾濱擔任郵政局局長，日本人一到哈爾濱就開出誘人的條件，願意以加倍的月俸，要求他為日本人做事。但趙爸不願做亡國奴，只好帶著一家老小展開逃躲的日子。

趙素桂十三歲那年，一家人落腳於河南，認識了黃埔軍校十五期畢業的鄧樞；鄧樞是河北省大名縣鄧臺村人，逃亡多年已經逃怕了的趙家兩老，眼見這位中尉軍官英挺老實，應該是滿可靠的，戰亂中完全沒有把握帶得了初長成的少女平安逃難，就以一種「託孤」的心情，匆忙的讓他們兩人訂了婚。那年，她才十四歲。

烽火赤焰逼著中國兒女迅速成長，鄧樞隨著部隊的調動頻繁居無定所，趙素桂則在當時蔣夫人蔣宋美齡所辦的孤兒院裡繼續讀書。日本人的侵華腳步日益迫近，幾乎每天都有轟炸或槍聲，讀讀停停的躲警報生涯，學子們心驚肉跳，亂世裡也談不到什麼遠景規畫，基於重承諾的義氣與責任感，鄧樞在趙素桂十六歲那年娶了她，兩人一無所有，結婚就是一種相依相守。婚後不久，他隨部隊調走，她在兵荒馬亂中生下第一個孩子。

很快地，城裡失守，幾乎所有來不及走避的婦女都遭到日本兵的蹂躪，不分少女婦人或老嫗阿嬤，種種親眼看見的暴行，讓中國女人力求自保。趙素桂躲到鄉下，每天在臉上抹鍋底的黑灰，妝成又乾又醜的老太婆，白天躲在地窖或防空洞，一步也不敢現身。

產婦營養不足，當然沒有奶水，趙素桂想法子把生麥子包在毛巾裡擦擦，放在石頭中推磨出類似麥片的東西餵兒子，出生不久的嬰兒得不到應有的營養，瘦得不成人形。在一次躲警報的防空洞裡，由於她帶著孩子，防空洞裡擠得滿滿的，老百姓深怕孩子的哭聲會引來日本兵，堅持不讓她躲進來，為了防空洞裡所有人的安全，她含淚爬出防空洞，躲在附近山頭的大樹下，警報過後許久才敢出來察看。沒想到原先那個拒收她的防空洞整個被炸掉了，裡面躲著的人無一倖免，她驚出一身冷汗來，命運作弄總是意外連迭，令人亦驚亦嘆。

趙素桂從北方輾轉到西南，翻山越嶺全靠雙腿，其中千辛萬苦非筆墨能形容，兩膝兩足都因跪爬而破爛、腫脹，全身也因嚴重的痢疾和瘧疾交相侵襲，在死亡邊緣打轉好幾回，那曾救了她一命的可憐嬰兒，最後還是敵不過病餓逼迫而夭亡了。

孑然一身的她，到處打聽鄧樞部隊的動向，終於找到鄧樞，夫妻相擁，恍如隔世。又黑又瘦又老的趙素桂，讓鄧樞久久不敢置信，不敢相認，其實那時候她還不到二十歲！長達八年的對日抗戰，磨去她從來沒有享受過一日一時的整個青春年華，沒有少女夢想，只有無數驚恐不安的夢魘。

一九四五年日本無條件投降，過不了兩年安定日子，國共兩黨再掀戰事，鄧樞依然隨著國軍轉戰各地，趙素桂帶著老大長安、抱著老二長順再度逃難，從河南到南京，轉江西到廣東汕頭，一路走走停停，火車、卡車、大貨車、軍車，不斷換交通工具，最後才得以搭船到之前聽都沒聽過的一個小島——臺灣。

人山人海的逃難人潮，擠在運輸艦上，多少人被擠落海裡，多少人被拉下來，擠不上去縱然失望，擠上去的人也有的受不了幾天幾夜的暈船而跳海，更有人在船上饑病而死，那是趙素桂所親身承受的悲苦，她冷眼看著周遭，人的尊嚴與價值在那時都已蕩然無存，人性的軟弱與不可思議的劣根性都一一浮現，如果不是兩個年幼的孩子一直支撐著她堅強的求生意志，也許她也會隨著任何人一樣悄悄死去，沒有人知道，也沒有人會收葬。

船行的時間其實並不長，對一個病人卻是終生難忘的漫長煎熬。十幾個小時之後，終於在基隆下了船，因嚴重營養不良而奄奄一息的她，被送入北投眷屬軍營中，喝水吐水、吃藥吐藥，那一年的中秋節，沒有月餅，沒有團圓，只有在對前途的茫茫無望，以及對彼岸家人的萬千牽絆之中慘澹度過，唯一支持她活下去的信念就是帶好兩個孩子，期待終有一天能再夫妻團圓。

差一點兒
世上就沒有鄧麗君這個人

從北投搬到內湖，再輾轉到虎尾，終於和鄧樞取得了聯繫，一家人能生活在一起，再苦的日子也撐得下去，職務上的調動使這個家不停東遷西搬。老三長富在宜蘭出生不久後，鄧樞就調到虎尾大埤鄉受訓，沒多久再調到雲林龍巖，流離搬遷的日子總算是暫時安定了下來。

為了替鄧麗君尋根，大埤鄉公所從戶政事務所的存檔中，找出鄧家的原始戶口資料，證明鄧家一九五二年一月從桃園縣楊梅鎮埔心里，遷入雲林縣大埤鄉南和村一鄰二十四戶南和路

一家能夠團圓，就是最大的幸福。（攝於一九五六年）

六號，之後再遷往褒忠鄉田洋村，因而，鄧麗君實際上是在大埤鄉出生三個月後，才遷往褒忠鄉的。

一九五三年的一月廿九日清晨，也正是那一年的農曆十二月十五日，家家戶戶正洋溢著準備要過農曆春節的忙碌氛圍，鄧麗君選擇在這樣歡欣的日子來到世間，成為鄧家最受歡迎的新成員，即使是物質生活艱苦，對小生命的誕生，大家都懷抱無限欣喜。

當時，擁擠窄小的農村民宅，只有勉強算是隔開的兩房，一間是權充產房的臥室，另一間就是三個兒子同睡的一張木板床。當時的眷村風氣的確是鄰里之間同甘共苦、守望相助。分娩時刻一近，助產婆婆、房東太太和眷村媽媽們都從四鄰過來幫忙，大冬天裡，點煤油爐子燒水，準備衛生用品和嬰兒衣物，不久，特別嘹喨的啼聲劃破破曉的寧靜，鄰居們興奮的歡呼著四處報喜：「是個女兒！是個女兒！」三個當哥哥的從呆愣愣的看著大人忙進忙出，到直奔床前「觀賞」他們的「新玩具」，知道多了一個妹妹而開心不已。

鄧樞得到喜訊不久後，氣喘吁吁的跑回家來，連聲說：「女兒好！女兒好！」抱在懷裡端詳半天，喜形於色。天沒大亮，左鄰右舍的媽媽們早已圍過來看鄧家的女兒，兩位鄰家媽媽在一旁壓低了聲音爭執著，其中一位一直磨到過了中午還不肯回家。

原來，當時的臺灣眷村生活相當清苦，鄧媽媽懷孕時曾對鄰人說，三個兒子都快養不起了，如果孩子生下來就送給這位結婚多年膝下猶虛的鄰家媽媽，姊妹倆早就私下口頭上說好的預定，這位媽媽想要抱走趙素桂這胎剛剛生下來的孩子，當作自己親生的孩子，這一早又

滿週歲時，騎木馬拍照留念。

滿一百天時的襁褓照。

看到剛出生的女娃兒這麼可愛，說什麼也不願走，抱持著一絲絲希望，巴望著鄧家太太記得曾經允諾過的話，把嬰兒送給她，但是，怎麼可能呢？

懷胎十月的辛苦，抱在手中的滿足，日子再窮、再苦也要咬牙撐下去，何況是盼了許久的女兒，無論如何也捨不得「送人」，鄧媽媽一時難為，不禁放聲大哭，哭得想要來抱小孩的鄰家媽媽六神無主，口頭承諾是相知好姊妹的悄悄話，眼見鄧媽媽的又疼又喜，誰也不忍心「硬要」，只好奉上了本來是要來「換孩子」的老母雞、雞蛋、麵線等禮物，黯然回去。

鄧媽媽回想這段往事，不禁感謝蒼天，冥冥中給她這個可愛的小天使，也感謝鄰居姊妹的貼心體己，如果當時那位媽媽堅持要她履行諾言，將孩子抱走，整個中國近代流行歌壇的歷史，可能就不會出現「國際巨星鄧麗君」，而鄧麗君如果沒有走上唱歌這條路子，也許她的一生就會完完全全改觀了。

人緣超好
取名麗筠期許如竹般高潔

鄧媽媽還記得在坐月子期間，軍營中的鄧爸不能常回家，才不過十歲的大哥就得負責清洗尿布，每天晚上把功課做完，就得抱著一盆尿布到水井邊，打起冰冷的井水，把泡過水的尿布一條條拖在洗衣板上，閉著眼睛猛搓一陣，也不管洗乾淨沒有，就往竹竿上隨便披一披，尿布上連便跡都還在，害得小丫頭得了尿布疹。鄧媽媽只好在月子裡起身，指點大哥怎樣才能把尿布洗乾淨，她欣慰的稱讚大兒子真聽話，教了一兩次就懂了，從此以後，小娃兒才免去了紅屁股的折磨。

這樣的情景，在家家戶戶有洗衣機、烘乾機等電氣化生活的現代社會怎麼能想像呢？在天天拿著搖桿玩電動的九〇年代男孩，誰肯為妹妹打井水洗尿布呢？也許用慣了紙尿褲的這一代人連尿布長什麼樣子都不知道吧！

鄧媽媽欣慰的是女兒涓滴不忘的孝心。日後，鄧麗君才剛有了一點錢，第一件事就是想到把家中全部改為電氣化，特別是洗衣機，雖然家中的孩子都長大了，再也沒有尿布要洗，但是她心疼媽媽在月子裡碰冰冷的井水影響到日後造成的指關節痠痛，她不只一次向媽媽提過，很感謝媽媽和哥哥為她冬天打冰冷的井水洗換尿布的辛勞，這不過是她人生中最初的幾個月，可是，這一輩子她都從沒有忘記過家人對她的愛。

「丫頭」是鄧麗君滿月前的諢名兒，在中國人的習俗裡，諢名兒叫得越通俗、越平凡，孩子會越好養，而鄧爸、鄧媽卻覺得老是叫「丫頭」，對這個漂漂亮亮的小女兒實在不夠雅，鄧爸特地請來了部隊裡最有學問的一位楊姓長官，為她起個漂亮的學名，在他的一番用心斟酌之下，為她命名「麗筠」，麗有清麗、秀美的意涵，而筠則是竹的青皮，泛稱為竹的代表，期望她長大之後志向高潔、虛懷若谷，節節高升，並且能出人頭地。

可喜的是這位楊長官的眼光果然準確，日後在她成長的過程中真的都在她身上看到了這些特質，一點兒也不負這「筠」字的美意。也許是「有邊讀邊，無邊讀中間」的慣性使然，當時，一般人都把筠字發「君」字音，麗君、麗君的就這麼被叫慣了，就連鄧媽媽都喊她「麗君」，人人叫得如此順口，之後，鄧麗筠開始唱歌需要一個藝名的時候，就直接把「鄧麗君」當作藝名，彷彿是順理成章，再自然不過的事。

鄧麗君四個月大時，鄧爸又調往臺東縣池上鄉，天才濛濛亮，全家便坐上敞篷的大貨車，經過一整天的搖晃車程，舉家遷移。鄧媽媽回憶這段往事感慨的聯想，也許老天是注定鄧麗君要一生奔波的，從在襁褓中睡在媽媽懷裡就四處顛簸，而乖巧的嬰兒彷彿知道體恤媽媽，一路上都不吵不鬧，對一個毫不解事的新生兒而言，真的非常難得。

鄉間的人情味濃厚，池上鄉的純樸與寧靜似乎更適合她，涵養了她明朗舒坦而心胸開闊的個性。童年的鄧麗君備受寵愛而且人緣奇佳，從襁褓中就顯而易見，討人喜愛的娃娃成了鄧

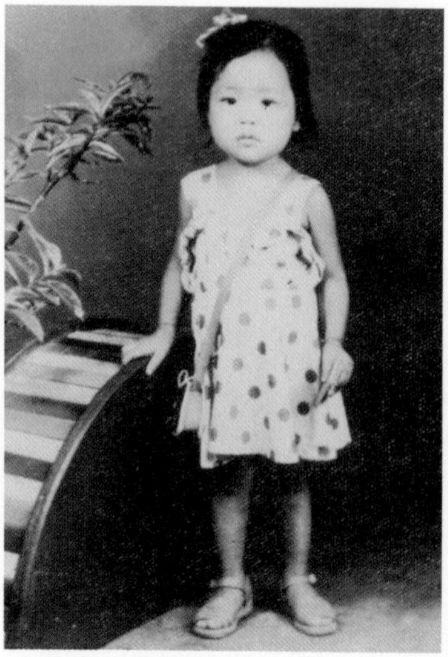

丫頭很有人緣，誰看到她都喜歡。

爸同事們的開心果，叔叔、伯伯們有事沒事就往鄧家跑，甚至有時候還為了搶著抱她而爭得面紅耳赤。鄧媽媽在談到這段往事時，還笑著感嘆那些來到臺灣就沒有結婚，俗稱的「老芋仔」，那時候多有人情味啊！她們這一輩結了婚的，家裡的大門永遠都為了單身漢的弟兄們敞開，弟兄們對他們的孩子就像自己的孩子一樣，相處和樂融融。鄧麗君不怕生的好性情也是在那樣的大環境中養成，叔叔、伯伯、阿姨、嬸嬸的，叫得人心好甜，而她也特別懂得察言觀色，貼心而不嬌縱，「真的是個天使」鄧媽媽紅著眼說：「她小時候，就有很多人跟我說，這女兒是天女下凡來報恩的，我寧願她不是什麼天仙天使，也不要她來報了恩就匆匆回天上去了，我真的寧願她不要這麼好啊！」

有十分鐘之久，我們兩人都默對著冷掉的咖啡流淚，白先勇在《謫仙記》裡所引用蘇曼殊的〈偶成〉所題：「人間花草太匆匆，春未殘時花已空。自是神仙淪小謫，不須惆悵憶芳容。」再多安慰的話都說不出口，一個母親要有多大的思念，多大的盼回，才會希望自己的女兒「不要太好」啊！

過人毅力
從小看大窮苦磨出好性子

另一件鄧媽媽說來就得意的往事是鄧麗君的「三日斷奶記」！一年多之後，五弟鄧長禧出生，「那時，ㄚ頭還沒真正斷奶，我餵五弟奶，ㄚ頭也搶著要吃，好在那時候我奶水多，總會先讓她吃飽再餵弟弟，直到她兩歲，滿口已經發好了快長齊的牙，再不斷奶就不像話了。」鄧媽媽下定決心讓她不再想奶，託了一位伯伯把她帶到高雄去玩，第一個晚上吵奶哭了一下，第二天給她喝牛奶、豆漿，才第三天，就斷成功了。

鄧媽媽說，光從這件小事情上就可以看出鄧麗君的過人毅力，在以後的歲月裡，鄧媽媽陪伴她所走過的顛簸歌途來看，的確也證明了她過人的自持力，幾乎很少把麻煩帶給人家，總是自己承擔忍受。別人需要什麼，往往她察言觀色就能了然於心，默默幫助別人也相當為人著想，心竅玲瓏剔透。

池上鄉住了一年，舉家再搬到屏東市稍微像樣的住處，小小的鄧麗君成為三個哥哥想溜出去玩的最佳「護身符」，只要抱著她大大方方的出門，總是萬無一失。出門後，左鄰右舍總會有人叫喚「ㄚ頭，來這邊玩」，他們就很放心的把她「塞」給鄰居，一溜煙的跑去瘋個夠，天黑回家時，她總是已經安安穩穩的在家裡了。

鄧媽媽頗為自信的說：「我們家ㄚ頭長得不是很漂亮，但從小到大都一直很有人緣。這點從她小時候就看得出來，走訪她的幾位鄰居，不論是爺爺奶奶級的、叔伯嬸姨輩的，或者是同齡相仿的，幾乎都是異口同聲的說她：「人緣好，有禮貌，嘴巴甜，心地好。」的確，俗話說：「人緣就是飯緣」她能夠迅速走紅，在天賦歌藝與後天努力之外，還有重要的人緣，不論任何不公平的待遇，或是遭受無預期的冷淡、排擠，她都一笑置之。不爭，是窮人家孩子磨出來的性情，做人處事的圓融，也是她在窮日子裡「訓練」出來的成功要素之一。

日子清苦卻也快樂，退伍的鄧爸試著做點小生意，鄧媽媽則發揮「理家」的才智，空心菜梗炒辣椒、酸菜炒辣椒、黃豆芽炒辣椒、苦瓜炒辣椒等都是家中餐桌上常見的「佳餚」，油水雖少，但色、香、味俱全，五個孩子搶得津津有味，常常吃得盤底朝天。一直到鄧麗君過世，酸菜、苦瓜、黃豆芽等，這些最最平凡不過的窮苦人家菜餚，都是她每次回家最愛吃的，不少人很懷疑嗜辣如命、少一頓辣椒都不行的她，如何能保養一付水晶般的清靈剔透的好嗓子，她都不置可否的笑笑，也許，真的是得天獨厚吧！

大胃王背後蘊藏親情記憶 肉香飯香

蕉風椰雨是屏東的特色，鄧家的院中也有一欉香蕉樹，是他們生活中不可或缺的「重要加菜來源」，個把月香蕉成熟時，鄧媽媽請菜市場的水果商割走，換得一些些微薄零用錢，當天就會為大夥兒「加菜」，那是久久才吃得到紅燒肉的珍貴時刻，小小一鍋肉，惹來垂涎多少，當爸媽的說什麼也不捨得吃，兄妹這五張口總是一餐就把它報銷掉。香港天香樓的老闆回憶鄧麗君常去店裡點「東坡肉」這道菜時，就會講小時候的故事給同桌的人聽，她愛吃的不只是因為紅燒肉的美味，更是整個童年回憶的甘芳好滋味。

兒時的苦日子對鄧麗君而言，是家人向心力最凝聚的時光，這情分她一直念念不忘，日後不管她多麼走紅，總是想盡辦法在逢年過節的時候和家人團聚，就是因為想念家人在一起的這種歡樂與融洽。這段日子在她的記憶中並不算久，當她長成少女，特別是出道唱歌之後，幾個兄弟工作的工作、求學的求學，自己又經常到世界各國演唱，一家人反而相聚無多，紅燒肉香氣裡蘊涵的濃厚親情，更讓她格外難忘。

雖然是北方大妞，鄧麗君卻不愛吃饅頭，小時候家境清苦，哪能容得孩子挑食，鄧爸疼女兒的「偏心」，在這個時候就看得出來了，做得一手麵食好手藝的他，總是差遣孩子拿著自家做的饅頭、包子或大餅，到鄰家去換一碗白飯回來給她吃，真箇是應了「一粥一飯當思來處不易」的格言，她珍惜著換來不易的白飯，對兄弟們常為她去四鄰「要飯」的這份恩情也久久不忘。

這個「白飯情節」還延伸到卅年後，在一九九〇年她赴金門勞軍那天，原本早上要飛的班機因天候不佳而暫時停飛，松山機場空指部的指揮官就請勞軍的一行人留在機場等候，並請她為松山駐守的空軍官兵和眷屬們做一次小型的勞軍演出，鄧麗君毫不猶豫的答應，臨時起意的小小演唱會，在簡樸的中山室舉行，她一樣認真、盡心的唱了好幾首，讓空軍官兵和眷屬們樂的不得了，對她毫無超級明星架子的平易近人更稱讚有加。

中午和官兵一起會餐時，她吃完第一碗白飯，很不好意思的小聲說：「太好吃了，我可不可以再添一碗？」大家好高興她這麼喜歡軍中的伙食。結果，那一餐她總共吃了三碗飯，把

一九六五年，過年時拍攝的全家福。家人就是鄧麗君的生命力量！

許多年輕力壯的阿兵哥都比下去了，不可思議的「大胃王」如何維持好身材，大家都不去猜測啦，只記得這位當紅明星毫不扭怩作態的落落大方，也讓大家更為喜愛她的真樸、可親。

鄧麗君雖然小時候不太愛吃饅頭，長大後卻對媽媽包的「一口餃」情有獨鍾，三哥鄧長富記得她在小時候就會自己和麵、擀皮兒、調餡子、包水餃樣樣都來，鄧麗君去日本發展時，當時擔任日本寶麗多社長的舟木稔也一直記得，「去鄧家吃水餃」是一大享受，滋味真的很難忘，也記得鄧麗君有一餐吃四十個小水餃的紀錄，大家對她何以這麼能吃，又能一直保持這麼好的身材都驚訝不已！

水餃中有著對家鄉的懷念，有著對童年的記憶，對念舊的她而言，在包水餃的過程中會有一家人濃濃的親情記憶浮現，那是她最珍惜的往昔歲月，在香港獨居的日子，她常教幫忙做飯的明姊包水餃，並且一邊包，一邊說小時候的故事，樣樣瑣事都記得可清楚了，明姊回憶她們常在廚房一邊洗菜做飯，一邊吱吱喳喳說往事的日子，怎麼也不肯相信這間小小的廚房裡，再也聽不到親切又愛聊天的女主人的聲音了……

六歲登臺不怯場特愛拍照 很講義氣

話說回她的幼年時期，備受父母兄弟及親友鄰里的愛護，特別是很會看臉色又乖巧懂事，

一九六四年，鄧爸爸過生日，小鄧麗君開心地依偎在爸爸身邊。

很少挨罵挨打，那時眷村小孩普遍都在嚴格的「庭訓」中過著「棒下出孝子」的日子，鄧爸爸教育兒女也很嚴格，鄧媽媽分享這有幾分俠義心腸的女兒行徑：每次只要是哥哥、弟弟們不乖，被鄧爸罰跪了，她就會默不作聲的自動自發跑去和兄弟們跪在一起，這種小小年紀就「患難相挺」的義氣，讓老爸看了也不忍心，不一會兒就會連帶免去了對眾兒子們的責罰。「妳看，她才多小年紀啊，就懂得察言觀色，還知道怎麼摸準老爸的心去救兄弟，真的是很講義氣！」鄧媽講這段往事時，眼裡盡是笑意。

至於唱歌跟誰學的？鄧媽似乎覺得自己也有那麼一點「功勞」，那就是「很有智慧」的買了一臺收音機。鄧麗君才兩、三歲大，就跟著收音機學唱歌，咿咿呀呀的逗人得很，鄧媽媽當時從沒有想過有朝一日她女兒會成了歌星，只覺得這個孩子只要有音樂聽就乖乖的，實在好帶；四、五歲的她也特別喜歡跟著媽媽看電影，片長兩個鐘頭，只消拿兩塊餅乾給她啃，就能不吵不鬧的看到電影終了，這個小影迷一直保持著愛看電影的嗜好，直到她去世前，都還在清邁的度假時光租片子來看，清邁的錄影帶出租店老闆形容她很懂得選好片子，會挑水準很高的來看，而不是隨便租了些殺時間的商業片而已，如果她不是這麼早過世，她甚至於還想過要嘗試退居幕後當導演哩！

掌上明珠總是漂漂亮亮得人疼。

因為家中只有一個女生，鄧媽媽對她特別用心照顧，親朋好友或街坊鄰居家有喜慶，總會把她打扮得漂漂亮亮的帶去參加，有時客串唱歌帶動氣氛，贏得一片驚嘆、讚美聲：鄧家的女兒好會表演，是大家一致的印象。鄰居裴媽媽最愛聽她唱〈採檳榔〉、〈晚霞〉等老歌，每次一看見她就呼喚到家裡來，要她唱幾支曲兒，她也有求必應、字正腔圓的唱將起來；平時還喜歡模仿明星，逗得鄰里媽媽都開心非常。

表演得好，是天賦也是努力，老舊的眷村三不五時聽得到小小年紀的她在唱作俱佳的表演。不只歌好、表演好，教人喜歡，她更為人所讚揚的是：「特別懂禮貌」。那天我花了一整天在蘆洲老家訪問聽過她小時候唱歌的鄰居伯伯、媽媽，一提起鄧麗君，幾乎是異口同聲的說：這孩子很懂事，嘴巴很甜，一碰面就會叫人！「叔叔、伯伯好」「阿姨、媽媽好」常掛在口頭，那是自然流露的家教好，有禮貌，而並非有所企圖的討好，因為這樣的小孩並不多見，所以特別讓鄰居們印象深刻，歌唱得好不好已經不記得了，但只要喚她來唱，她總是有求必應，給他們帶來一段相當愉悅的時光。

鄧麗君的好歌喉鄉里有名，常在喜慶活動上高歌助興！

小小年紀第一次公開演唱，毫不怯場。

她第一次正式登臺演唱，才不過是六歲，一點兒也不羞怯，也許是打從毛頭孩子時就敢於在陌生人面前表演，把她的膽子練大了，應變能力也掌握得很靈活，鄧媽說，她真的膽子很大，也該說是她夠自信吧！後來的歌途發展上，無論在任何國家、任何陣仗上，她都沒有怯場過，她也從不逃避任何挑戰，語文不夠好，該學語文，她就努力地去學通、學好，該入境隨俗的也能很快就適應下來，這的確是一種相當難得的秉賦，也似乎注定了她該當「國際」級的明星。

她還有一個令媽媽吃驚的「聰明點子」就是愛照相！長得可愛又有點愛現的她，總是被鄧媽媽打扮得漂漂亮亮的，衣服雖然不多，卻總是乾乾淨淨，絲毫沒有窮小孩的破舊髒亂感覺，大約她也知道自己的可愛，從很小就顯得喜歡照相。最初，鄧媽媽會帶她到鄰居初媽媽所開設的照相館拍照；四歲多的時候，鄧麗君居然敢一個人走到照相館，告訴初媽媽說媽媽叫她來拍照，照相館老闆欣然為她拍了一張。傍晚，告訴鄧媽媽說相片洗好可以取件，鄧媽媽才知道女兒的鬼靈精。那張照片一直保存到現在，成為她幼年時代最有紀念意義的一張照片。

鄧爸、鄧媽白天的日子都很忙碌，沒有空暇照顧她，鄧麗君在四歲多時在當地唯一的幼稚園上學，幼稚園唱唱跳跳的學習課程裡，老師明顯看出她有唱歌跳舞的天分，學唱學跳又快又好，放學後，就回家唱給爸媽和左鄰右舍的媽媽、叔伯聽。當然，沒有物質鼓勵的年代，只能贏得許多掌聲，掌聲，是她成長的養分，讓她從小就自信滿滿。

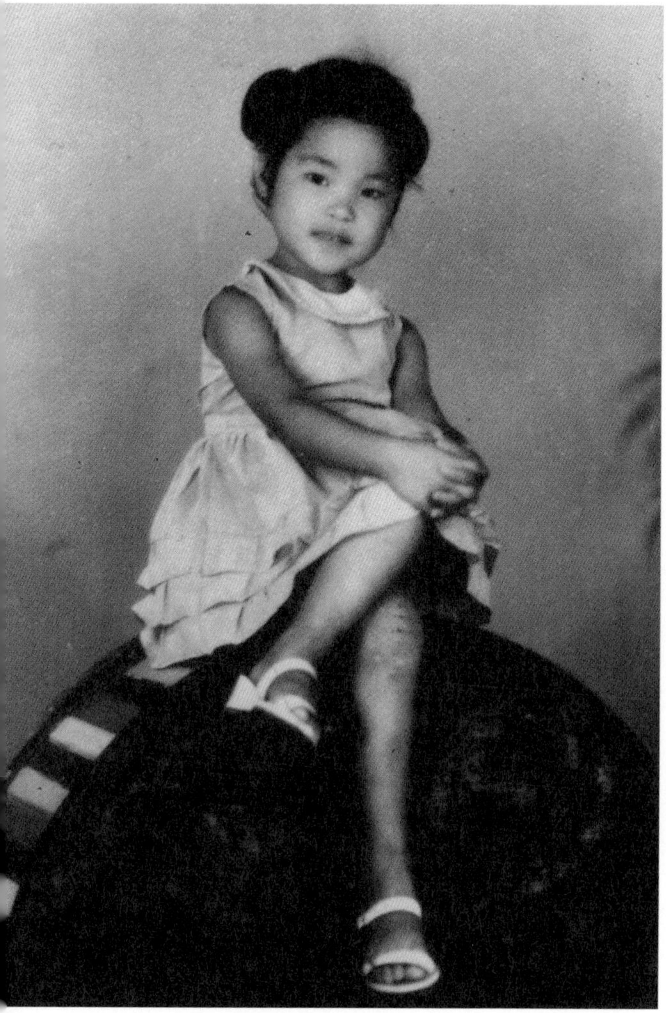

自己跑到相館去拍照。

三歲時與儂儂吳玉萍合照。

學了芭蕾舞的紀念。

鄧媽媽那時突發奇想，也不管家中經濟的窘困，決定咬緊牙關來培養她，她帶著鄧麗君到當時屏東唯一的「李彩娥舞蹈社」學芭蕾舞，聰明伶俐的她，同樣的一下子就學會，連同班的大姊姊們都佩服這個不足齡的小芭蕾舞星。然而，學舞畢竟是有錢人家才玩得起的，在這個舞蹈班的短短學習歷程，不久就因家中經濟狀況不佳而停止，但已經為她打下相當不錯的基礎，對她日後的演藝事業有相當的影響力。

嶄露頭角
歌唱演講演話劇樣樣都行

祖籍河北的鄧麗君，自然說得一口漂亮而清晰流利的標準國語，幼稚園中班時被推派為歡送大班畢業生而致詞的學生，幼稚園的老師寫好講稿，她就在媽媽念一句、背一句的狀況下，只讀了兩、三遍就能朗朗上口，不一會兒就都會背了。畢業典禮那天，小小的她站在臺上搆不著兩節式的麥克風，把麥克風降到最低之後，還得在腳下放一張小凳子站上去，才能對得上麥克風致詞，讓臺下的嘉賓都為這可愛的小女孩而笑開了。

當她從容大方、一字不差的致詞完畢，觀禮家長們報以熱烈掌聲，鄧媽媽在臺下哭了：「那是我女兒呔！那是我們鄧家的女兒呔！」就這兩句話，反覆在心頭繞，那時候不知道，這就是一種驕傲，混合著一種疼惜，一種了解，了解到這一刻的榮耀，其實是她練習了多久、多久，被提醒、被糾正、在家試、在班上演練，重來又重來的努力，「好好的準備與準備得好好的」是兩種不同的境界，鄧媽唯一的欣慰，是在自己的DNA裡，遺傳給她的不認生、不怯場、落落大方。儘管有許多場合她還是會很緊張，都不是每次輕鬆過關，但熟悉鄧麗君的人都知道，在她這一生的演藝生涯諸多演唱、活動、錄音、錄影等大大小小場面，她從來就沒有匆匆忙忙軋時間、趕來趕去，以致於毫無準備的登臺，這是她絕對不會做的，她愛惜羽毛，絕不砸自己的招牌，對自己的形象建立，以及高規格的自我要求維持最佳狀況於聲名不墜。

我還記得在日本訪問時，她的經紀人追憶：「有一回，紅白對抗的前半個小時，我發現她去洗手間怎麼這麼久都沒有回來，我擔心是她身體不舒服，或是臨時有了什麼狀況？很不放心的跑到女廁去查看，我站在女廁門外，卻聽到她在洗手間裡一遍又一遍做聲樂式的發聲練習，我聽過太多次她的演唱了，從來不知道那好聽的聲音是從這樣單調的『啊～咿』所積累出來的，我一個傻傻的大男人，愣在女盥洗室外聽到出神……」我忍不住問：「她出來後有說什麼嗎？」他微笑了，「她很不好意思讓我擔心了，只輕輕的說一句：『我想讓稍後演出時，聲音能更完美。』我真為她的敬業態度覺得好感動、好感動！妳知道嗎？她那時已經是紅透半邊天的大牌明星了，還這樣鞭策自己，一定要拿出最好的一面來給觀眾，那是她年常獨特的尊重，尊重每一個聽她唱歌的人，這種尊重是教不會也勉強不來的，那一定要有心，不應付、不敷衍的心！」

我聽不懂他說的話，但我感動於他帶著崇敬的肢體語言，在翻譯一句一句告訴我他所傳達的這個小故事時，我才更了解，成功的因素千千百百，用心，絕對是這一切的底蘊。

痛的教訓
歉意悔過從此再無差別心

回頭再看她其他的性情形成吧！

一九五九年，鄧麗君上了小學，鄧爸爸從軍中退下來，和朋友在臺北合夥做點小生意，舉家就一起搬到臺北，先落腳在松山路做生意，合夥生意失敗後，鄧媽媽到工廠去做工貼補家用，她們搬到通化街，一家人生活非常困苦，軍中袍澤是有感情的，那時有位也是退伍的弟兄幫忙出了點錢，才讓鄧家一家五口搬到蘆洲鄉安定下來。

鄧爸爸天不亮就得起來，發麵、和麵，擀成一張張餅，炕成好吃的北方大餅，騎著腳踏車，後頭載著簡易的「保溫箱」沿路叫賣。鄧麗君上小學之後，鄧爸爸得到機緣在她就讀的蘆洲國小福利社裡頭寄售，與她同時進蘆洲國小的廖漢權老師常看到她幫忙鄧爸的小小身影，她並不以家境貧寒為羞，總是默默在福利社裡先幫爸爸弄好要販賣的各式各樣麵食才去上課，當時就對這個乖巧的小女孩印象非常深刻。

廖老師還觀察到她包容同學的另一面，他記得鄧麗君的身高並不矮，座位就在倒數第二排，班上有位男同學很調皮，偷偷地把鄧麗君的兩條長辮子綁在椅背橫槓上，讓她下課起立的時候，一站起來，就把椅子也帶起來了，大家哄堂大笑，她為同學的捉弄哭得很傷心，卻默默忍受下來，不發脾氣也不向老師告狀；捉弄她的男同學沒想到她是這樣的反應，很羞愧的再也不敢搗蛋了。

和弟弟一起就讀蘆洲國小期間，鄧麗君常幫爸爸的忙。

與她小學同班的陳輝龍，因著功課很好而一直擔任班長，他記得鄧麗君小學的成績並不怎麼出色，就是國語還不錯，數學成績則常常挨打。以她這樣的學歷，日後卻能有如此不凡的成就，是他深深歎服的，他以自己一路上一直非常有目標的按部就班努力讀書、求取好學歷、掙得好機會，才贏得目前成就的模式來思考，其間的努力與付出只有自己最知道，這更顯得失學的鄧麗君能如此成功，非常難得，陳輝龍很中肯的說：「她背後所付出的努力和用功，絕非一般人所能想像，而在這『必須努力』的認知上，證明她的心態多麼自重自愛，絕不會虛榮得以為自己十幾歲就名利雙收，人生夫復何求，而放棄去充實內在，辛苦進修，這是一般少年得志的人很少能想到或做得到的自省毅力。」

在他記憶中有件事讓他感慨良多：有一次，學校的遊藝會有表演節目，當時班上演話劇，鄧麗君演女主角，並於課後聚集在大禮堂排演。有一回，鄧爸爸拿著賣剩的大餅去看她，登時讓她有些不好意思，一直推著爸爸出大禮堂，催促他回去。當時，負責他們排演的費則銘老師看在眼裡，立即把她叫到一旁去，輕聲責備她對爸爸的態度不對，鄧麗君當下懊悔得哭起來，那淚水，有著對父親的愧疚，有著對自己差別心的譴責，窮，並不可恥啊！如果不是為了孩子們，爸爸何必這麼辛苦呢？陳輝龍認為這個機會教育對她的一生影響很大，從這件小小的事之後，再也沒看過她對爸爸或對任何人有排斥或不敬的態度。

費則銘老師則津津樂道於她的表演天分。有一回遊藝會演出，劇本描述一個受迫害而家破人亡的時代悲劇，有幾幕戲是需要流淚的感人情節。當時他絞盡腦汁的指導小演員們哭得自然一點，擠不出眼淚就沾點口水來代替，沒想到演女主角的鄧麗君一下子就進入狀況，胡琴聲一拉起來，幾秒鐘內，熱淚就很自然的滾滾流下來，當時他就覺得這小女孩的確不簡單，她的淚水不是「應劇本要求」而演出來的，而是內心深處受到觸動而自然流露，這樣敏銳的「情分」也不是輕易能教出來的啊！

尊師重道
走紅之後還懂得知恩報愛

另一點讓費老師十分嘉許的就是她的聽力、悟力奇佳，當時沒有所謂的歌唱班，在升學主義壓力下，所有的音樂課也都沒有好好的如期上課，想要唱歌也沒地方學，都是聽收音機或從留聲機裡放唱片來學歌。但只要她聽過這首曲兒，不論搭配的人是用胡琴、用風琴、用口琴來配，她都能唱得來、配得好，她會自己融入歌曲中，感情的流瀉從來不需要指導就能掌握得很好，這是另一種難得的天賦，或許也可以說是她生來的感情豐沛，敏感而細膩所帶來的特質吧！

說鄧麗君是天才型歌手並不公平，她的努力其實很少人看見。每天早上五點多，天還沒有全亮，她就得摸黑起床，由鄧爸騎著腳踏車載到淡水河邊去吊嗓子，每天對著河水，向天引吭做發聲練習，把嗓子拉開。鄧爸如果沒空，就由費老師載去，風雨無阻，不分假日，她聲

與僑大先修班大哥哥一同唱歌。旋律只要聽過幾遍，鄧麗君就能朗朗上口。

音的清亮乾淨，運氣轉音自如，這個發聲練習的基本功絕對是一大主因。鄧媽媽心疼的說：「妳想想，才十歲不到的孩子，哪個不貪睡呢？她就是有這個毅力，每天清晨掙扎著起來練唱，有的時候颳風啦、下雨啦，騎車也要穿雨衣很不方便，我就建議今天別去了，她還跟我說『老師說做人要堅持，學習要有毅力！』她那麼振振有詞，我當然只好還是讓她去練習囉！」

頭髮已斑白的費老師十分感慨的說：「鄧麗君這孩子真的很貼心，國小畢業很多年了，她一直都沒有忘記逢年過節打個電話問候我，問問我的健康情形好不好？教學辛苦不辛苦？甚至在每次開演唱會的時候，還會寄幾張演唱票來，請我帶著太太一起去，她都還記得師母小時候照顧過她。我們倆一起去看她的表演，每一次都是在臺下含著眼淚聽的，我一生教過多少學生啊！卻極少見這樣懂得尊師重道的，尤其是她都已經這麼走紅，還如此知恩、報恩，把小學老師當一回事兒，我真的，真的……非常欣慰！」這樣大男人的淚水，不是我在採訪行程中第一次看到，鄧麗君總有讓我意外的小故事，在每個與她不同生命交會的故事裡，拼湊出她的生命樣貌。

另一位對她印象也很深刻的是李復揚老師，當她五、六年級時，代表班上參加很多次演講比賽、朗誦比賽，她的演講稿都由導師李復揚親自撰寫，交給她背起來。李老師當時有個弟弟正在讀大學，也有一些參加演講比賽的經驗，就特地到學校來幫忙教她哪一句要加強語氣，在演講臺上要注意臺風，連上臺、下臺都要注意細節，演講時要很自然的比出手勢，最重要的是練膽識。他不但叫她在自己班上演練一遍，李老師還帶著她到每個班上都去試講，練習到毫不怯場，絕不失常，她果然不負眾望的過關斬將，得到全校第一，又代表蘆洲國小抱得全縣第一的大獎回來。

創辦蘆洲文史工作室的楊蓮福，個人蒐集了多達六、七十張的鄧麗君各種版本唱片和照片，一直在做鄉土文化教育的他認為，鄧麗君不僅是蘆洲國小的傑出校友，也是「蘆洲之光」，她雖然很早就離開蘆洲，卻總是惦念著這片土地，津津樂道於自己清貧的童年生活，從不以家貧為羞，也不以勤學為苦，日後不論多紅，生活始終非常檢點，很值得給後代學子做榜樣。因此在蘆洲國小慶祝百年校慶的那一年，還特地闢出一間教室，展覽她的獎座獎牌，唱片、海報和照片等文物，紀念這位可愛的「學姊校友」；也讓蘆洲國小成為一個歌迷溯源必訪的參觀景點，無形中還為蘆洲帶來「國際力量」呢！

她的另一位同學陳信義在我訪問那年正是臺北縣議員，他有點小得意的宣稱他們家是鄧麗君「正港」的鄰居。從倉庫房分出一間來的鄧家，隔音效果並不好，哥哥挨打、弟弟被罵都聽得到，但是一天之中最享受的，就是聽到她在唱歌，就知道鄧麗君在洗澡了。這位鄧麗君最早的歌迷幽默又感慨的說：「鄧麗君的歌聲無論穿透竹籬笆、穿透鐵幕都是多麼有魅力啊！」

嶄露頭角
原鄉人的夢在歌聲中傳唱

小學畢業，鄧麗君並沒有考上理想的公立學校，反而考上很不容易考進去的私立金陵女中。課業壓力是她生活中較難應付的關卡，但是她所顯露的歌唱天分和莫大興趣卻在這時候一直把她的人生推向不同的方向。

一九六四年，她參加中華廣播電臺舉辦的黃梅調歌曲比賽，以一曲〈訪英台〉獲得冠軍，一鳴驚人早就引起星探的矚目；一九六五年，她參加金馬獎唱片公司舉辦的歌唱比賽，也以一曲〈採紅菱〉奪魁，她在小小年紀讓人驚豔地展現出大將之風，「我們那時也不懂什麼叫作培養，」鄧媽媽回憶這一路走來的水到渠成，「孩子很喜歡嘛，也就不要摁著她的興趣，不讓她發展。後來，我們知道正聲廣播公司有在辦歌唱訓練班招生，就讓她報名接受正式的歌唱訓練，琢磨一些歌唱技巧，那時候其實也還小嘛！也是要陪著她上課、接她回來啊！後來她以第一名的成績結業，又得了獎，增加了不少信心，從那時我就知道，這個女孩她很清楚自己想要走的路子了，我們大人是擋也擋不了、拉也拉不住啦！」

就讀金陵女中時的學生照。

獲得黃梅調歌曲比賽冠軍，小小年紀就展現歌唱才華。

有些人認為，鄧麗君是沒有童年的，也有人認為她太早慧老成，她自己倒不會這麼自怨自艾，童年生活有表演、有獎勵、有行旅、有玩樂，其實比我們這一代只有讀書、讀書、考試、考試的生活來得多采多姿，只不過比別人少一些玩耍的時光。她的兒時玩伴還記得鄧媽媽管她非常嚴，每次找她出來玩，她都高興得要命，只可惜不一會兒就被鄧媽媽細細的嗓門叫回去寫功課，真掃興，問她們小時候都在玩什麼，答案卻讓我大吃一驚。

原來，那個時代在社會上還存在著「二二八情結」，也還沒有完全去除省籍觀念，全班五十個學生裡，只有一、兩個是從大陸過來的外省子弟。不解事的孩子往往會成群結隊的罵眷村小孩是「外省仔豬」，外省人也會不甘示弱的回罵臺灣孩子是「猴囝仔」，同住眷村的胡小姐就記得那時外省孩子經常挨本省孩子的罵，男孩子多半捍衛領域的以打架解決，鄧麗君卻喜歡「文鬥」而非武鬥。她會領著大夥兒唱歌謠、改編歌詞去修理他們，歌詞被改成什麼樣兒，事隔太多年，誰也記不得了，但是，她那時候的領袖魅力和對歌曲詮釋的敏銳、靈活，卻讓大家印象深刻。

唱歸唱，罵歸罵，小孩子們的友誼總是天真無邪、吵過就忘的，鄧麗君在班上的人緣格外好，對戶外運動很拿手的她，跳房子、跳五關、跳橡皮筋、跳土風舞等總是很有細胞，她一下子就融入了本省族群，臺語朗朗上口，客家話也會一點，這在小學「族群融和」所造成的影響，對她唱閩南語歌的咬字清楚、準確，可說獲益多多。外省人、本省人的戰爭，常讓她小小的心靈有所疑惑，大家都是中國人，為什麼要分彼此？她問過家人，問過老師，在她心

與親友們一起做功課。

鄧麗君很受班上同學們的歡迎。

中始終相信同胞之愛應該無界限，在她心中從沒有省籍情節。

這個存疑，從來沒能在書本上得到答案，但老師們苦口婆心的勸說，卻在她心中萌芽。是的，四海之內皆兄弟也，族群應該團結不分彼此，要破除不和的迷思，先要融入對方，打成一片，才能在這個族群中發展，語言的隔閡是不能交融的一大障礙，自此之後，她的語言天分便發揮無疑，閩南、客家、廣東話總是一學就會，是聰明，也是有心。

鄧麗君一直強調：「中國人沒有省籍的分別，只有政治制度的不同，大家都是一家人！」她深愛大陸同胞，也堅決的表態：「等我站在大陸演唱的那一刻，就是民主與人權受到重視的時候！」

大陸，是她的原鄉；臺灣，是她的故鄉。回到大陸自由自在的親自唱歌給愛她的同胞聽，
這始終是她的心頭大願，只是，這個夢，再也無法圓了。

第二章 一見你就笑

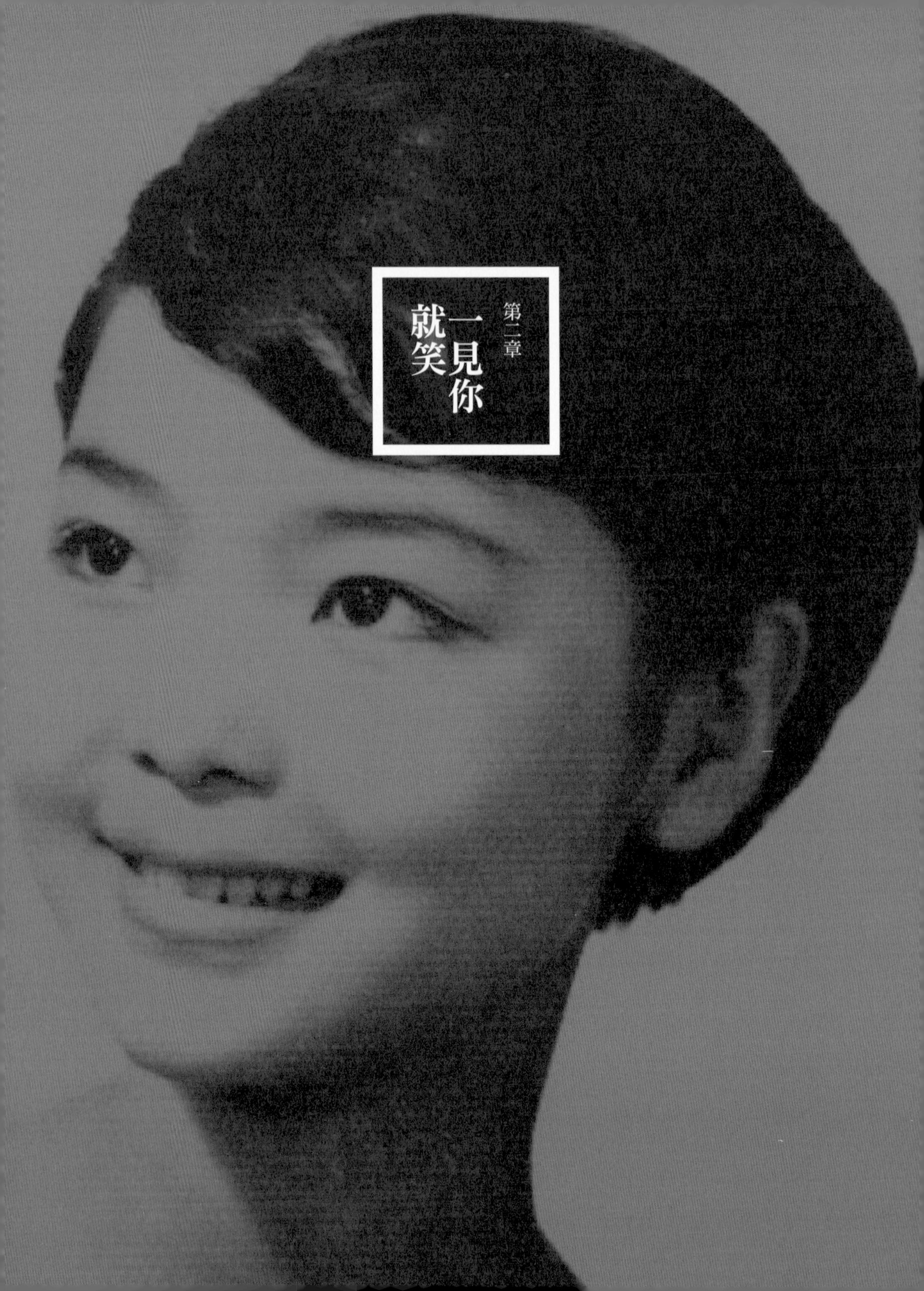

我一見你就笑，
你那翩翩丰采太美妙；
和你在一起，
我永遠沒煩惱！

究竟是為了什麼，
我一見你就笑？
因為我已愛上你，
出乎你的意料！

有這麼一段時間，鄧麗君真的是像她唱紅的〈一見你就笑〉一般，歌唱生涯帶給她的是快樂和鼓舞，甚至出乎她自己的意料，原來，許多心中的夢想是可以靠唱歌來圓滿的。她似乎知道自己小小的肩頭可以擔負起爸媽辦不到的賺錢本事，因而努力的想要幫助家人，改善整個家庭的困境。事實上，剛開始歌壇的路走得並不是那麼順利，但是不怕吃苦的她，非常認命。

家人情濃
買房成為最基本的理財觀

鄧媽媽記得當時美國的可口可樂剛剛進軍臺灣，一下子掀起熱賣狂潮，幾乎每個孩子都想喝上一瓶，解一解饞，也滿足一下好奇心。有一回她們演唱完，坐著公車回家的途中，鄧麗君突然要求：「媽媽，我好想喝一瓶可口可樂，一瓶就好。」也許是過慣節儉的日子，鄧媽媽想也沒想，很直覺的立刻說：「不行，那是有錢人家才能喝的奢侈品。」鄧麗君一句話也沒有說，她認命，她知道省下一瓶七塊錢的可口可樂，可以讓家人吃得更好。

鄧媽媽回到家，一夜輾轉難眠，她覺得自己實在太小氣了，鄧家此時能過得比較寬裕些，全靠這小女孩唱歌、趕場，才掙來這樣的局面，做媽媽的卻沒有考慮滿足一下她小小的渴望，還斷然拒絕她，更可愛的是這孩子一點都不氣惱，也不追討，也不居功，這樣的孩子還有什麼話說，是該感謝她的呀！第二天一早，鄧媽媽就去買了一打可口可樂放在冰箱，摟著她說：「妳想喝就盡量喝吧！」鄧麗君高興得眼淚都掉出來了，立刻和哥哥弟弟們分享，可見她的欲望多麼低，人多麼憨厚，這件小事她足足高興了好幾個月。

鄧麗君對哥哥和小弟的感情是沒話說的，從小，三個哥哥們就非常疼她、護著她，心頭也隱隱知道，這個會唱歌的妹妹有他們所遠遠不能企及的賺錢本事，家裡很窮的時候，吃雞蛋是多麼奢侈的事啊！但是每天清早，妹妹從河邊吊完嗓子回來，媽媽都會用滾開水沖一個生雞蛋，為她潤喉保護嗓子。長久以來，她每天都有「特權」喝上一杯用一整個雞蛋沖出來的蛋蜜汁，兄弟從來都沒有饞嘴而抗議過，他們覺得對她好是應該的，因為，全家就屬她最辛苦囉！

與三哥（上圖）、五弟（下圖）合照，哥哥弟弟都很疼愛、欽佩她！

葛樂禮颱風肆虐臺灣時，蘆洲淹水淹得非常厲害，鄧家那時住在中路村中路一〇九號的眷村房舍，一下子水勢就竄到門楣，全家都爬上離地比較高的小閣樓去，鄧爸爸拚命頂著門，不讓水沖進來，鄧媽媽忙著收拾僅有的一點家當，三個哥哥就負責保護鄧麗君，幾個孩子一個都沒有哭鬧，全家人安安靜靜的緊緊依靠著，守在一起，度過危難。這讓她小小的心靈意識到：家，是最重要的，一家人守在一起比什麼都好，日後，儘管她旅居國外各地，每年過年過節總是盡量趕回家和家人相聚相守，直到她過世前的那年春節，都是在家快樂度過的。

水患過後，家家戶戶在等待蘆洲鄉公所發給救濟糧，鄧爸爸還去幫忙發，幾個兄妹就乖乖在家拖泥巴地、收拾殘破、清理垃圾，鄧媽媽看在眼裡，安慰在心頭。這個偶然的意外，觸發她想為家人買間好一點的房子的心願，而且要住得高一些，以免淹水。等到鄧麗君的收入剛剛好有能力可以買房子的時候，鄧家就在北投丹鳳山附近，買下鄧家生平第一棟房子，全家人搬離蘆洲。

鄧媽媽說，有自己的房子真好，那種有一個家的歸屬感是無比幸福的，她們不論跑歌廳作秀到多晚，母女倆一定趕回自己的家，鮮少在外投宿旅館。鄧媽媽回憶：「好幾次，我們一起從外地趕回家，看著她太累了，睡在搖搖晃晃的車裡，我就會在心底悄悄地說謝謝妳啊，乖女兒！但是，那時候大人是不作興和小孩子說謝謝的，有再多的感謝都是放在心裡；這一輩子，麗君對家裡真是沒話說，而我這做媽的，卻始終都沒有當面好好謝過她，她走了以後，我只要一個人在家裡，看到眼前所有的東西都是她的影子，她買的房子，我身上穿的衣

靠著歌唱收入，在北投買下讓全家安心生活的第一棟房子。

在鄧麗君心中，春節團聚非常重要。

待在自己家中，才能感受到真正的悠閒自在。

服，晚上蓋的被子，甚至家裡用的杯子都是她買的，從這個國家、那個國家帶回來的，我也不知道為什麼，就特別想向她說謝謝，可是，她聽不到了……」

我握住鄧媽媽的手，說不出什麼安慰她的話，這輩子，聽到的都是「子欲養而親不待」的故事，第一次聽到「母欲謝而女不待」的遺憾，可見得人生真的不能等，有愛就要說出口，道謝、道愛、道歉、道別，這人生四道，真是每個人都要學習的功課啊！

買房子，因著實用，（鄧麗君不喜歡住旅館或酒店，她喜歡有家的感覺）成了鄧麗君自然而然運用的入門理財觀，她不玩股票、不投資生意，有了足夠的錢就是買房子，而且偏愛地勢較高的，之後在香港赤柱（讓屬龍的她可以盤柱而上）、在新加坡、在法國巴黎、在美國比佛利以及臺北，她買的房子都是高高在上，也許就是小時候那次颱風陰影所造成的影響吧！

娃娃歌后
臺前臺後都一樣備受歡迎

延續著六歲起就隨李成清老師四處勞軍的機緣，鄧麗君在金陵女中就讀的時候，也常參加晚會的演出，那時的歌酬當然已超過她九歲登臺第一次所領到的新臺幣五塊錢了，但仍然算是很微薄。不過她並不在意，有舞臺可以讓自己練歌藝、練膽識，有場地可以唱唱跳跳、磨演技，充實自己的表演內涵，又能夠幫忙家中改善環境，那就很夠了！她並沒有想要期許自己成為靠演藝過生活的大明星。

似乎蒼天注定了這條路讓她走，天賦的好嗓子是越磨越圓潤、越清亮，在不知不覺中也養成她有個人獨特品味的臺風。在一次晚會演出裡，她的歌藝被「國之賓」的歌廳老闆看中，和鄧媽媽溝通之後，問過她的意願，就正式展開在歌廳駐唱的生涯，沒有多久就一路青雲直上，成為幾個歌廳爭相邀請的歌手，慢慢變成最受歡迎的「娃娃歌后」。

娃娃歌后也並不是一鳴驚人就一帆風順的紅起來，在她初試啼聲之後，仍然有一段時間是不被重用的過渡期。當時，國內歌壇正流行的多半屬於成熟、嬌媚，甚至有些滄桑味兒的路數，然而十五歲的她並不適合這樣的演出，卻又沒有紅到可以有人為她量身訂作適合的歌曲來唱。除了朗朗上口的老歌之外，她在謹慎選曲中給自己走出一條明確的路子，定位在清純、活潑、歡樂和健康的形象。

不滿十六歲的她當時就有自己的想法，要以輕鬆活潑、有禮貌和甜美的姿態出現，親切自然的可愛少女形象成為她的註冊商標。上了臺，她會和觀眾先說說話、開開玩笑，要求一些掌聲，帶動起聽歌的氣氛，觀眾喜歡她就是從這樣的互動開始的。

她的臉上常帶著甜笑，碰到熟人會問早道好，就算不太熟的也總會點一下頭、笑一笑。鄧媽媽認為這樣子的招呼並不做作，也不肉麻，因為鄧麗君總是微笑得親切、自然，反而是成天緊緊跟著她的鄧媽媽顯得比較嚴肅，大家都知道鄧麗君有個看得很緊的媽媽當「經紀人」，「嚇」退了不少追求者，但也結交了許多圈內的好朋友，特別是《群星會》裡的班底。當時已經算是很大牌的張琪、謝雷、吳靜嫻等歌星，對她的評價都不錯，《群星會》這個節目裡的歌星大多有自己的歌可唱，屬於鄧麗君的招牌歌就是別人怎麼學也學不來的〈一見你就笑〉，這首歌很適合她的型，不多久就奠定了她的玉女地位，尤其是她特殊的轉滑式尾音，就有屬於她的腔調與味道，辨識度非常強；另外，當時並不流行動感唱法，有一點兒舞蹈基礎的她載歌載舞的演出，更為現場演唱加分，沒多久，她就嘗到了人紅時間少、自由也少、隱私也少的相對付出。

鄧麗君偶爾會忙裡偷閒的去打保齡球，或陪著媽媽和家人看看電影，（這是從小養成的老習慣了）她喜歡男明星中的喬莊，也喜歡女明星中的李麗華、樂蒂，不過，她並不贊成女人結婚之後還要出來演戲，在她的少女心靈認為，歌唱或演戲是不能當永久職業的，她曾對鄧媽媽說過一些不太像她的青春年齡所該有的感受——將來會因為聲音壞了或結婚了而告別

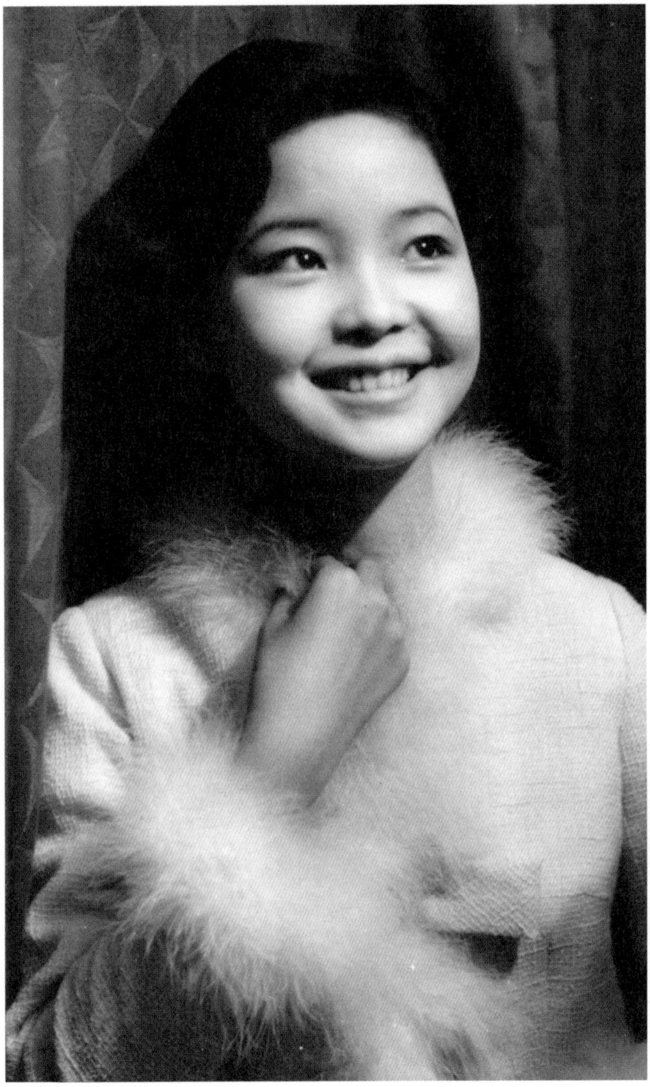

開始在歌廳駐唱，打扮也越來越講究。

青春年輕的活力，是鄧麗君剛出道給人的印象。

巧克力姊妹時期的鄧麗君，已經出落得亭亭玉立。

歌壇，誰也沒有料到，日後她會以生命的終結來告別歌壇，讓人們對她懷念深深、感慨萬千……

兩難選擇
失學成了生平最大的遺憾

晚上的演唱活動接得多，相對的，做功課的時間就很少，每天晚上回家都已經累壞了，第二天又要早起，長期下來，誰都受不了，何況是一個十幾歲的孩子？讀書的時間太少導致鄧麗君的課業並不理想，白天沒什麼精神上課，就算再聰明功課也不會好到哪裡去。在一個以學業成績品評學生好壞的六〇年代，鄧麗君不是問題學生，卻是個讓師長很有意見的學生，即使她的導師很看好她、心疼她，卻無法兼顧演唱和求學，為她的前途頗為憂心。

學校的師長對她的「走唱」並不諒解，甚至對家長也頗多微詞，他們認為小小年紀放棄學業而去唱歌，讓小孩子來為家裡賺錢，是一種崇尚虛榮的想法，家長不以孩子成長期間的純真、上進、用功讀書為要務，反而鼓勵她拋頭露面，走入聲色場所，更是莫名其妙！他們認為該讓她做出一個決定，不能再兩頭奔忙，這不是學生該有的生活。

鄧媽媽回憶起這段日子，大人心裡的確是做過一番掙扎，鄧爸爸原本就一直不希望她這麼小就走上演藝的路子，鄧媽媽則是看她自己的意願，鄧麗君在深思過一段日子之後，告訴媽媽她的想法：「要出人頭地，用什麼方法都可以，現在沒有辦法讀書，將來總是可以彌補。」眼看著前面的路子已鋪成了一個成功的雛形，現在放手以後，難保還有沒有機會等著她，就算放棄目前一切，而選擇繼續讀書，以她的成績和興趣，能不能讀出什麼名堂來也未

在東方歌廳駐唱，喬裝巧扮梁山伯。

十六歲的鄧麗君已經無法兼顧學業與事業，但仍勇敢決定自己未來的路！

可知。

鄧麗君自己思考很久，終於下了痛苦的決定：「休學唱歌」，即使心中有著許多遺憾，她相信自己的選擇不會錯。臺灣一直是升學主義至上、學歷文憑掛帥，以她的年齡，能看清「行行出狀元」的事實，毅然做出不流於俗的選擇，應該是她對自己知之甚明，所謂「沒有超俗的思想，不能嘗試破俗的行為」，鄧麗君給自己的前途打過算盤才下決心，這個抉擇的當口，她早已期許自己的未來要有所作為，她並不是能被人左右意識，或被牽著鼻子走的泛泛之輩。

對於後來媒體上有諸多指責，認為她在初中就為生活被迫休學，要負擔全家人的生計，是受斯巴達教育下壓迫的犧牲者，鄧爸爸、鄧媽媽只要錢，不顧孩子前途的說法，其實是無中生有的猜測！批評的人以世俗的眼光來看待社會生存法則，而一個非池中之物的少女，又豈是世俗的模式所能宥限的呢？鄧媽媽說，鄧麗君從小就很有主見，如果不是她自己願意走這條路，光靠別人強迫、壓榨，就算是再孝順，也不可能高高興興走出成功的風光來，這是顯而易見的。

鄧麗君黯然離開學校，告別了制服與書包的日子，沒有道別也沒有歡送，只帶走幾個好友的祝福和老師的叮嚀，步出金陵女中時，踽踽獨行的單薄背影，讓不少喜歡她的老師、同學為之鼻酸。但她的感傷是短暫的，因為一連串的演唱行程，滿得讓她來不及去咀嚼走出校門之後的失落感，她像往常一般帶著笑容與自信，迎接屬於她生命中的音符與旋律。一九六九年，鄧麗君才十六歲，人們喜歡她清純活潑的模樣，在她快樂的說說唱唱、蹦蹦跳跳裡，讓人不自覺的打心底歡愉起來。

事實證明，日後她從未間斷過高昂的學習情緒，除了自學之外，更到美國讀大學、赴倫敦進修，成績都不錯，精通數種方言及多國語言的「才華」更為人所敬佩。在日本曾陪著她一起學日語的鄧媽媽靦腆地微笑細數那段學習時光：「我們是一起到日本的，給她請了日本老師做一對一的會話教學，其實我也有老師，兩人學習語言的起跑線本來是一樣的，哪知道才三、四天，她就敢嘰哩呱啦的和鄰居講起話來！我在旁邊聽了好驚訝，從那以後，有依賴心嘛！我就越學越慢，她越學越快，到了真正需要和日本人接觸的時候，她都可以直接和人家對話了！」我好奇地問：「那大約是多久呢？」鄧媽媽笑著說：「我哪能記得有多久？但快得就像是她原來就懂日本話似的，我最高興的是，有一次在等她開會的時候，一位先生向我鞠躬，好像是誇我把女兒教得很好，她的言談遣詞用句都是有教養的、受高等教育的人家才會用的話語。我心想，這哪是我教的呀！是她自個兒用功學來的呢！但是，光是要解釋這句話我都說不好，想想算了，就微笑接受他的讚美囉！」我們都笑了，這是在數十次採訪中，難得看到鄧媽媽笑得那麼開心。

學歷低並不代表她的學力低，也不代表她的知識水平差，更令鄧媽媽欣慰的是她的自愛自重、待人接物圓融自在，在國際禮儀上應對進退很得宜，這都不是學校教得了、學得到的。一個低學歷的人在提早進入社會大學之後，用眼淚、毅力、時間、努力所換取來的成功，讓

雖然學歷不高，但鄧麗君的自學能力和毅力都很驚人！曾於一九八四年前往英國求學。

我們慶幸她當時做出如此選擇，如果她放棄了唱歌，一路在升學主義的壓力下考高中、讀大學，念了某個科系，去上了班，結了婚，也許她美好的歌聲只能哄哄孩子、哼哼自娛，中華民族又哪來這樣傲視國際的巨星呢？

忙碌行程
初嘗走紅滋味而自信成長

有一名記者觀察鄧麗君的成功關鍵是：「敏銳、善感卻不自怨自艾，能正面思考事情，並嚴格要求自我。」如果她的演唱生涯稍微愛慕名利，貪享虛榮浮華，可能就不會選擇這樣難走的路，對自己有這樣高的要求，而她的成就也可能一下子就成為泡影。但是，她給自己的定位不是唱唱小歌廳、跑跑秀場而已，她要唱就唱出讓所有人都愛聽的歌，她希望她的唱片能像小時候家中常轉的唱盤一樣，為多少個只有生活壓力、沒有娛樂的家庭帶來輕鬆、帶來抒解，那些雋永而撫慰人心的老歌，那些慷慨激昂而振奮人心的愛國歌曲，那些大街小巷響起的流行音樂，她盼望唱片的普及帶給人們好的視聽生活，而不是只有少數有錢人才聽得起的歌廳秀。

不到一年的時間，鄧麗君就以票房實力受到重視。不只在歌廳、夜總會唱歌，還有餐廳、大飯店開幕等喜事，鄧麗君都是爭相被邀的排行榜前幾位。東南戲院附近的「夫人餐廳」邀她剪綵；臺中遠東百貨公司開幕，在剪綵之後，還盡興的逛了全新的百貨公司，開心不已；全省走透透的她也南下高雄為「今日育樂公司」剪綵，順便帶著媽媽「血拼」一番。有段日子，她們母女倆還會買一式一樣的母女裝來穿，樂得不得了，她初嘗受尊重、受寵愛的走紅滋味，也體認忙碌與充實的雙重感受，她喜歡把每一天都過得踏踏實實。

之後，她在臺北「七重天大歌廳」、「臺北大歌廳」駐唱，在中壢「環球飯店」客串，在「臺中大酒店」獻演，在高雄「香檳廳」登臺，甚至在嘉義「豪華歌廳」客串演出，都打破這些歌廳原本的票房紀錄，即使在狂風驟雨襲擊的颱風日，她的秀場都還維持七成以上的賣座，魅力可說是風雨無法擋，是當時秀場最紅的一棵幼苗，可塑性極大。

鄧麗君沒有能力請經紀人，體貼的鄧媽媽就是最好的經紀人，出道以來，她一直陪著鄧麗君全省東奔西跑，雖然賺了一些錢，這樣馬不停蹄的奔波卻也是苦事。可是自己的孩子出了名，邀請的人漸漸增多，有些還託人情、講面子，不去也不行，鄧媽媽深深了解她的體力、精力狀況，許多廣告之約或太耗損精神的演唱活動，能夠不接的，鄧媽媽只能扮黑臉出面回絕。光是應付這些就讓本來就沒有什麼心眼的鄧媽媽煞費心力，她說：「星媽絕對是苦差事，我是老踩煞車，把錢往外推，和那些希望給自己賺大把鈔票而拚命接案的經紀人完全不同，她不是搖錢樹，她可是我的命根子啊！」

剛出道的時候，鄧麗君也接一些電視廣告來拍，一支廣告一拍幾乎要用掉一天，酬勞不過幾千塊，很不划算。名作家愛亞回憶她的先生周亞民在擔任導演時，請鄧麗君拍了一支廣

一九六八年，在夜巴黎七重天歌廳演唱。

鄧媽媽為了保護年輕的鄧麗君，常受到許多誤會。

告，活潑、甜美的她當然表現稱職，廣告拍出來的效果大家也很滿意。過了三年，想找她重拍第二支的時候，鄧媽媽把她的價碼一下子跳高了六、七倍，她們只好忍痛放棄。非常重視家人的愛亞對這件事很不以為然，她認為一個小女孩並非搖錢樹，為什麼要定價碼來物化她？同時，報紙上也曾暗諷：全家經濟都要靠她小小的肩膀，哥哥、爸爸難道不能分擔嗎？

關於這點，我請教了鄧媽媽，她黯然地說：「報上說我什麼，我都知道，我也從來不去辯解什麼，把價碼調高不是愛錢，而是為了她好，因為三年的時間裡，她走紅的速度快得驚人，來接洽演出的多半是圈內當初提拔過她的熟人，誰也不好推托，以免造成『人紅就忘本』的誤會，她的時間軋不出來，根本沒有接廣告的空檔，只能以價制量，用高價碼讓廠商知難而退，並非有意拿翹或物化她。那時候真的得罪不少人，也只能不斷賠罪，但是丫頭總要有自己休息的時間，做媽媽的不把關，廣告案子和演唱通告會永遠接不完。」

那時，鄧麗君的大哥正好在報館當記者，二哥去商船服務，三哥在軍校讀書，家中環境改善很多，家中有房子，兩老過得也很簡樸，完全不需要靠鄧麗君養家，純粹是因為歌迷喜歡她，願意聽她的歌，喜歡她的表演，而她的事業正起步，人正如日中天的走紅，沒有放棄演藝生涯的道理，輿論把她塑造成被全家欺壓的搖錢樹，對她家人攻擊並不公平，她在當紅的時候一直唱下去，只是單純想服務視聽大眾，衝刺自己的事業往國際發展，家人只有支持，怎麼可能逼迫？唯一可能造成這種臆測的，只能說鄧麗君的確很孝順，她的錢一直是交給爸媽，很少自己隨便花用，但媒體把孝心解讀成被欺凌、被壓榨，母女倆都不多作辯解。鄧麗君和媒體的關係一直不錯，有一回，碰到那位寫這樣報導的記者，她也只是開玩笑地對他說：「這位大哥，我是成年人吔！」幽默化解了尷尬，這是她面對八卦尋求生存之道所磨出來的另一種智慧！

但不管再忙再累，鄧媽媽絕不會幫她擋掉的是勞軍義演，無論多忙，說起要去唱給勞苦功高的三軍將士聽，她都一定參加，隨成功嶺訪問團到臺中勞軍晚會，她的〈一見你就笑〉、〈甜蜜蜜〉、〈路邊的野花不要採〉等輕快小曲兒，都讓阿兵哥為之傾倒；一九六九年的十月卅一日恭祝先總統　蔣公的八秩晉三華誕，更與二千多位僑胞齊聚中山堂，高唱〈臺灣好〉，歡歌〈一見你就笑〉；一九七〇年，新加坡總統夫人游莎芙所邀請的慈善演唱會「群星之夜」，她也載歌載舞的唱〈一見你就笑〉。是的，〈一見你就笑〉幾乎成了她的招牌形象，她的笑也隨歌深深種在渴望歡笑的人們心中。

加盟中視

一曲晶晶是生涯轉捩點

一九六九年十月十日，中國電視公司開播了，她也迅速被中國電視公司網羅，主持《每日一星》節目，在晚間的黃金時段播出，雖然只有短短二十分鐘，卻嶄露了她在主持節目上的功力；不久之後，中國廣播公司也邀請她主持「三洋歌廳」的現場節目，她的機智靈敏和過人的臨場反應就是那時候磨出來的。

當時中視非常看好這位被譽為「天才女歌星」的女孩，不久之後，當中視製播第一檔連續劇《晶晶》，主題曲自然而然就由鄧麗君來主唱。連續劇製作人是中視公司節目部經理翁炳榮，策畫人是文奎，主題曲由左宏元譜寫，文奎作詞，這一個流行市場的新發聲，果然風靡全省，還紅遍東南亞，為她的唱片奠下穩定的基礎。也證明鄧麗君除了輕快活潑的歌，也可以有如泣如訴的功力，唱到令人動容落淚，她的歌路打開了大視角，嘗試更多的曲風，而不局限定位於某一種路數的歌手，的確是生涯重要的轉捩點！

鄧麗君的唱片暢銷不是從〈晶晶〉開始，這首歌卻可以說是她歌唱生涯的轉捩點，有了專門屬於她的歌，而不是早先她錄的老歌翻唱或黃梅調，那個時期，這些老歌與小調歌曲已經有不錯的銷路，只是〈晶晶〉這張唱片更將她隨著每天播出的高收視率，推到家喻戶曉的高峰。當時她是宇宙唱片公司專屬歌星，她的第一張專輯問世以後，出乎意料的暢銷，宇宙唱片的負責人對她抱持極大的信心，同時也奠下鄧麗君在歌唱界的良好基礎，一張接續一張的出版，短短一年內，就已經錄到了十四張，這幾乎可以說是唱片界的創舉！但因為中國人比較忌諱「四」與「十三」兩個數字，所以在排序上這兩張從缺，實際張數是十二張。但，這個數字，無論在當時或在今日，都已是國內歌星錄製唱片最多的紀錄了。

她錄製唱片有個原則：在選歌的時候不但要選出最流行的歌，更重要的是這首歌是不是適合她的聲線來唱，唱得能不能感動人。因此常選一些聽起來使人輕鬆愉快的歌曲，既適合她的歌路又能把歡樂帶給別人，把氣氛帶出來，有語言天才的她，也不時喜歡在唱片集中選一、兩首英語歌或翻譯歌曲來唱，適應不同聽眾的要求與興趣，她錄製的英文歌曲，在當時唱西洋歌曲不多的歌手中，可說是開創了一個新里程碑，為她的歌路打開新境界，誰會想到她初中都沒有畢業的學歷呢？

那時候，歐美流行音樂才剛剛在臺灣萌芽，尤其是校園的中學、大學生們，對六〇年代的英文歌曲風靡的程度，幾乎到達人手一把吉他的地步，幾乎都以能唱英文歌曲為時尚，鄧麗君在金陵女中接觸英文的時間只有短短一年，但對語文的濃厚興趣促使她在唱翻譯歌曲時，用心去了解英文的文法和發音，她的英文程度在那個時候就打下很好的基礎，自修的收穫並不比在課堂上學習來得差，失學對她實用課程的進修可說是完全沒有影響，更可以說，反而是她力爭上游的莫大動力。

跨行從影
量身打造卻不是她的夢想

除了四處演唱，認真敬業的她仍繼續參加歌唱講習班，為自己的歌藝充電，還要為她所接拍的第一部電影《謝謝總經理》登臺造勢。歌而優則演，在那個年代並不算稀奇，但鄧麗君該算是年紀最小的一個，她活潑可愛又懂事有禮，給大家非常深刻的印象，她的歌唱的好，也有表演天才，和小時候學過芭蕾舞的種種好條件，讓她在歌唱時裝喜劇片《謝謝總經理》一舉跳過龍套或配角的磨練，直接擔任女主角。

《謝謝總經理》可說是為她量身訂作的一部戲，片中她一共主唱十首插曲〈娃娃〉、〈歌唱今天〉、〈春風輕拂楊柳〉、〈珍重的年華〉、〈謝謝總經理〉、〈我的心〉、〈浪遊曲〉、〈相思只怕不能夠〉、〈娃娃對我笑〉、〈春旅遊〉等，都屬於青春活潑的曲風，一如她的青春氣息，更讓她感到溫暖的是，當時的老牌演員如金石、于英蘭、孫越、柳青、李偉、鐵夢秋等都把她當小女兒、小妹妹看待，監製林秀雄、導演謝君儀也對她呵護有加，她的從影第一役可說是收穫頗豐，大幅度的向成長跨越。

在這部電影裡，她飾演一位大學女生，會唱歌、會跳舞，出盡風頭。拍戲對十六歲的女孩而言，是一項很有趣的另類經驗，比在歌廳夜總會唱歌生動得多，雖然拍通宵戲很累，趕外景又很苦，可是在休息的時候，與老老少少的演員和工作人員像一家人似的談談笑笑，是她感覺最有意思的，這一段時光如家人一般溫暖相處的片場感受，也是來去匆匆的秀場所缺乏

歌而優則演，拍攝了第一部電影《謝謝總經理》。

的。

有一次在阿里山趕拍一場日出的外景，清晨四點她爬不起來，被連哄帶騙的挖起來，惹得工作人員笑得要命，之後還常拿這件事來取笑她！還有一次是拍一大群人騎腳踏車往斜坡路衝的鏡頭，她因為很久沒有騎車的經驗，心裡有點恐懼，卻不好意思明說，硬著頭皮跨上車子往下衝，一時間煞車控制不住，嚇得她顧不得顏面，當場大喊救命，幸虧工作人員及時拉住了車子，否則後果不堪想像。日後每當談到拍戲經驗，她都會拿這件丟臉的事自嘲一番。

鄧麗君除了拍片，就是在家中練唱，像一般少女一樣，她也很愛吃零食，而且不分甜酸苦辣都喜歡，她幽默的說：「零食就好像人生，應該樣樣都嘗試。」對一個涉世未深、不太懂人生哲學的少女而言，這番早熟的言語已見出她自己的看法，她有自己的生活哲學，早已不再是懵懵懂懂了。

不可避免的，少女的她也會有緋聞傳出，拍《謝謝總經理》時期，媒體很容易就將片中的男主角楊洋和她拉在一起，說他們很要好，像是一對小情人。其實，那只是一大群工作人員偷個空閒一同去看電影，碰巧被看到而大加渲染，在旁人的眼光裡，楊洋的目標好像特別大，根本看不到其他工作人員，只看到「她」和「他」。十六歲的她，第一次感受到沒有隱私權的壓力，這是她快樂的拍戲時光中唯一的陰影，但這個陰影也是日後跟隨她最久的夢魘，影響可說不小。

她結束在香港長達四十五天的演唱之後，接了第二部新戲約——七海影業公司製作的《歌迷小姐》，這部戲由王寧生導演、王天林擔任指導顧問、插曲作曲是洗華，這也算是一部為鄧麗君量身訂作的新型歌唱片，跟她合演的有張沖、李昆、客串主演的柯俊雄，還有臺港兩地紅歌星潘秀瓊、蓓蕾、甄秀儀、趙曉君、楊燕、青山、顧媚等，一共有十四首插曲是她主唱，由百代公司灌製成唱片。後來更被有線電視臺「挖」去主持新節目《歌迷小姐》，一口氣存了七個星期的檔，每週播一次，在節目中是陸續介紹七首片中插曲，在當時可說是非常進步的宣傳手法。

鄧麗君腳踏影、視、歌三界，卻沒有一點兒紅星的架子，她認為唱歌比較輕鬆，拍電影最使她不習慣的是一拍就是一個通宵，如果第二天睡不好，整天都會昏沉沉的，做什麼都提不起勁兒來。而敬業的她認為做什麼就得像什麼，忠於自己，如果因為拍戲沒有精神而影響唱歌，對聽眾是不公平的，這是她日後只專心唱歌，不再拍戲、軋戲的主因。唱歌，是她最愛的，電影卻讓她分了太多心，她不願意兩者都想抓，卻落得兩頭空，在她的生活哲學裡，要就做到最好的，她的字典裡可沒有「得過且過」！能讓她肯空出時間來做的，只有一項她非常在乎的事，那就是——行善！

在泰國宣傳《歌迷小姐》。

《歌迷小姐》劇照。

慈善用心 當選最年輕的白花油皇后

一九六九年九月颱風肆虐寶島，造成南部各地相當嚴重的水患，當時高雄華王飯店、大新百貨聯合舉辦白花油義賣，和興白花油藥廠董事長顏玉瑩特別邀請一向熱心公益的鄧麗君南下主持在華王飯店舉行四天的義賣活動，鄧麗君積極投入，自然也要每天都演唱幾支歌。由於臺北第一百貨、今日百貨、臺中遠百、臺南亞洲百貨、高雄大新百貨等大企業的大力支持，她的成績斐然，一共籌得善款達新臺幣二十五萬之鉅，由顏玉瑩的夫人劉崑珠送交這筆為數不小的善款給僑務委員會高信委員長，作水患賑災之用，鄧麗君的善舉也博得輿論讚許。

有了這次義賣經驗，鄧麗君的心靈對愛的活動埋下了善念的種籽，當《華僑日報》為了響應救童助學，特別邀請她協助義賣時，她也欣然專程赴港，展開甜甜的笑容，登高一呼，善款便滾滾而來，當場就突破五千港幣，成為歷年來年齡最輕的慈善皇后，所義賣的善款送交臺北警察電臺《雪中送炭》節目中播放出來，讓一切需要幫忙的人到電臺登記申領，多半是被用作清寒學生的助學金，造福不少青年學子，間接也作育英才。失學的鄧麗君從做好事裡感同身受，覺得能幫助清寒學子一圓讀書夢想，就像為自己撫平沒有好好讀完書的遺憾一般，日後，只要有慈善公益的事情找她，她都義不容辭的接下來，而且做得有聲有色。

到高雄大新百貨舉行白花油義賣，幫助艾爾西颱風災民。

一九七〇年的年初，在香港中環「月宮酒樓」舉行「白花油慈善義賣皇后」的慶功宴暨加冕典禮上，工展廠商會宣傳部長黃桂為鄧麗君披上紅色鑲金邊錦袍，《華僑日報》總編輯何建章為她掛上「一九七〇年慈善皇后」的綵帶，保良局主席董樑戴珍珠皇冠，《華僑日報》總經理岑才生頒贈「為善最樂」錦旗，白花油董事長顏玉瑩與何建章也頒給她「慈善皇后」錦旗，年輕的小皇后將頭髮挽起，穿上超齡的旗袍，依然不減臉上十七歲少女的稚氣，眼中的淚光盈盈流轉，讓人感受到她的熱情與善良；在鄧麗君的心中這些皇冠、綵帶與錦袍都不是她所要的，她只希望有更多的小朋友得到照顧。

鄧媽媽說，鄧麗君的愛心過人，與她小時候常進教堂有關。那時在眷村裡家家戶戶都很窮，來到村子裡傳教的天主教神父與修女在教堂發送奶粉、玉米粉、好質料的舊衣服等美援

特地到香港參加「白花油慈善義賣皇后」的加冕。

在白花油之夜戴上后冠。

參加白花油義唱活動。

物資，起初，當然也是為了那些物資可以改善一些家中的環境，她帶著孩子們很自然地就都信了天主教，縱然很多人譏諷那是籠絡人心的「麵粉教」，但小小的鄧麗君可不是只去拿取而已，她還有許多比別人更多的收穫，她很喜歡在唱詩班練唱聖歌，甚至還在彌撒中獨唱過，鄧媽媽說：「我不會教小孩為了某種目的才去信教，而是她自己很喜歡去教堂的感覺，神父也很喜歡這個懂事的女孩，她在聖誕節常領到珍貴的卡片或巧克力，她也會慷慨地分享給兄弟。那時候她聽神父說一些要常常愛人，要幫助別人、愛人如己的道理，她都記在心上，也影響了她在日後一一實踐在生活中。」而她受洗的聖名，就是德蕾莎Teresa。

德蕾莎是天主教會中非常重要的一個名字，眾所周知的加爾各答的德蕾莎姆姆（Mother Teresa）是諾貝爾和平獎得主，她在一九五〇年創建仁愛傳教修女會，並於印度創辦了「垂死之家」、「仁愛之家」、「未婚媽媽之家」與「嬰兒之家」……收容並照顧最窮困、最孤獨的無依老人、窮人、病人、傷患、殘障、棄嬰及垂死的人，讓他們人生最後一段能備受照顧，死的有尊嚴，她的愛影響了全世界有五千多名仁愛會修女，在一百二十七個國家建立七百多間收容所，受到感召而投入的義工則超過一百萬人。在法國里修的Teresa（天主教會譯為小德蘭）則是用一生短短的廿五年生命，熱愛天主、潛心祈禱，成為重要的聖女典範；而西班牙籍的Teresa（天主教會譯為大德蘭）不但創立加爾默羅聖衣會隱修會，專門為人祈禱，而且寫作出許多有名的靈修書籍，被封為天主教會內的重要聖師。她們都有一顆熱切而悲憫的愛心，鄧麗君會擁有愛人、關懷人、幫助人的性情，和她的聖名極有關係，事實證明，她以Teresa Teng為藝名走紅日本及國際各地，的確不負這些有特殊意義的聖女們的行誼懿德，並且在她過世之後多年，她愛人助人的義行仍舊以她的名字持續著，影響深遠！

秀出風格
不隨波逐流願為文化服務

從香港回到臺灣，就是馬不停蹄的接秀及隨片登臺宣傳《謝謝總經理》，尤其是在高雄首映的轟動更非尋常，因為這部片子的內景搭建及外景取鏡大部分都是在高雄拍攝的，港都人倍感親切，「金都樂府」就是其中的背景之一。鄧麗君在高雄擁有不少聽眾，使這部片子的首演，造成前所未有的轟動場面，氣勢直追《梁山伯與祝英台》的凌波來臺灣獻唱的盛況，南部歌迷對鄧麗君十分關愛，她在南臺灣任何場地登臺，必然是場場客滿，就連生意較清淡的香檳廳，只要鄧麗君來了就賣個滿座，老闆感激的不得了，她的號召力如此之鉅，老闆的算盤當然打得精。

秀約接二連三，鄧麗君卻沒有感染十里洋場的紅塵氣息，在臺上的臺風別具一格，在臺下待人接物也成熟有禮；七重天秀場的老闆直誇鄧麗君能做到這一點，應該歸功於謙和有禮的鄧媽媽。然而，甚不擅於向人吐露心聲的鄧媽媽卻嘆了一口氣：「歌唱生涯，其實並非外界所想像的多采多姿，丫頭也很不願單獨去應付影歌圈子裡複雜的世界，就躲在我的背後，有什麼事都說『去問我媽』，她真的很聽話、很孝順也很懂事，從來不叫苦喊累，也不會跟家人們鬧小脾氣，對幾位在家中幫忙的阿姊或阿姨也非常好，這就是她的風格。」

她的淡妝透露著她的質樸，她的服飾也顯現少女特有的青春氣息，她很少穿閃閃亮亮、袒胸露背的晚禮服，只作少女阿哥哥裝扮，一張娃娃臉穿晚禮服並不適合，鄧麗君對於「打扮」頗有一套自己的看法，也不隨波逐流，她認為要裝扮出自己的風格，就要找出自己的優點來秀。登臺前她會花一番功夫，細心地修飾自己，除了髮式裝扮，更重視服裝上的設計與搭配。

她愛穿「迷你裙」，並非顧名思義想要迷人，實在是因為方便至極，所以即使在嚴寒的冬日，仍然可見到她在舞臺上穿迷你裙。鄧媽媽說那時她最愛買玻璃絲襪，因為她知道自己有一雙漂亮的腿，玻璃絲襪可以把美腿修飾得更好，觀眾也欣賞她修長的腿，搭配迷你裙載歌載舞顯現出的青春氣息。

敏感的她曾說，能穿迷你裙的時候就要趕快穿，免得以後年紀大了，再穿就不適合了，穿著得跟著年齡走才得體，不是一輩子都有這樣的機會。說這話的時候，她才十七歲，聽起來似乎是早熟了些，也顧忌太多了點，只是那時誰也沒有料到她會那麼早走，年紀太大之後該穿什麼才得體？她是永遠不必煩惱了……

人的一輩子也只有一回十七歲，她還沒有揮別多采多姿的十七歲時，就唱紅了〈再見！十七歲〉，這是她很喜歡的歌，縱使當時十七歲的青春並未離她遠去，然而在她的心境上，當她搖曳生姿的穿著長禮服，出現在人們的面前時，十七歲，就再也，再也不會回來了。

鄧麗君造型多變，多出於自己的巧思和喜好。

換上帥氣造型，呈現不同氣質。

鄧麗君喜歡穿迷你裙，秀出美腿。

曳地長禮服，最能襯出她的氣質。

第三章 月亮代表我的心

你問我愛你有多深？
我愛你有幾分？
你去看一看
你去想一想
月亮代表我的心

由翁清溪作曲、孫儀作詞，發表在一九七三年的〈月亮代表我的心〉是後來被鄧麗君唱紅的一首歌，詞意簡單，感情真摯，曲調容易上口，幾乎大街小巷人人都會哼唱，即使在二〇〇〇年，全球票選最佳華語歌曲，以及建國百年票選最佳歌曲，這首歌都高居榜首，這個獎的意義不只是意味著這首歌好聽、耐聽、歷久不衰，也說明鄧麗君在人們心目中的不墜地位。不論她走了多少年，即使歌壇的香港天后、本土天后、平民歌后、大陸天后輩出，唱片銷售量也驚人，但人們在慎重票選自己所喜歡的歌曲時，還是念念不忘一個最能敲動心靈的聲音——鄧麗君，以及她娓娓道來、柔柔傾訴的〈月亮代表我的心〉。

鄧麗君年
被公認為響自天邊的聲音

在十二年內走訪了兩百多位受訪者之後，我更了解，鄧麗君為什麼能如此貼切入髓地唱好這一首歌，很重要的原因就是她像月亮的那顆心，懂得「曖曖內含光」，不與太陽爭輝；懂得「腹有詩書氣自華」，不在外表競妍；懂得溫暖分享愛，照亮黑暗中需要的角落。中國大陸鄧麗君歌友會江蘇（無錫）分會的賈金怡會長說：「鄧麗君之所以能如此屹立不搖的站穩歌壇地位，正在於她知道自己的歌藝優點，了解自己的表達風格，也深深知道在走過戰爭恐懼、物質起飛、希望升起的年代，人們喜歡用什麼樣的歌曲撫慰靈魂。她不只是唱，而且是唱到人們的心靈深處。」南京分會的范敏（妙音）會長是江蘇麗人職業培訓學校的校長，更以每天必聽鄧麗君的歌來解壓滌煩，應付龐大的生活壓力；杭州分會金婷婷會長更在名片上就說明了她們組成歌友會完全是自動自發的要學習鄧麗君真善美的高雅氣質，以歌會友，傳承大愛；大陸鄧麗君歌友會的于佳琳（加林）會長也形容：「聽鄧麗君的歌，是一種壓力與情緒抒發的代言，也是柔軟與舒寬的帶引，陪伴著她們這一代走過最渴盼幸福的年代。」

七〇年代，鄧麗君加入宇宙唱片，逐漸走紅。

十七歲到二十歲的鄧麗君是忙碌的，充實的，沒有閒暇去想太多的兒女心事，也沒有心思去分心於事業衝刺之外的瑣碎情事，她只是一心一意想振展毛羽，準備一飛沖天。

當時，有家報紙以頭條大標題說：「一九七〇年是鄧麗君年」；也有一家晚報說：「鄧麗君之歌，老年人聽了，笑口常開；中年人聽了，解悶消愁；年輕人聽了，甜甜蜜蜜；小朋友聽了，蹦蹦跳跳。」

是的，鄧麗君的魅力的確征服了男女老幼，她夠聰明，而且懷抱自己的理想，忠於自己的選擇。最初，由唱片中學來的唱歌方法是善用天賦的美好嗓音，加上她對歌唱有著特殊的領悟力，使她的歌路定位在柔和圓潤、抑揚有節的輕柔、甜美而不膩，更有撫慰的療傷效果，被公認是「響自天邊的聲音」。

然而，鄧媽媽卻語出驚人的感嘆，成功，有時候並不好，越是成功，越是讓歌迷有期待，她就越擔心自己的不足，那種自我要求的壓力啊，是誰也幫不了的、抒解不了的，唯有她自己認為夠好了，她才會放輕鬆，但是，她哪有自認已經夠好的時候呢？她並不喜歡大家盛讚她是「無師自通」的溢美之辭，她認認真真的向老師求教唱歌的技巧。

慎芝與關華石是她生平非常重要的帶路導師，作曲家左宏元更是另一股將她推向成功的背後動力。他們給予她中肯剴切的建議，她虛心接受、努力改進，在她的老師眼中，鄧麗君的謙虛受教在歌星中十分少見，因為她虛心，肯接受旁人的意見，肯當一回事兒的改進修正自己的缺點，所以，她會進步得比人家快。

老師們看到了她的進步，對她有了信心，給她的機會當然就比別人多，而她也不負眾望的唱出他們所期望的聲音和感情，她的歌就這麼越來越紅。人越紅，找她唱的人越多，各種曲風需要不同的詮釋，她又再去向不同的老師求教，能學到更多的東西，裝備越來越強……這是個良性循環！成功從來沒有扶搖直上的電梯，也沒有輕鬆可循的捷徑，更沒有一絲一毫偶然。機會，永遠留給準備好的人，古今中外皆然！

鄧麗君對音樂悟性極高，也得到許多老師指點。

這樣的例子大多出在電影配樂歌曲的競爭上，一般而言，在七〇年代是沒有所謂「為歌手量身訂作」的歌曲，而是視電影劇情需要而寫的，寫好的歌曲，電影公司會請不同的歌手試唱，可能同一首歌有兩、三個人用她們各自的唱法來詮釋，唱得最適合電影原味的，就決定用這個歌手唱的版本。

左宏元（古月）是電影流行歌曲的大師，幾乎早期頗為流行的電影主題曲都出自他的傑作，在鄧麗君唱紅的歌曲裡，有許多電影主題曲及插曲，最初其實不是找鄧麗君唱，只是經過多次的「比唱」篩選之後，試唱者無法唱出左老師要的感覺和味道，只好再找人試試看，一試再試，最後出線的總是鄧麗君，才顯出她主唱的電影主題曲特別多。例如〈在水一方〉、〈千言萬語〉、〈海韻〉、〈我怎能離開你〉、〈再見，我的愛人〉、〈雲河〉、〈小城故事〉等，都是最佳證明。

鄧麗君對左宏元老師的提攜恩情念念不忘，對於沒有真正談戀愛經驗的鄧麗君，要如何詮釋好一首情歌？左宏元給了她許多「私房」建議，例如她後來所唱紅的〈彩雲飛〉、〈千言萬語〉、〈我怎能離開你〉，並且大力向當時覺得鄧麗君太嫩、太沒有「女人」經歷的瓊瑤推薦她，甚至拍胸脯表示找她來唱絕對加分！瓊瑤在半信半疑下聽了鄧麗君的試唱，寫過無數賺人熱淚小說的名作家也不禁流下淚來，之後，這「主題曲必流行」鐵三角組合便再無懸念了！

左宏元老師是用什麼方法，讓不到二十歲的鄧麗君唱好情歌？他一派輕鬆的說：「我不過是要她想像被愛的感覺，被疼的感覺，不能停止想念一個人的感覺，一個妳注意很久、心儀很久的人靠近妳、照顧妳、呵護妳的感覺。而鄧麗君的詮釋的確帶著這種憧憬式的想像力，所以她的情歌不是那種很濃情蜜意、膩得化不開的熟女感情，而是乾淨、真摯，甚至有些淡定的純愛情懷。對照於瓊瑤筆下情痴愛切的女子，那感覺是對的，是恰到好處的！我們無法想像瓊瑤式那種帶著文藝氣息的情歌由一個濃妝豔抹、歷盡滄桑的人來演唱是什麼感覺，而一心嚮往著甜蜜戀情的鄧麗君唱出了那種質感，那種對幸福的期待！」

我讀日本自由評論家有田芳生所寫的《我的家在山的那一邊》，提到鄧麗君對左宏元老師的尊敬。當鄧麗君在開演唱會綵排時，得知左老師不能來，只因票價太貴買不起，她立刻到後臺拿了票送給左老師。那一段淡淡的描述讓我十分感動，人生有多少千里馬可以遇上伯樂呢？又有多少伯樂痛失千里馬一去不返的消逝呢？古月老師應該也有著俞伯牙在悼念鐘子期時「摔碎瑤琴鳳尾寒，子期不在為誰彈」的知音之痛吧！

天才得靠九十九分的努力，對鄧麗君背後努力的付出是非常貼切的寫照，她除了不斷在錄音室裡求取自己感到滿意的聲音，在錄音室外也力求內在的充實，閱讀和學習語文，是她一直讓自己保持不斷進修的兩個好習慣。

愛看電影是小時候和鄧媽媽一起養成的嗜好，在香港停留期間，只要有一點空閒就跑去看電影。當時的臺灣風氣還很閉塞，電檢處的尺度非常嚴格，一點點的黃、灰、黑都會被剪掉，整部片子被「修理」得很多，但在香港就有完整的版本，可以充分感受導演的手法，技術人員的專業，和演員發乎感情的演技。她認為應該尊重第八藝術的創意表現，如同每個藝人都有自尊，都該被尊重一般。

她不只能沉醉在劇情的發展和戲劇張力裡，還能探討導演的手法、運鏡的技巧、氣氛的營造和演員對感情的投入等。知名聲樂家姜成濤就形容：「鄧麗君的演唱方式就像歌劇演員一樣，懂得表演的藝術和精髓，所以不論在錄音室還是面對群眾，她的聲音表情和內心是一致的，那種一致性使觀眾容易共鳴，進而接受她、喜歡她、欣賞她。」

她觀察人事物很細膩，學習東西很投注，不願意只學皮毛，更不喜歡半途而廢，這些少女時代就看得出來的習性，日後影響她非常深遠。

應變力強
虛心誠心赤子心最動人心

鄧麗君在正式踏入歌壇之後，一直都是媽媽跟在身邊，沒有交際應酬，也沒有舞會宵夜，更沒有私下約會，每天最高興的事僅止於收到「迷友」的來信，捧讀信中滿滿的關懷，感動非常。有些歌迷來信會讓她不由自主的自覺「不足」，也渴望在忙碌的生活中不斷充電，對一個正紅透半邊天的歌星而言，非常難得。

舉例來說，參加慎芝與關華石兩位老師所安排的臺視《群星會》的演出，是她從歌廳和秀場跨足電視的重要轉捩點，多年歷練讓她累積豐富的演唱經驗，她不只要求聲音好，也隨時注意自己的臺風和臨場表現，還有一點特別的是，她也很注意其他歌星的演唱特色和曲風，她常向謝雷、張琪、吳靜嫻、王慧蓮等歌星討教表現技巧，由衷讚美他們的歌藝，並禮貌的向他們說謝謝，善於觀察、吸收別人的優點，轉為自己能運用的技巧，可說是她另一個成功潛質。

和她在秀場合作過多時的謝雷回憶，和鄧麗君同臺是件非常過癮的事，雖然他被定位為與張琪搭配的歌唱情侶，但每逢張琪嗓子不舒服、人有事或抽不出檔期時，他的經紀人就會安

一九七一年的《七一群星會》合照。

與謝雷（左一）合照。

排鄧麗君成為他的搭檔。鄧麗君的歌聲沒有張琪來得高而亮，以致於他必須降key來配合她，這反而使他不必那麼費力的唱高音，所以每一檔秀都輕鬆愉快。

張琪也稱讚鄧麗君的清純與虛心：「她年紀最小，善良、沒心眼，也有禮貌，有一回我生病嗓子啞了，她就趕快拿出自己的藥方來給我吃，還教我該怎麼保養嗓子。在這個丫頭身上，我們絕對看不到所謂的同行相妒。」另外，她的臨場應變力也讓謝雷印象深刻，每一次唱〈傻瓜與野丫頭〉她會臨時加些趣味的口白，讓觀眾捧腹大笑；唱〈採紅菱〉她也會加上划船似的舞步，讓對唱更有看頭；更懂得互動的氣氛，不時走下臺讓觀眾也唱幾句過癮。在KTV並不發達的當時，觀眾融入表演的情況並不多見，她很會帶動現場，讓觀眾快快樂樂的回家，當然，效應就是下次還會熱烈地期待她的演出囉！

唱歌遇到忘詞是歌星最難為情的時候，有一次鄧麗君在唱〈歡樂今宵〉時，唱著唱著就忘詞了。聰明的鄧麗君靈機一動，馬上把麥克風塞給觀眾，比手勢請大夥兒一起唱，臺上臺下打成一片，造成很好的效果，任誰也不相信是她想不起歌詞來哩！鄧媽媽回憶這段秀場趣事，也笑出了淚水。

還有一次，在某家餐廳有位老闆聽鄧麗君的歌，聽到目不轉睛看著她，完全忘記要用餐，連他帶來的女兒都吃醋了，當場對老爸發飆；更有一位菲律賓華僑天天來捧場，紅包一出手就給她五千元美金，鄧麗君特地走到臺下謝謝他，落落大方而有禮貌。但她從不接受觀眾的宵夜或跳舞等邀請，她認為吃歌星這行飯就要正派，只有正派，才會長久，絕對不要讓人看不起。

此外，她也非常珍惜歌迷對她的感情，有人送紅包、鮮花，也有人送手鐲、手錶、玉牌、卡片等，只要有紀念價值的，不管便宜還是貴重，她都非常寶貝，鄧媽媽說有一只很普通的電子手錶，她一戴就戴了二十一年，電池換了好幾次還在戴，她當然有能力買更好的手錶，但這只手錶有特別紀念價值，在她心中，「情義」是最重要的。

勇氣過人 背後辛勤努力別人看不到

她的勇氣過人是非常重要的成功因素之一，從六歲上臺表演就不曾怯場過。她深信「一磅的勇氣值一噸的運氣」，而要有自信才會產生勇氣，她從不相信「坐等運氣，機會就會來臨」，而是在平時努力，用豐厚的實力來產生勇氣，用無所不在的勇氣來製造運氣，信心與毅力都是支持勇氣的原動力，有了這些厚實的底蘊，才能接受機會來敲門，從一次又一次的機運中磨練累積出經驗來。

在香港，她覺得什麼都好，就是言語不通，隨時隨地都碰上麻煩，於是她就拚命學粵語，一得空就大著膽子東問西問，虛心向人求教。實力派歌星吳靜嫻記得，當時他們十幾個人一起來到香港，大家都不能適應語言問題，但是沒多久，鄧麗君就敢在臺上用粵語和觀眾問好溝通，也唱了幾首廣東歌，那種勇氣，她是很佩服的。事實上，她那一聽就知道不純正、不流利的粵語帶來了意外的「笑」果，反而一下子拉近了臺上臺下的距離，她也因此進步神速而解決了語言的障礙。

清麗、純真是鄧麗君給人的第一印象，香港女學生對她的歌聲愛的不得了，經常可以在女學生的書包中發現她的唱片。她唱歌能唱出感情，是唱片發行能有優異成績的最大主因，另一點是，鄧麗君的歌路是多方面的，既博且工，對中英文歌曲都有極深的造詣，無論輕快、抒情、熱門或黃梅調等各類歌曲，都讓人激賞，這些都是她勇於多方面嘗試，不畫地自限，不貿然被歌路定位的優勢。

來到香港沒多久，鄧麗君就學會一些粵語，能與臺下聽眾互動。

香港女學生最愛鄧麗君清麗、純真的模樣。

鄧麗君縱橫歌壇卅年，從來不爭排名，不爭演唱順位，也不計較海報上照片的大小，做秀、錄影更很少遲到，是非常敬業的演藝人員，即使她經常唱壓軸，也會提早到場，在後臺靜待自己的時間，做好充分的事前準備，而不是來了就匆匆忙忙上場，唱完了事。她把觀眾的心情放在自己的心上，她認為，如果自己花了錢來聽歌，一定不希望歌手用應付的心態來唱，對她而言，唱歌不只是賺錢而已，還有和聽歌人的情感交流，以及對自己的挑戰，這是事業，也是理想！

歌壇的大姊大吳靜嫻對她的評價是：「輕快、明亮，做人處事圓融、得體。」吳靜嫻那時告訴她唱歌的尾音轉音法長期運用下來，可能會傷害聲帶，她非常高興的接受，所以她的招牌特殊尾音小花腔轉音唱法只維持了短短一段時間，之後就沒有再那樣唱了。吳靜嫻也看過她長跑練體力，練肺活量，形象很健康，完全沒有料到她會被病魔擊倒。

那時，臺灣很流行六十四開本的電視週刊，各報章雜誌的影視記者很喜歡追著訪問她，曾經有一度香港的報紙寫她為了「十大歌星」的選拔而與吳靜嫻傳出不睦，鄧麗君冷靜的說：「我怎麼會和吳姊姊爭呢？我是小孩，不會那麼不懂事。」她還有條有理的分析：「任何選拔都不可能是用『爭』就爭得到的，觀眾喜不喜歡，靠的是歌藝、人品，不是耍小手段就行，那樣會讓人看不起，何況吳姊姊的歌唱得那麼好，臺風那麼穩，向她學習都來不及呢！」從此以後，鄧麗君對媒體無中生有的傳聞有了戒心，接受採訪格外審慎。

趁著專訪吳靜嫻，我向她求證這件事，她笑著說：「完全沒有那麼回事！我們兩人的感情雖然不是什麼姊妹淘那種密友，但這種爭什麼、搶什麼、計算人家的事是絕不會發生在鄧麗君身上的，沒有必要嘛！」

正在後臺等待演出。

體貼媽媽
學開車企圖心強技術高明

學東西就要學得好，開車是另一個實例：滿十七歲之後，她立刻迫不及待的和朋友去學開車，這是她第一件自己覺得非常必要學習的大事。因為在交通上她吃過太多苦頭，很心疼小時候媽媽帶著她去各個夜總會表演，為了省一點車錢而搭公車、轉公車的苦況。有時碰上颳風、淋雨、人擠人，有時趕不上時間，急得不得了。有一次，鄧媽媽還因公車緊急煞車而摔到前面的擋風玻璃，半邊臉都失去知覺麻掉了，鄧麗君抱著媽媽直哭，內疚不已。

經濟狀況好一點後，她們開始改搭計程車，那時她已走紅了，幾乎每個計程車司機都認得出是她，她也親切隨和的和他們聊聊，雖然很高興與人多結緣，但也越來越發覺個人隱私的重要，學開車不只是擁有生活必須的一技之長，同時也是希望能多保有一絲隱私權，不再因為缺乏交通工具而處處不方便。

鄧麗君開車是高手，很多人都領教過，和她同住最久的歌迷明姊提起來格外感慨。當時，她們一票子喜歡鄧麗君的香港歌迷會都和她處得非常好，由於她在香港購屋，需要一些人手，她們又正好在找工作，鄧麗君就找她們來幫忙，給她們相當優厚的待遇。明姊成了她的廚娘，阿金則為她打點管理雜務，她處處照顧歌迷，把她們當朋友、當家人而不是當為她工作的人。

明姊回憶她上工的第一天，鄧麗君就親自開車到赤柱街上接她回家，當時她非常受寵若驚，想想看：這麼遙不可及、紅透半邊天的大明星，此刻就坐得這麼近，專程為她開車上山！她心中的感動真難以形容，在香港這麼小、這麼擠的地方，她靈活的左彎右轉，自在的不得了，一邊開還一邊和她閒話家常，她非常佩服。

另一次印象永遠忘不了的是在人生地不熟的法國，鄧麗君病得很厲害，醫生又沒辦法出診到家裡來，當時她已發燒到四十二度，仍然堅持自己開車到醫院去，一則因為法國的計程車難叫，醫院名字、街名又記不清楚，只約略記得大概的方向和街道樣式，她發燒到僅以最後的意志力握住方向盤，大雨淋漓、視線不良，她幾乎是趴在方向盤上，憑她高超的駕駛經驗趕到了醫院，醫師緊急救治，狀況穩定之後表示，只要再耽誤兩個鐘頭就沒救了，明姊坐在駕駛座旁，一顆心幾度跳出胸腔，急得一直哭，鄧麗君還很冷靜的勸她不要怕，她的意志力之堅強由此可見。

那次發高燒，診斷出是急性腎臟炎，她人還在急救時，聽到臺灣轉來的電話，知道父親鄧樞過世的消息，她掙扎著要起來辦出院，還吩咐明姊立刻去訂機票，準備飛回臺灣奔喪。當時醫師極力阻止，認為她目前的抵抗力太弱，白血球太高，根本不能搭乘長途飛機，硬是強迫她住院休養，絕不允許病人私自辦出院。

為了這件事，臺灣的輿論界議論紛紛，認為「父死不奔喪」是極端不孝的行為，日本有一位作家更擅自揣測地出書指出，她是痛恨父親長期逼迫她唱歌賺錢養家而做沉默的抗議。其實，真正在她床邊守了她五天五夜的明姊才知道實情，她的淚已流乾，昏迷中還叫著爸媽，心中的煎熬不是一般人所能想像，當她輾轉病榻，思念、痛苦和病魔交相折騰的時候，媒體給她的不是安慰與同情，而是站在揣測的立場指責她大牌、不孝，忘了父親小時候對她的疼愛和栽培……面對這樣的捕風捉影、無的放矢，鄧麗君的心痛到極點，但她也沒有出面作任何辯解，清者自清，笑謗由人。

會開車的鄧麗君，非常開心！

沒錯，鄧樞對孩子的家教嚴格是有原則的，也絲毫不因鄧麗君的成功成名而稍有懈怠，他從來沒有逼迫鄧麗君唱歌賺錢給他花用，甚至還有反對女兒拋頭露面的軍人保守思想。當時鄧麗君願意輟學唱歌，鄧爸曾強烈反對過，最後終於拗不過鄧媽媽的參與，以及女兒再三保證一定潔身自愛、絕不沾染壞習性，才肯讓她出來唱歌。

後來，她要到日本發展的時候，鄧爸也是堅決反對，認為一個女孩到日本去重新當一個新人、從零開始奮鬥太辛苦，他實在捨不得。當時陪同日本唱片公司老闆舟木稔前來當翻譯的佐藤芳男回憶，每回簽約最難過關的就是鄧爸這一關，他是最捨不得女兒吃苦的，何況鄧麗君是這麼有見地、有魄力的人，如果不是她自己願意，絕不可能被任何人牽著鼻子走。在民主法治的時代，一個成年人更不可能被父母逼迫，而長期做某些自己不願做的事，這以常情判斷就可以破除外界傳言的事實。

同是鄧氏宗親會的當代水墨畫家鄧雪峰是鄧樞的好友，兩家人從鄧麗君還沒走紅時就有密切來往。鄧師母林桀禧回憶鄧麗君對父親的愛，是少見的自然親密。兩家聚餐時，可以看到這女兒毫無代溝的與父親談笑風生，為老爸夾菜盛湯，互動之間就像個受寵的小女兒。現在做兒女的，哪一個在長大自主之後，還肯跟爸爸媽媽的朋友吃飯啊？而鄧麗君在走紅之後，不僅願意在百忙之中陪爸爸參加同鄉會之類的「無趣」場合，還一路照顧著爸爸，更讓鄧師母感動的是，她出國回來也總不忘給鄧師母買點小禮物，她不過是鄧樞的朋友的太太而已，鄧麗君的周到、細心、體貼，讓她印象非常深刻。

領教到她開車技術高明的另一個見證人是林雲大師，這位被影藝圈內尊稱為二哥的密宗研究專家，每次到臺灣演講都引起不少聆聽人潮以及媒體的關注追蹤。有一回，林雲大師在臺大校友會演講，鄧麗君也到場來聽她並不了解的「形而上學」，這讓他非常感動，因為鄧麗君是個忙碌的人，晚上的秀約又多，她能來，想必是排除萬難專程來聽，而不是捧個人場、應個卯而已！

演講完畢，林雲大師照例被媒體包圍，但他當天實在有急事，只好叫了一輛開車技術很棒的計程車開溜。他的座車一開動，後面立即有十幾輛採訪車窮追不捨，他吩咐司機只要能甩開記者就好，果然開了一陣子之後，司機左繞右轉的甩掉了所有的車，但是一不注意開到一個死巷，看看後面還有一輛車，計程車司機當場搖頭，一臉不可置信的說，能跟得上他的人，開車技術實在太可怕了！

他們從巷口退出來之後，才發現那輛車竟然是鄧麗君開的，她覺得應該盡地主之誼接送他，不該讓他坐計程車，又看到前面這一輛計程車一路開得那麼快，還專挑小路走，覺得很不尋常，怕二哥被挾持或出意外，才緊追在後。見了面、問清楚之後，三人都笑翻了，這件事不但看出她的開車技術有多好，而且看出她為人的細心、厚道和義氣，讓林雲大師感念不已！

喜歡自然
欣賞自己的缺點忠實自我

維持自自然然的真我，是她的另一個風格，她非常排斥去美容任何部位，鄧媽媽說原因是：一來，她非常非常怕痛，小時候生病打個針都要哭上半天，更何況去動美容手術；二來，她很感謝爸媽生給她的模樣，她懂得「身體髮膚，受之父母，不敢毀傷」的道理，就算是身上的缺點她也一併欣賞，連臉上的那顆小痣，不管多少人用多少理由勸她點掉，她都不肯。

有人嫌她的扁鼻子太塌了，她自己倒覺得挺可愛的，她笑著對人說：「像我這張圓圓的娃娃臉，你能想像搭配一個高高、尖尖、挺挺的鼻子有多麼奇怪嗎？」一句話把大家都逗笑了，以後再也沒有人提要她去墊鼻子的事。

很多訪問她多次的影視記者，後來都成了她的好朋友。有一次她出國回來，有位記者朋友開玩笑的問了一句：「鄧麗君，妳的鼻子怎麼好像變高了？」她嚴肅的說：「怎麼可能？那只是化妝效果罷了，妳很不夠意思哦！這樣問，報紙雜誌會怎麼寫妳是知道的啊！」這話對鄧麗君而言已經是重話了，那位記者到二十年後了都還一直記得這件事。

剛出道那幾年，她一直頂著短短的俏麗髮型，長大後，心也開始浪漫，人也嚮往能更有女人味時，她開始留長髮。朋友勸她不必那麼費事，買個長的假髮戴戴就好了，鄧麗君卻說有

鄧麗君一直不願點掉臉上的小痣，因為她覺得臉上的缺點，會被內心的美麗掩飾。

過了幾年後，留成長髮，眉宇之間也多了女人味。

剛出道時，鄧麗君還是青春的俏麗短髮。

一回她戴了假髮出去，碰到朋友驚訝的一邊摸她的頭髮，一邊問：「怎麼這麼快頭髮就長長了？」沒想到當時假髮就掉下來了，她覺得很糗，從此以後，她就不太敢也不願意戴假髮，喜歡自己慢慢留長，既自然又方便，她喜歡一切都是「真」的。

提起鄧麗君的歌，人們會很自然的想到她所詮釋的情歌，款款深情，柔柔愛意，但是早期，她比較喜歡輕鬆活潑的歌，像〈歡樂今宵〉、〈愛情一二三〉、〈愛你一萬倍〉、〈不敢告訴你〉、〈高山青〉、〈因為我愛你〉等，還有民謠小調、粵曲、黃梅調，英文歌曲或馬來歌。有人問她原因，她幽默的回答：「因為還沒有愛過，也沒有失戀的痛苦經驗，唱哀怨纏綿的情歌，味道會不夠，以後談戀愛的時候再唱就不同囉！」

有位流行樂壇的專家說，鄧麗君早期的歌只是輕快悅耳，讓人舒活、沒有壓力，但還沒有那麼扣人心弦，盪氣迴腸。真正的耐賞耐聽，還真是從她談過了戀愛，懂得人間情事開始，那種真情發自內心，而非憑空想像，所以詮釋得絲絲入扣，婉轉、清幽。被大陸譽為「最溫柔的聲音」而確立起她的個人風格，也是她的求真性情，有真的經驗抒發真的情感，唱出來的聲音感情自然不一樣。

比較特別且值得一提的是，在臺灣的流行歌壇，很少有人能夠將地方民謠、學校的音樂教材及世界名曲之類的歌唱得好，而且出唱片還能賣得好的，但出乎意料的，鄧麗君歌集的第一輯至第五輯唱片，唱的都是這些很「純淨」的歌，並非什麼情啊愛的，一樣大受歡迎，而且賣得不錯，繼而贏得「學生情人」的美譽。她創下了教材歌曲能賣座的先例，奠下什麼歌都能唱得好的基礎，直到今天，她的歌、她的為人、作風和舉止，始終被定位在淳樸、簡實、單純、溫柔，這樣的特質特別讓人懷念。

驛馬星動
為慈善遠走各方心甘情願

在新加坡彰宜機場，與智鈍兒童見面。

鄧麗君在國內極紅之後，驛馬星動往國外發展是必然的，當時的流行音樂環境，幾乎每位走紅的歌星都會先到香港、星、馬、印尼、越南等地去試試自己的人氣，鄧麗君卻似乎比發拓市場還多一份心，那份心就是對慈善事業的關切，只要是以慈善的名目邀請她，她都一定要去，鄧媽媽對女兒的這點觀察，感到很欣慰。

一九六九年底，她由中廣公司推薦，赴新加坡參加總理夫人主持的傷殘兒童慈善晚會義演，這場「群星慈善晚會」在新加坡國家劇場舉行，全部收入都捐給聾人協會、痙攣兒童協會、智鈍兒童協會。那晚鄧麗君特別賣力，也在節目進行中說了不少發自肺腑的感性話語，讓座中人甚至感動淚下。

在演唱會中還有一幕感人畫面，當她唱完中場時，按照她自己的風格，特地款款步下舞臺，和第一排的觀眾握手，當時在座的都是傷殘人士，有的失聰、有的斷臂、有的不良於行，有位年輕的盲女，為了想和鄧麗君握到手，特地叫旁人扶她起身擠上前去，鄧麗君見她如此熱情，立即快步走到她跟前握住她的手，對方開心的不得了，握著她的手一直持續了好幾分鐘都不捨得放，還配合著音樂和她一起哼了幾句〈小城故事〉，現場的鎂光燈閃個不停，全場都感染了這份感動，鄧麗君的淚忍不住落下來。

在新加坡國家劇院參加慈善義演，充滿感動。

隨後，她擦乾淚，不斷與臺下觀眾說笑，盡情的逗傷殘朋友開心，還想把鄧媽媽也拉上臺。鄧媽媽怕見人群，始終不肯，但這段往事令她印象深刻，謝幕時，她非常誠懇的對觀眾說：「我能有今天的小小成就，你們是我一生給予我最多的。這些年來，我覺得我實在比很多人活得開心。你們，是我擁有最好、最寶貴的東西。」她是誠心誠意的含著淚說的，那晚全場動容、情緒高昂，慈善晚會也因而得到了一筆相當豐厚的收入，可以為傷殘朋友做些好事。

她不只熱衷於社會公益活動，也認養了好幾個孤兒，她常想到自己小時候的苦況，對於無家可歸的孤兒更加同情，特別是低能兒童，她認養了一個五歲的男孩和一個六歲的女孩，都是智能不足的孩子，別人問她為什麼不揀個健康活潑的孩子，將來還懂得妳對他們這麼好？她真情流露的說，我不是要這些孩子長大了記得我或報答我，這些低能兒比正常小孩更可憐，更少搏得人們的喜歡，這才是我該幫助的。

當年的孩子，現在應該已經長大到中年了，他們果然不知道鄧麗君的任何事，過著能溫飽、幸福的生活，但是幫助他們長大的「媽媽」已經不在人世了，如果他們懂，會不會因此而落淚、心疼？

天生有豐沛愛心的鄧麗君，不但到繁華的新加坡、印尼、馬來西亞等地做慈善公益演出，同時也到戰火尚未平靖的越南。一九七一年，她接受當地華僑婦女相濟聯誼會之邀，飛抵西貢參加慈善晚會獻唱。在飛行途中，越南航空公司的小飛機一度遭到亂流，機身晃動得非常厲害，鄧媽媽嚇得腿都軟了，一位老先生更驚嚇得放聲大哭起來，鄧麗君立刻一直拍著他的背，安慰他：「不要怕，不要怕，我們是去做慈善義演，是做好事，這飛機不會出事的。」她的愛心與膽識，讓同行的人都讚揚不已！

到了機場，越南華僑婦女相濟聯誼會創辦人劉麗玉，正、副會長洪潘文鳳、李妙芳及當地的華文學校立人學校的校長夫人和各華文報記者們都熱烈的歡迎她，讓她立即感覺到濃厚的人情味與溫暖，親臨戰地，對戰時的緊張詭譎氣氛也有所了解，讓她感觸特別多，演唱也格外賣力。

之後，鄧麗君一直積極參加慈善活動，不一定是大人物的邀約，有些小規模的活動她也樂於行善，像在天主教明愛中心義演、為呂氏宗親會募款奬學金等，她一定排開繁重的秀約檔期，而且完全不支酬勞，一併捐出給慈善機構，這些事情媒體披露得很少，只有從鄧媽媽口中才得知，因為鄧麗君不願張揚，她是真正做到了「為善不欲人知」，而且次數難以估計。

在越南的慈善晚會之後，她就很想到泰北去看一看我們流亡在山區的孤軍，以及艱苦存活在美斯樂各個村落的同胞，這個心願直到一九八〇年才達成。

在越南八達酒店慈善晚會上獻唱。

身穿越南傳統服飾遊動物園。

在越南海南醫院，贈送營養品給病人。

訪問越南福德學校的小朋友們。

行善及時
引進泰北回莫村第一滴水

八〇年代前後，正是臺灣「送炭到泰北」活動響應最熱烈的時候，當年國共戰爭裡退守滇緬邊界的國軍部隊陸續撤到了泰國的北部山區，泰國政府曾賴以鎮守邊防，與泰共數度周旋，經過卅年艱苦的掙扎，終於在山區的零星地區建立了幾十個村落，過著清貧而提心吊膽的日子，孤軍自食其力的生活下來，組成家庭，也讓自己的兒孫們接受華文教育，用中國大陸災胞救濟總會（簡稱救總）所發給的教材課本，接續著身為中華兒女應有的語言文字認知，其中的辛酸不是親身經歷的人很難體會。

一九八〇年鄧麗君隨一支慰勞隊伍來到泰北，一路看到同為炎黃子孫卻接受不同遭遇的難民，心頭非常的痛。慰勞團來到靠近滿堂附近的一個小村落「回莫」，那兒有一所基督教的會所，一行人經過山路的顛簸，滿身是揚起的黃泥灰土。下了車，她看到幾個衣衫襤褸的老兵，立刻就和他們握手問好，甚至於上前擁抱他們。

一位老兵在鄧麗君伸出雙手時猛地向後退了一大步，鄧麗君愣了一下，以為自己想擁抱的動作並不得體，沒想到這位老兵脹紅著臉，囁嚅的說：「我……我……我身上髒……」鄧麗君一聽，二話不說就上前緊緊擁抱他，輕聲說：「伯伯，您們辛苦了，辛苦了！」那位老兵被她抱著，想起自己在家鄉無法再見面的女兒也該有這麼大了，一時忍不住悲從中來地哭出來。鄧麗君不住地輕拍他的背，全然陌生的一老一少就在異鄉的天地蒼茫間相擁，周圍的人全紅了眼眶。

在泰北創辦孤兒院的王牧師記得非常清楚，因為鄧麗君是所有二十多位團員中唯一這麼做的人。幾個擁抱下來，鄧麗君眼中蓄滿淚水，她哽咽的說，看到這些叔叔伯伯，就像看到自己的父親一樣，她心疼他們孤軍奮鬥的艱苦，也佩服他們始終不忘本的中國人精神。她問王牧師：「你們有什麼最迫切的需要？我的力量不是很大，但能夠幫忙的我一定盡力幫忙。」王牧師說，「我們的村落沒有水，每次用水都要用水桶到山上去一桶一桶的扛回來，山路很難走，又沒有照明，非常不方便。」

鄧麗君答應他一定想辦法，王牧師以為她只是說說而已，因為要修整水路、興建水塔、引進山泉是何等浩大的工程，需要一筆為數可觀的錢，他已經向政府反映了好多年，始終都沒有下文，這個二十來歲的女孩子哪有多大本事？能完成他們多年的心願呢？第二天，鄧麗君就捐贈了大約合新臺幣十六萬元，交給他去做引水到村落的工程。王牧師記得那是由當時領導孤軍的陳茂修將軍所轉交給他的支票，我特地去求證於當時已經八十四歲高齡的陳將軍，他並不記得是由他轉交，但記得鄧麗君的確捐出了這一筆鉅款。當地人告訴我，那是鄧麗君拔下她手上的鑲鑽名錶，在清邁作義演時義賣得來的款項。這個說法似乎比較合理，因為在三十二年前的十六萬元何等的大啊，鄧麗君出國演唱是不可能隨身攜帶這麼一大筆錢的，但她義賣鑽錶毫不心疼，也從來沒有向媒體披露，以致於臺灣沒有任何報導。

鄧麗君的愛引進泰北回莫村的第一滴水。

鄧麗君一直很關懷泰北孤軍村落「回莫村」。

不管她是用什麼方法捐出，這筆錢確實是她拿出來的，絕對沒錯。王牧師拿到了錢，立即著手找村裡的人手幫忙，買水泥、水管等材料、規畫水路，硬是從山上拉出一條綿延數公里長的引流管，然後在教堂的廣場邊設下一個高高的大水塔，全村的水都可以從這個水塔供應，水源非常充沛，還可以灌溉到全村的農地、滋養作物，二十年來，這小水庫的水四季清涼，從來沒有乾涸過，我俯身打開水龍頭用手捧水喝了幾口，果然甘洌無比，沒有汙染的山泉，被引流配送到每家每戶，這是多麼令人感動的活水源頭之愛啊！

沿著水管的延長線望去，山區邊農作物碧綠搖曳，路旁的果樹結實纍纍，引水灌溉讓窮鄉僻壤開始有了自給自足的耕作，不只是生活的便利，更讓村落慢慢步上繁榮。我仰頭看到高高的水泥水塔上，非常簡單的用紅油漆簡陋的寫著「飲水思源．永懷恩澤」八個大字，以及旁邊的一行「鄧麗君小姐捐建」「回莫村全體村民敬誌．中華民國七十一年八月吉日」等字樣，牆面已斑駁，字跡已模糊，全村人的感恩之心卻一清二楚，永誌不忘。

王牧師在一九九二年將這裡興建成育幼院，收容近兩百名孤兒，並在每次證道和教育孤兒的時候都要他們記得鄧麗君阿姨所賜給他們的清涼水源。他感慨的說：「這個水塔供應引進的山泉是回莫村最早的第一滴自來水，這第一滴水帶給我們的便利和改變，是說也說不完的。二十年來，我們每次做禮拜都要教友們向上帝祈禱，賜給鄧小姐平安快樂，沒想到，這位我們時時祈求的恩人卻死得這樣早。」當鄧麗君病逝清邁的消息傳到泰北小村落的時候，全村人都泣不成聲，飲水之恩再也難報。

水塔邊的自來水龍頭下，有幾個七、八歲的女孩就著清水洗菜，院方訓練孩子幫忙料理伙食，也訓練他們自己洗衣、整理寢室，我很想問小女孩：「知不知道這水是從哪兒來的？」但隨即就覺得這問題太淺薄。鄧麗君在當時捐出鉅款的時候都沒有要讓人知道她的善行，她沒有來驗收工程，沒有來居功探視，只是非常信任的把錢給了泰北一位陌生的牧師，就相信他們能夠享受不再辛苦擔水度日的方便，她的心是單純的、可敬的、不求回報的，二十年來，月亮依舊照著村裡的人，那心如明月的善心引水人，卻已永返天鄉，水沒有停過，愛也沒有停過，愛心會一直淵淵流傳下去，王牧師語重心長的說：「看到村子裡家家戶戶都有水用，她的在天之靈，應該是微笑的。」

我點頭想附和他的話，淚卻不能克制的一直湧出來，因為鄧麗君，回莫村第一滴水奔流至今不涸、不歇，引水人卻直到逝去，都不曾知道這個村落的名字。

第四章 漫步人生路

越過高峰
另一峰卻又見
目標遠距
讓理想永遠在前面
路縱崎嶇
亦不怕受磨練
願一生中苦痛快樂也體驗
愉快悲哀在身邊轉呀轉
風中賞雪
霧裡賞花
快樂回旋
毋用計較
快欣賞身邊美麗每一天
還願確信美景良辰在腳邊

路縱崎嶇，亦不怕受磨練，願一生中苦痛快樂也體驗；這句歌詞正合了鄧麗君的人生寫照，詮釋得十分到位。〈漫步人生路〉是鄧麗君在香港推出的第二張粵語唱片，正如歌詞中所寫的，那時的她已越過一個個人生高峰，體驗了悲歡離合，能用一種較豁達的心態，去欣賞身邊的每一天，而確信美景良辰並不遠。懷抱著對未來的憧憬，她在香港生根發展，香港有中國人的生活文化，也有不受束縛的充分自由，離臺灣不太遠，距日本也算近，這些因素讓她喜歡往來香港，甚至置屋居留。香港有她的朋友，她的事業，她的歌迷，她的戀情，她在風情迷人的觀光勝地——赤柱，建立了一個溫馨的家，倚山面海，心胸開闊，帶給她不少歡愉時光。

位於赤柱的別墅，環境清幽。

赤柱別墅內部裝潢，都是出自鄧麗君之手。

第二故鄉
溫情與關懷交織人生長路

鄧麗君和香港結的是「善」緣，一九六九年十二月，善緣牽引她為了助學義賣而踏上這片被譽為「東方之珠」的土地，贏得「白花油皇后」之後，就展開了不可分割的密切關係，香港漸漸成為鄧麗君的第二故鄉。

鄧麗君參加「凱聲綜合藝術團」的演出。

一九七〇年的一月中旬就和無線電視的蔡和平簽了約，規矩是不得再上別臺的節目，她的生活除了晚上到各夜總會去作秀，演唱完就回酒店。非常單純的過了近一個月的簡單日子，使鄧麗君對香港的印象非常好，迷哥迷姊們的熱情打動了她，而香港的繁華、有朝氣、有活力也為她開啟全新視野，是的，跨出臺灣到海外發展是多麼值得挑戰啊！她的事業憧憬因而逐步放眼海外，並開心地對大家說她很快會再回來。

第二次踏上香江，仍然因著另一個善緣，從香港回臺灣不到半年，她又隨著「凱聲綜合藝術團」到香港登臺演出，這回是香港凱聲娛樂公司受港九卅五個街坊會的委託，一起籌募街坊會福利基金，活動要整整一個月的時間，她也欣然允諾為公益而獻「聲」，當晚受邀於無線的《歡樂今宵》，鄧麗君旋風被媒體大為關注，她領受被不同地域的群眾擁抱、歡迎的滋味，香江的掌聲似乎比小小的臺灣更能意味著她禁得起市場的考驗。

當時的公益活動策畫手筆驚人，「凱聲綜合藝術團」由團長何偉業帶領鄧麗君、吳靜嫻、方晴、陳菱、葉錦櫻、陳亞梅等浩浩蕩蕩五十餘人參加，還搭配著幾個著名表演團體一起募款，歌星們抓住在港做公益的機會，有漫長的時間做足宣傳，讓當地人多認識，開拓海外發展契機，更到不同電視、電臺等媒體露露臉、說說夢想。

八月初，鄧麗君在「港九明愛中心」首演，狂風暴雨澆不熄票房熱度，照樣座無虛席；白天她上無線邀請的節目，唱歌、舞劇、黃梅調、短劇，無所不能；半年後，緊接著在十月中旬開拍電影《歌迷小姐》，灌錄電影插曲的唱片，也為影片造勢而主持《歌迷小姐》宣傳節目，鄧麗君和香港的緣分越結越深。

鄧麗君的第三度赴港依然是為了慈善活動，她義不容辭的為「保良局」籌募建校保良第一中學的經費而義演。長久以來，失學一直是她心中的隱痛，只要任何能幫助貧童就學的好事，她都願意共襄盛舉。一九七一年二月，她再度和無線簽下一年的約，為麗風唱片公司灌了好幾張唱片，張張暢銷，老闆樂透。

義演之外，也為才殺青的電影《歌迷小姐》做宣傳，參加影友招待會、歌迷小姐試映會，主持在翠谷夜總會舉辦的「歌迷小姐之夜」和歌唱比賽，並應熱情的中學生之邀到明德中學獻唱，送出《歌迷小姐》電影招待券，全校師生聽她唱歌，與她座談，都高興得如癡如醉，她離開學校的時候，還一路送她送到門口，就連校長都被學生們推擠得跌倒在路上，可見得這位年紀與同學們相仿的玉女歌星在學生之間散發的魅力。

在香港明愛中心義演。

扮裝表演小放牛。

在香港期間，她曾悄悄到保良局附近的孤兒院探視小朋友，發出去好幾百份禮物，和他們一起唱歌、遊戲。鄧麗君打從心底關心他們，親切的牽著他們的手，陪著他們玩，也唱不少兒歌和流行歌曲給他們聽。她在陪伴孤兒的同時，心靈充實而感動。這些孤兒現在都長大了，對當時的情景是否還有記憶不得而知，儘管他們並不知道這位漂亮的大姊姊是什麼來頭，在當時卻和她一起唱唱跳跳的，度過愉快而難忘的午後。

赴保良局附近的孤兒院探視小朋友。

親切於唱片上簽名留念。

榮獲年度香港工展會慈善皇后。

一九七二年，鄧麗君再度榮獲年度香港工展會慈善皇后榮銜，香港人已幾乎把她當作慈善大使的代名詞，各大報章雜誌也都以「天使」形容二十歲不到的少女。善緣深結，讓鄧麗君來往於香港的次數漸漸頻繁，每逢要到菲律賓、越南、新加坡、大馬等國家演唱，幾乎都會取道於香港，當作事業衝刺的第二個根據地。

急智歌手
成長路辛酸是人生之必然

乖巧，似乎是人們對鄧麗君一致的印象，每回她一登臺，就先來個深深的鞠躬或側身優雅的萬福，接著一連串的「親愛的叔叔、伯伯、嬸嬸、哥哥、姊姊，你們大家好！」這冗長的「鄧式招牌問候」並沒有為觀眾帶來不耐煩，反而因為她的真誠可愛、乖巧懂事，而讓人多幾分疼愛。

然而，鄧麗君並不是一帆風順的在香港意興風發的紅透半邊天，她也有屬於自己的坎坷要面對，鄧媽媽回憶她們在香港也曾受過不少委曲。有時候是些有頭有臉的重量級人士邀約吃飯，鄧麗君不願意參加，鄧媽媽就要負責「擋」掉，免不了聽到一些「端什麼臭架子」之類的閒言閒語，她完全不作辯駁，也絕不委曲求全。在她的觀念裡，自己是個以唱歌為演藝事業的人，不是舊時代的歌女，不用「顧曲周郎」來討人歡心，更不用說某些「醉翁之意不在酒」的難搞「大爺」們。

其次，也有些不很尊重歌手的演唱場合，她也必須去唱，如啟德遊樂場、旺角新興大廈的歌廳，或出入分子比較複雜的夜總會。聽歌的人邊吃邊聊，嘈雜而不認真聆聽，彷彿臺上的演唱只是一種陪襯，讓她強烈感受到不被尊重，儘管如此，她還是賣力的唱，並在歌曲與歌曲之間，利用串場口白吸引觀眾注意力，這一招往往都很成功。

另外有一次，令鄧媽媽捏一把冷汗的是在香港某夜總會擔任壓軸演唱時，座中有幾位醉態可掬的聽眾突然鬧場，他們不要聽鄧麗君與樂隊綵排好的歌，反而一路點唱他們愛聽的歌。她耐著性子一路唱完了〈彩雲飛〉、〈南海姑娘〉等幾首拿手歌謝幕下去，沒想到那幾位客人卻大聲的鼓譟她再度出場，她無可奈何的笑臉出來，他們齊聲要求她唱〈帝女花〉。這是一首廣東歌，對粵語並不是那麼流利的她是個為難的考驗，她還是很有風度的請樂隊起奏。樂隊音樂一起，一群人就開始起鬨，「妳記得歌詞嗎？」「粵語妳聽得懂嗎？」鄧麗君一分神，起唱的音樂節拍已過了頭，樂隊只得重來一遍，他們接二連三的瞎鬧，前奏音樂一連四次過門，她都開不了口，鄧媽媽簡直快急死了，連觀眾都開始為她打抱不平。這時候，她微笑的、優雅的朝樂隊做了一個暫停一下的手勢，轉身向那位一直在帶頭鬧場的醉漢溫柔而鎮定的輕聲說：「可不可以請這位先生您上臺和我合唱這一曲呢？」這一招完全出乎在場的人意料之外，惡性嘲弄立刻變得鴉雀無聲，繼而幾秒鐘後全場爆起熱烈掌聲，音樂適時的響起，她返身順利地唱完整首歌，在久久不歇的掌聲中，平安無事的回到後臺，化解了一場情勢緊張的意外，鄧媽媽每提起這件事都讚嘆女兒的機智。

於銅鑼灣夜總會駐唱。經驗豐富的鄧麗君，已經很會與客人應對。

她過人的機智和應變能力，常能化危機為轉機，但也見證了歌星難為，人前風風光光，沒有化險為夷的本事，還真有不少歌星淚灑現場，或在後臺泣不成聲。鄧麗君想做一個單純的唱片歌手，不想做到處演唱、「拋頭露面」歌手的心態油然而生，但是在那個年代，歌手成名就是要靠四處登臺作秀的生存模式，由不得她。

另外的一種辛苦是疲憊的榮耀，經常唱壓軸的鄧麗君每當從夜總會唱完都已將近午夜，唱完後出得後臺，總有一大票歌迷圍著她，請她簽名，向她索取照片，其實她那時已經非常非常累了，但還是得打起精神來應付人潮，微笑、握手、簽名、給照片，經常是弄到筋疲力竭才罷休，觀眾的熱情真讓她又愛又怕。

死忠歌迷
成為一生的朋友與支持者

當然，受歡迎的滋味是任誰都不能抗拒，在香港有件對鄧麗君生命中非常重要的事，那就是第一個鄧麗君歌迷俱樂部「香港青麗之友會」的成立，這件事看來微不足道，日後的影響卻很深遠。

一九七二年六月一日，「香港青麗之友會」成立

青麗之友會成立，鄧麗君前往參加。

之後，幾乎是每半年一次，配合鄧麗君到香港的日期做固定聚會。其中不少歌迷一跟就跟了她二十幾年，到她逝世都沒有離開過她。如今香港歌迷會成員已達數百位，最老的超過七十歲，最小的不過十四歲，平時定時行善，持續為她傳播愛心。每年五月八日的懷念鄧麗君之旅，她們組團來臺灣，到金寶山的筠園陪陪鄧麗君，為她親手紮玫瑰花圈，在她的墳前點香祝禱，圍在一起，輕輕的唱著她的歌。她們也非常照顧鄧媽媽，陪著鄧家兄弟的兒女們玩，感覺上就好像鄧家的一分子一樣。當歌迷可以到這樣的地步，除非是這位偶像太好，讓人從年輕愛到老，否則一時的「偶像情結」是很難維持這麼久的。

當時的香港歌迷會會長張艷玲是個短髮、大眼的女孩，和鄧麗君同歲，打從十七歲起就迷上她的歌。鄧麗君第一次來香港，在電視臺播出她的專訪時，更愛上她的純真、善良。於是，她和幾位男男女女的歌迷，大約有五、六十人，大家喜歡的對象既然相同，就成立了青麗歌友會彼此聯誼。「青」指青山，當時他是最帥、最紅的男歌手，「麗」，當然就是鄧麗君了，青麗歌友會其實只維持了兩年，就自然而然的解散了。

「青麗」雖然煙消雲散，喜歡鄧麗君的人卻始終沒有改變初衷，尤其是看到鄧麗君數年來始終如一的為慈善公益活動盡心盡力，更決定要和她做一輩子的朋友！這群年輕的朋友就在一九七六年三月卅日再度成立「香港鄧麗君歌迷會」，每年定期和鄧麗君聚會，她們會透過管道知道她來香港演唱的每一場時間。因為夜總會或歌廳的門票對一群窮學生而言，實在是太貴了，剛開始，她們從零用錢中一分一角的去存，存到滿十五元才能進場，後來靠著關係可以走到後臺聽歌，才省下每次一定要看到鄧麗君演唱的錢。

二十幾年來，他們每次都以「羅漢請觀音」的方式請鄧麗君吃飯，一夥人走在馬路上中前左右後的包圍住鄧麗君，舍我其誰的「保護」她，一起去看電影也是前後左右都坐滿「自己人」，把鄧麗君圍在中間，寶貝得不得了。而鄧麗君也從未讓歌迷們失望，她始終維持著一貫的親切、大方、溫柔，沒有任何架子，甚至和她們在一起的時候，就像一個很平凡的小女孩，玩得很開心，並約好下次會面的時間，很少食言。她非常把歌迷當一回事，也只有在香港歌迷面前，她可以放懷的做自己，談天說笑，回復一個少女應有的空間，不必設防，也無需擔心人家對她的印象。

她在保良局認養一男一女的孤兒多年，就是歌迷陪她一塊兒去的，張艷玲最佩服的是她的敬業態度，有時陪她一起去錄音，她總是一個音符唱不好就要求重來，甚至於有一次因為一個音唱不準確，放下一切工作，飛到她在倫敦的老師那兒，反覆練到ＯＫ了，再飛回來重錄。這種「可怕」的執著精神，應是她成功的主因之一。

另一位幸運的歌迷就是明姊，當時她的弟弟正在香港寶麗金做事，得知鄧麗君需要一位會燒飯的管家，他介紹了姊姊，她們在電話中聊得很開心，會了面也一見如故，從一九八九年到她過世的六年間，明姊和她幾乎是寸步不離的生活在一起。不管是在香港、在法國，都負責料理她的三餐，即使是在外錄音，她也要明姊做好飯菜，送到錄音室，不怎麼愛在外頭吃；連出國上飛機都帶著明姊做的餐盒，不喜歡吃空廚。

鄧麗君與香港有非常深厚的緣分。

明姊印象深刻的是，鄧麗君待她們就像好姊妹，把她們當自家人看，平時沒事的時候，鄧麗君會在家裡教她們怎麼包水餃，和些什麼餡兒、皮兒要怎麼擀、怎麼捏，包起來才好看、才好吃，她很熟練的一一示範，很有耐心的教到她們都會。有時也教她們做麵片兒，說起吃的，興致勃勃，每一道手續怎麼處理，說得頭頭是道；有時大家一起去吃法國餐，回來就和明姊研究醬汁怎麼做，還試做好幾次，做到味道像了為止，兩人「玩」得很高興。

有時候明姊在廚房洗菜、摘菜、切切弄弄的時候，她就站在廚房門口和她聊家常，聊她的童年往事，說很小的時候家裡很窮，沒有鞋穿。到外面玩，走到腳流血了都不敢哭、不敢講。她不會讓家人擔心；有時也談出去演唱時發生的種種趣事，可以一聊就聊四、五個小時。鄧麗君很健談、很幽默，常說得她們笑到腮幫子痛，並不像外傳的孤獨、憂鬱、內心痛苦，一回家就悶不說話，那完全是不了解她的人所想像出來的。

明姊覺得世界上再也找不到像鄧麗君這樣體貼、善良、溫柔、慷慨的人。舉例來說，她從不把明姊當「工人」來看，她會要求明姊去學開車、學語文，她義不容辭的當明姊的老師，教她開車、教她英文，還親自下水教她游泳，更鼓勵她平時要多讀書，給她很充分的時間進修，絕不會故意派一大堆工作給她。

為了鼓勵明姊多讀書，她推薦《紅樓夢》給她看，又為了引起她的興趣，特別翻出《紅樓夢》裡面對吃很講究的那一章，要她讀讀看，古人的吃法和做菜的方法多精緻哪！直讓人覺得她童心未泯。最溫馨的是晚上兩個人一起看電視，她會翻譯節目的內容給她聽，好的電視影集也會叫她一起看，解釋給她聽，最後，更不忘叫明姊要好好用功學語文，她從質與量上都提升了明姊整個兒的人生。

一九九二年之後，鄧麗君已呈半退休狀態，她在香港大部分的生活是早睡早起，起床就喝一杯柳橙汁，看看報紙洗個澡，看書或聽音樂，她說以前的日子太忙，到處趕場演唱，連好好吃頓飯、上個廁所的時間都沒有，把身體都搞壞了，而在香港的日子就是要休息。老牌影

私底下的鄧麗君，待人完全沒有明星架子。

星林翠因氣喘猝逝時，她還向管家金美說：「林翠就是沒有人在她身旁照顧，氣喘病發才會來不及救治，非常可惜。」真沒想到，三年後，她也以同樣的方式離去。

再則，她要她們做任何事時都是用「請」字，語氣非常溫和，說話也很有技巧，「妳能不能幫忙我做……」「拜託妳幫我……」「要麻煩妳做……」從來沒有一句命令式的口吻，每次做了什麼事，不論大件小件，她都一定道謝，她是習慣性的有禮貌，而非故意裝出來的，明姊觀察過她對誰都一樣，並不是只對她而已！

還有，鄧麗君十分嚮往做一個對社會有貢獻的人。有一天，她從報紙上看到一家醫院徵求會包紮傷口的看護，她就真的打電話去應徵工作，她不是在尋人家開心，而是真的想去當護士，又說這也是她小時候的心願之一。當然，後來那家醫院沒「敢」錄用她，她還失望了好久，不理解人家為什麼不肯錄用誠心誠意的她。

淡定簡單
平實生活學習語文是重心

一般人以為鄧麗君是美食家，吃東西一定很奢侈，事實上，她在赤柱家中是絕不浪費食物的，有時吃得一滴不剩，還誠心誠意的讚美：「啊！明姊的菜做得真好吃。」讓明姊一整天都很高興。有時一餐吃不完的，她就用保鮮膜包一包，晚上熱一下再吃，都自己動手，絕不麻煩別人。

最讓明姊感動的是：有一次，明姊送餐去錄音室給鄧麗君，正好他們一夥人在開會，她要明姊把午餐放下，坐在一邊，當時在場的有日本人，也有一位法國人，鄧麗君一個人把日本人的話翻譯給法國人聽，再把法國人的話翻給日本人知道，最後，她還用粵語對明姊說一遍他們剛剛說的內容，當時，明姊的眼淚差一點兒落下來。

她覺得自己不過是一個幫忙煮飯的，但是在鄧麗君眼裡，她就是一個家人。她本來沒有資格也沒有程度去了解他們開會的內容，但是，鄧麗君卻認為她在現場，就不該冷落她的感受，而不厭其煩的再三翻譯，這不但說明了她的語文能力強到可以通曉多國語言，而且證明了她對人的好是多麼不著痕跡。她的體貼固然可愛，她的尊重更令人感動，明姊說自己從鄧麗君身上學到的做人處事方法，一輩子都受用不盡。

記憶中，六年來，她從來沒有一天大聲說過重話，也沒有端過一次女主人的架子，明姊與鄧麗君有共同度過生死線的交情，當她急性腎臟炎發作時，明姊曾哀求醫生願意把自己的好腎捐一個給她，當時並沒有被醫生接納，反而是鄧麗君一直勸她不要再哭了，自己的病交給專業的醫生了，一定會好起來的。七天的住院期間，發燒時起時落，整個指甲都呈現了紫黑色，床前吊滿了各種維持生命的點滴管，一直沒有脫離險境。那是明姊見過鄧麗君一生最脆弱的日子，喪父之痛加上無法奔喪的煎熬，令她沉默而憔悴，吃不下、睡不好，唯一的求生力量，來自於每天和鄧媽媽通的國際長途電話。

出院後，腎病並沒有完全痊癒，護士每天要到家中量血壓、打針，連續二十天不間斷的治療，整整休養了一個多月才轉好。這段期間，明姊的心每天都是揪著的，人也跟著瘦了好幾公斤。鄧麗君開玩笑的說：「明姊，不准再瘦了，不然妳先生要找我算帳，我可賠不起哦！」知道她開始會說笑話了，明姊才放寬心。

鄧麗君身體轉差之後，明姊曾在神明面前許願從此之後不再吃牛肉，只可惜她的誓言做得再徹底，神明也沒有眷顧她的心意，還是在一九九五年無情的帶走了她心中無可替代的小姐。從那天起，明姊再也不為自己過生日，來紀念她最思念的小姐，每當她看到她們一起去游泳的赤柱海邊，一起走過的大街小巷，一起生活過的赤柱及巴黎故居，她都忍不住要哭很久很久，至今還不肯相信小姐已經走的事實。

明姊對鄧麗君的學習語文精神更是佩服，她在香港學粵語幾乎沒有什麼困難過程就學會了。據她的好友說，鄧麗君的上海話也說得非常好，地道到聽不出她是在臺灣生長的人，只是上海話平常並不常用到，所以很多人都不知道。早在十六歲到越南演唱時，她就被優美的法語迷住了，一直想有朝一日好好學會這個美麗的語言。她在法國學法文，不但按時去學校上課，而且請家教在家中一對一的學習，每次上完課還自己反覆聽錄音帶，可以一個早上或一個下午都花在語文上，關在房間苦讀，以她一個成就、聲望都如此高的人，實在不必和初到異地的留學生一樣拚命讀書的，但是，鄧麗君想學會什麼就會全力以赴的去達到目的，絕對不會因為是要「用」到它，才去學它當工具，而是她真的對語文有興趣，想要學好，直到駕馭自如為止。

關於語文，鄧麗君也有個小故事，愛看金鐘獎現場轉播的觀眾應該還有印象，鄧麗君在一九八一年擔任金鐘獎頒獎典禮的主持人，那時請來了最紅的電視影集《三人行》男主角傑克到臺灣擔任頒獎人。主辦單位請來著名的鄧樹勛教授當翻譯，但傑克和鄧麗君攀談的結果，發現不用翻譯兩人也可以說笑自如、溝通良好，鄧教授就沒有出場。但是，傑克是個非常皮的影星，他以外國人特有的隨興和幽默一直開著玩笑，鄧麗君有些招架不住，一時有些緊張而應付不來，她開自己玩笑，向四周一邊張望、一邊大聲說：「鄧教授呢？我們的鄧教授呢？現在需要的是鄧教授，不是鄧麗君！」引起臺下觀眾哄堂大笑。

不明就理的人可能不知道其中的幽默，因為在那個年代，鄧教授可說是國內最有名的英語教學發聲代表人物，他的美語是公認的流利而標準，鄧麗君以同樣姓鄧，卻無法說流利的英語來自嘲，搬出同宗鄧教授來解圍，一語雙關，的確高明的帶動了現場的輕鬆氣氛，也證明她的應變能力過人，是製造全場歡笑的高手。

迷信愛八
幸運數密切綰繫一生起伏

鄧麗君有點兒小迷信，所以赤柱家中掛滿了林雲大師所提示的求吉避邪、破解之道。她特別喜歡「八」這個數字，明姊的生日是五月十八日；赤柱的別墅門牌號碼是佳美道十八號；在巴黎買房子時，她看上的也是八，十八，和五十八號，最後買到了八區八號六樓；而沒有故意挑選的兩輛座車車牌MAZDA那輛是DK九〇八，勞斯萊斯那輛是CDG三三八；更沒有想到的巧合是，她會在五月八日過世，而且在沒有刻意安排下，於廿八日出殯，所埋葬的金寶山地址也是西湖村西勢湖十八號。八到底是她的幸運數字，還是她的宿命數字呢？

鄧麗君在香港赤柱家裡的管家張金美，鄧麗君都叫她金美，她和妹妹張金翠全家都是鄧麗君的歌迷，一九八〇年加入歌迷會，第一次見面玩了一天之後，隔了一年歌迷會再聚會，鄧麗君居然第二次見面就叫得出她們姊妹倆的名字，讓她們非常感動。她們回憶起從前要和鄧麗君會面，或到機場去接機時，都是非常重視的大事，不但做頭髮、化妝，還挑選新衣服穿，慎重的程度勝過要相親！遇到飛機延誤了，為了怕手中的鮮花凋萎，還頻頻來往洗手間，不斷的為手中的捧花灑水，「著迷」的程度可見一斑。

一九九一年起因著鄧麗君的信任，金美一直管理著赤柱故居，鄧麗君生前不只一次稱讚金美的命好，想吃就吃、想做就做。不像她，想吃要注意身材不能吃，想休息又有這麼多人仰賴她吃飯不能停；買了豪華汽車，請了專任駕駛，卻多半是讓金美使用；有舒適的別墅，卻很少住，飛來飛去的奔波，享受住在這裡的時光比金美還少。當時她是用開玩笑的語氣說的，但背後的心酸與無奈卻隱然可見。

我曾在走訪香港歌迷會時到金美家作客，赫然發現歌迷會的「迷」還真深。她們家的門牆都是粉紅色，連鐵門都不例外；張艷玲的九人座休旅車也是粉紅色，車內的音樂永遠放著鄧麗君的歌，聽了上萬遍都不厭倦，連手機的來電鈴聲都設定成〈甜蜜蜜〉；金翠家中的擺設從茶几上的座鐘、牆上的海報、書櫃裡的雜誌、音響櫃裡的音樂帶無一不是鄧麗君。她已經深入她們的生活中，問她們何以如此著迷，姊妹倆不約而同的說：「我們都以鄧麗君為傲，以她的做人處事為榜樣，不管她在不在人世了，她都活著，活在我們心裡。」

火鍋漸漸冷了，圍坐在桌邊的一群人卻因懷念鄧麗君而眼熱，熱烘烘的心搶著告訴我和鄧麗君相處的點點滴滴：每一次聚會，她會隨興清唱給大家一飽耳福；每一回到香港，她會送每個人不同的貼心小禮物，顯示出她是真的有觀察到每個人的需要，而不是應付式的隨便帶個伴手禮；她會提供覺得有效的減肥方子分享給幾位身材有份量的歌迷，點菜時卻深怕大家吃不飽，點了一桌要大家盡量吃、不准減肥；一起去看電影時，把她打扮得讓人認不出是大明星，還分配了前後左右護法的位置，讓她很自然的坐在中間被保護著……大家邊說邊笑，笑著笑著，眼淚就流了下來。

我這從未參與其間美好的「外人」也跟著一起落淚，那不是傷心，是說不出來的懷念，是一種「幸好還有回憶」的幸福，鄧麗君的巨幅海報在牆上安靜地微笑著，彷彿也參與其中，歌迷們每天都向她的照片問早道好，成了習慣，吃團圓飯時，桌上也總是不忘留一副空的碗筷給這位永遠不會再趕回來的「家人」，鄧麗君在大家的心中真的一時一刻都沒有離開過。

這些非宣傳性的每年和歌迷聚會，就可以看出她的所有歌迷都是與她的人忘年交心，她去世後大家彷彿更加團結，歌迷會的性質已經從崇拜、聽歌，變成了公益團體。在阿張（張豔玲）的聯繫下做得有聲有色。為了完成鄧麗君的遺願，歌迷會每年幾乎都要辦兩三次活動，除了聯合日本、星、馬、泰、越等地的歌迷會，一起組團到臺灣筠園來悼念她，在香港也有不少以鄧麗君為名義的慈善義舉，開始的時候是去孤兒院、老人院、智障兒收養機構和癌症小童醫院等地慰問送暖，後來更擴大舉辦歌唱比賽、慈善晚會、策畫演出活動等，門票收入都拿來當善款，以鄧麗君的名義捐助給需要的人或醫藥基金，讓大家都知道鄧麗君人雖已去，溫情卻永遠存在。身為她的粉絲知己，她們也深深知道，唯有幫助人、做好事，才是紀念鄧麗君最好的方式！

二〇〇〇年時，歌迷會在樂富園辦了一個「萬眾祈福迎千禧」的活動，有香港小姐和無線電視臺的連續劇演員共襄義舉，脫口秀、歌舞同樂、摸彩送禮物等，非常熱鬧，來參加的多半是孤苦無依的老人，把天井中的小廣場擠得滿滿的。在現場服務的義工很多，都是年輕人，問她年紀這麼小，怎會喜歡她的歌？那十六歲的女孩說，「我是在她去世死的那一天看電視報導才知道鄧麗君姊姊的，她的歌和她的人都很好啊，我覺得參加這個歌迷會很有意義，也很成熟，這樣媽媽不用擔心我是在亂崇拜偶像，因為媽媽比我還喜歡鄧麗君。」

在眾多歌迷中，方伊琪是以擅長模仿鄧麗君走紅的。在鄧麗君生前，方伊琪就一直演唱鄧麗君的歌，有一回，在馬來西亞的金馬夜總會有機會和鄧麗君同臺演出，方伊琪先在幕後唱了幾句才走出場，那時她年紀小，知道自己的模仿功力還不到，很多地方是學不來的，下了臺，她向鄧麗君說：「不好意思，我都學妳的歌。」鄧麗君馬上說：「沒關係啊！妳唱得很好，我們一起加油啊！」親切的不得了，從那天起她就更愛且更尊敬鄧麗君了。鄧麗君過世後她非常傷心，發誓以「每一天都要做善事」來紀念她，而今每逢鄧麗君的紀念音樂會或公益活動，歌迷會都請方伊琪來唱鄧麗君的歌，即使不能唱得很傳神，也能聊解心中對鄧麗君的追懷思念。

香港模式
悄悄埋下赴日深造的種籽

一九七三年，對鄧麗君而言是重要的人生轉捩點，年初原本考取美國學校的插班生，她準備好好修讀英文，每天下午上課，安安心心做一個用功的學生。沒想到，為了新加坡冬令救濟義演忙了幾天，再為新年的賀歲演出，又飛到香港參加荃灣香港歌劇院夜總會的演唱。每一場演唱會只要有鄧麗君唱壓軸，幾乎場場爆滿，也就是這幾場演唱會，讓日本渡邊公司到香港來挖角的星探聽到她的歌，當場驚為天「音」，發誓不簽到她絕不罷休。

對於這件事，日本一直在暗中進行，鄧麗君卻一點兒也不知情。那年九月廿六日，她在香港大會堂領到「十大歌星」的金駱駝獎，又高高興興的參加雙十國慶及「白花油之夜」演唱。她並不知道，命運之神悄悄地下了一張挑戰書，要紅透半邊天的她挑戰一個全新的環

在新加坡十大歌星晚會上獻唱。

當時她還不知道，已受到日本星探的青睞。

在香港獲得十大歌星獎。

境，做個沒沒無聞的新人，在日本求取另一片天空的發展，讓她的人生歷經酸甜苦辣、高低起伏，也把她的聲譽推到另一個意想不到的高峰。

到日本重頭做「新人」的鄧麗君，得空還是到香港，香港為她所舉辦的活動並不因為她進軍東瀛而喊停：「千言萬語」寫故事比賽，就是專為她而辦的活動。而她在這年秋天所推出的《島國情歌第五集——使愛情更美麗》也同樣的熱銷；一九七六年，她在香港的利舞臺（Lee Theater）舉辦了三天五場的個人演唱會，這是她第一次在香港舉辦的大型個人演唱會，門票在三天之內就銷售一空。她沒讓觀眾失望，自己從日本帶了一個二十人大樂隊擔任伴奏，又請來本鄉直樹當特別來賓，令人刮目相看的是，她不但在日本接受專業訓練後歌藝大進，還秀了一段優美的長笛，這項在日本學的樂器秀出了她的優雅氣質，掌聲久久不散。

利舞臺演唱會之後，鄧麗君飛星馬演出同樣造成轟動；十月，生性愛國的鄧麗君就飛回香港參加雙十國慶典禮，這是她不會錯過的盛會；不久，她的〈你裝作不知道〉在香港電臺中文歌曲龍虎榜獲得冠軍，再度為她在香港的聲譽錦上添花。此後，她的宣傳節目就從零星的上訪問，變成一次一個多小時的專輯，如：香港無線晚間播出鄧麗君特輯，臺視〈大螢幕〉播出的鄧麗君在美國的專輯，以及其後不久的《君在前哨》、《十億個掌聲》等，都是鄧麗君人生舞臺上精心製作的個人專輯。直至現在，國內的藝人拍專輯的次數及播出時數依然沒有人可以超越她。

一九七七年由港九文化教育新聞影劇界在「麗華戲院」舉行國慶慶祝晚會，擔任自由總會

首次表演新學習的樂器長笛。

演唱會前排練。

第一次在香港利舞臺舉辦大型個人演唱會。

主席的童月娟及港臺的一線影視歌星幾乎都到齊了，鄧麗君照例演唱拿手的歌曲慶祝國慶，當她唱完〈千言萬語〉和〈小城故事〉之後，安可曲便引吭高歌〈臺灣好〉，唱著唱著就心有所感，幾乎是泣不成聲的揮淚唱完，全場觀眾無不動容。

香港仁濟醫院舉辦的仁濟慈善募款之夜，鄧麗君當然沒有缺席，當時名導演李翰祥想請鄧麗君拍一部古裝片，邵氏影城的方逸華也大力促成這件事，但她考慮良久，仍然放棄了電影演出機會：原因就是不再一心二用，專注做好唱片歌手。在下好決心、訂定目標之後，鄧麗君飛日本履行合約的時間越來越多，只有在鄧麗君散文寫作的頒獎典禮上，出席擔任頒獎人鼓勵後進，才看得到她的身影。

當慈善召喚，鄧麗君再忙也會翩然而至。一九八二年一月初，為遠東及南太平洋區傷殘運動會而辦的義演會，她在香港灣仔的伊莉莎白體育館一連五場的個人演唱會，寶麗金把現場盛況剪輯成雙唱片集，又造成白金唱片發燒旋風；年底為華東三院籌募善款，香港無線舉辦「歡樂滿華東」的義演晚會，鄧麗君的演唱再度募得千萬善款。

其實，很多人都不知道，一九八二年，對鄧麗君而言非常難熬，因為鄧爸心臟病發送醫院急診，她在臺北迪斯角的演唱會不能更改日期，每次演唱完，她就不顧疲累的趕回醫院守著父親，夜夜守護，直到鄧爸病好出院為止。她的孝心沒有幾個人知道，鄧媽媽在懷念這段往事時，口氣中有心疼的責怪：「她夜裡來守在醫院，我多少次勸她回家去，多休息，她都不肯。她要是多注意自己一點、自私一點、少愛我們一點，我也不至於……不至於……白髮人送黑髮人啊！」

一九八三年，是她歌唱事業的第十五個年頭，她的「十五週年巡迴演唱會」從十二月十日起就在東南亞展開，廿九日起到跨年元旦一連幾天都在香港紅磡體育館聲勢浩大的演出。燈光、樂隊、舞臺、配舞與和音等無不令人耳目一新，看得日本來的媒體目瞪口呆，他們從來沒有想過，在日本總是文靜、幽怨地唱「演歌」的Teresa Teng，原來也有這樣多貌、多變的表演才華；在日本從一個新人開始默默奮鬥的她，在香港原來是如此受瘋狂喜愛的超級紅星！

這是香港人最瘋狂的一個新年，其中更有想盡辦法從大陸來到香港的同胞，鄧麗君在演唱的間奏中，用各種語言和各地方言向觀眾問好，更要求觀眾給所有來自大陸的同胞掌聲鼓勵，全場一波波的熱浪裡，凝聚了「四海之內皆兄弟」的高昂情緒，那是她演藝生涯中的又一高峰。

香港紅磡體育館的十五週年演唱會，創下演藝事業高峰。

雙鄧合作
輝煌成就至今無人能取代

正如鄧麗君一心所期許自己做一個好的唱片歌手，她的唱片發行量的確做到質精量豐，嚴謹而雋永；從《島國情歌》第三輯開始，寶麗金資深製作人鄧錫泉密切與鄧麗君合作，雙鄧聯手連續出了五、六張《島國情歌》的發燒片，又接連出廣受歡迎的粵語唱片，更引薦她到日本發展，自告奮勇當她的駐日本代理人，和鄧麗君交情非常深厚，是她在香港全盛時期的最佳拍檔，更是鄧麗君非常信任的老朋友。

鄧麗君在寶麗金總經理鄭東漢的賞識和力邀下，正式簽約加盟寶麗金之後，鄧錫泉擔任她的錄音總監。談起鄧麗君，這位在歌壇闖蕩多年的資深媒體人先是深深地嘆了口長氣，卻微笑地憶起「雙鄧」合作期間的美好印象，鄧老說：「鄧麗君是非常少見、聲音狀況非常好的歌手，她在一天之內就能灌錄多首歌曲，不會一錄再錄，她總是準備好，調整到自己的最佳狀況才來錄，而不是靠機器來修。」鄧老也從旁觀察到她做事非常認真，待人和藹可親，沒有一點當紅歌星的架子，脾氣更是好得不得了。鄧老最欣賞的，是她唱歌時豐沛而自然的感情表達，能收能放，毫不做作。「只要身體健康，她未來絕對不可限量」鄧老那時不知為什麼心頭曾閃過這想法，沒想到日後，她真的沒能過了哮喘這一關。

一九八四年鄧麗君製作粵語專輯《風霜伴我行》，鄧老負責監製，開啟「雙鄧合作」模式的首張粵語唱片。這張原名《勢不兩立》的唱片，是無線電視一部連續劇的主題曲。鄧錫泉一見「勢不兩立」這樣的字眼，覺得太殺氣騰騰了，一點兒也不符合鄧麗君一向在人們心目中溫柔、婉約的形象。於是，他用充滿文學意味的「風霜伴我行」五個字，就把格調包裝成優雅而人文，正符合鄧麗君給人的深刻形象，鄧錫泉真不愧是她的知音人。

當初以國語歌曲走紅的鄧麗君，來到香港闖天下而灌錄粵語唱片時，有不少歌迷擔心她為了流俗而冒險嘗試這全然陌生的挑戰。然而，知她甚深的鄧錫泉獨排眾議，他認為鄧麗君灌錄粵語大碟具有指標性意義，紀念性質遠大於商業價值，鄧麗君是一個多聲帶的歌手，國語、英語及日語之外，她也常灌錄其他語言或方言的歌曲，用印尼話唱的歌，在印尼和星、馬發行大賣，用閩南語唱的歌在新加坡發行，更讓當地的泉州、漳州僑胞如聽鄉音，大解鄉愁。會粵語也懂粵語的鄧麗君，沒有理由不灌錄一張粵語唱片作為她歌唱生涯的一大突破。

吃力，是必然！吃苦，她沒在怕！鄧錫泉回憶當年她勇於挑戰自我的敬業精神，更是忍不住伸出大拇指來，那時他監製她錄國語歌曲時，平均一個工作天就能錄好三首歌以上，但在錄《風霜伴我行》時，兩個工作天也錄不到一首歌，但是鄧麗君那股「明知不可為而為之」的好勝心啊！再力不從心，也要一試再試，更自己發明了一種拼音的方法來克服語言障礙。

鄧錫泉一直觀察她的學習經驗，發現她的「切音」祕訣，舉例來說，她會把「北」字讀成「不」字、「樂」字讀成「陸」字，經過大家矯正後，她就把「北」字切成「不」、「呃」兩字，再把這兩字連在一起快讀，讀音就更接近「北」字；而「樂」字就把它切成「屋」、

一九七九年四月，與鄧錫泉（右）一起在美國錄音。

「岳」兩字，連在一起快讀，就很接近「樂」。利用這祕訣練習，解決了發音上的困難，果然越說越道地。

《風霜伴我行》這張唱片裡的大部分歌曲都在美國的錄音室完成，鄧錫泉特別為了這張唱片飛往美國，兩人在美國錄得非常辛苦。在她勤練之下，她的粵語進步神速，回到香港後，她要求把當時在美國辛辛苦苦錄下的歌重新聽一遍，發現不少她在發音上不夠精準的地方，還有因為語言不熟悉，連帶使音準也有些微不精準，她嚴格地要求把這個已錄好的版本全部作廢，絕不能讓瑕疵品流出去，花下的大把銀子就這樣泡湯了。然而，鄧麗君的堅持是對的，重新再錄一次的成果，反映在新錄製的唱片發行量上，水準之高從銷售數字上顯而易見，如果不是鄧麗君自我要求的品管如此嚴厲，也許就沒有這樣好的成績了。儘管她人不在香港，宣傳做得很少，《風霜伴我行》依然在上市不久就狂賣攀上白金唱片，證明她的實力不需要行銷宣傳，也有廣大的知音。

鄧錫泉對鄧麗君越了解，越心疼她的早逝，他覺得她不僅是一個歌星，而且是一個音樂藝術家，她執意保持自己的水準，而且不斷超越自我攀登高峰，給自己相當沉重的壓力。在工作的過程中，鄧錫泉也觀察到她的「慢熱」，後勁非常強，往往錄一首歌，鄧錫泉已經覺得很滿意了，不久後再錄一遍的，又比先前的那次更好，馬上又推翻了前一次的錄音。她就是這樣一次比一次完美的「慢熱」型歌手，非唱到自己滿意不肯罷手，這種兢兢業業的工作態度是很多人趕不上的，也是這點嚴格的自我要求，讓他對她充滿信心，在他心目中，鄧麗君是永遠無人能代替的鄧麗君。

更讓鄧錫泉感慨的是，當他們在美國共同工作的那段時間，他驚覺她只是個道道地地的學生，專心攻讀一個兩年制的學程，平時在錄音室和演唱會上，她是不折不扣、絕對敬業的歌星；一走出錄音室，回到日常生活，她就成了穿著球鞋和牛仔褲，揹著個布袋、捧著書本的大學生。樸實無華，青春明快，他真希望鄧麗君永遠如此平凡簡單，但是——快樂！

媒體超愛
記者與主持人難忘她的好

鄧麗君雖然超級紅，但在她生根發展的臺灣，卻被媒體傷害得非常深，除了斷斷續續的緋聞、不實懷孕生女及死亡傳聞之外，還有說她媚日討好，以換取自己在日本爬上去的機會，甚而在她的「假護照」風波時，更把她說成在國外丟臉的「中華民國之恥」，這點讓她傷透了心，也寒透了心。但是，鄧麗君在香港媒體界就受到相當尊重，不少電臺主持人、記者或主播都是她的歌迷，甚至後來也成了她的好朋友，他們對她的觀感和評價是一致的。

資深媒體人車淑梅因訪問鄧麗君而結成好友，多年來她和先生張文新都一直在媒體崗位上給予鄧麗君許多協助，讓她能在香港穩坐第一把交椅。她曾在與鄧麗君說知心話的時候，告訴她：「要做自己，過自己的生活。」鄧麗君也談到自己的退休計畫是想到草原去牧羊，她想過一種安靜、安定、輕鬆自在的休閒生活，不要有壓力，到處去走走看看，但她似乎一直沒有找到這樣浪漫的生活情境，始終還在尋尋覓覓。

車淑梅很佩服她自律甚嚴、不愛出風頭，以她這樣大牌的明星，依然能不斷要求自己充實內涵而上進，而且腳踏實地的去讀書、戰戰兢兢的努力，花心力圓滿自己的每一個夢想，她精益求精的生活態度，要求完美的敬業，實在值得現在的藝人學習。即使相知甚深，鄧麗君也並不輕易向人吐露心聲，不會把心中的苦悶倒給別人，所以，一直沒有很好的精神支柱或感情宣洩管道，她的行事低調，很怕被報導，做為她的好朋友，有時看她滿腹心事卻無能為力，鄧麗君不說，車淑梅也就不會追問，她不希望鄧麗君有一種她在挖新聞的防衛心，只要大家知道彼此的關懷與真誠，也就夠了。

車淑梅的另一半張文新，是香港教育電視臺的臺長，曾在主持《中文歌曲龍虎榜》和《新天地》的節目中訪問過鄧麗君，還鬧了一個大笑話。那是在介紹鄧麗君時，不小心把：「下一個為我們上場的是鄧麗君」說成了「為我們上床的」，登時滿場哄笑，和鄧麗君的友誼就在她並不以為意的玩笑裡結下深緣。張文新回憶起鄧麗君那段在香港人的視聽習慣中開闢中文歌曲的艱辛奮鬥，從許冠傑帶來《鬼馬雙星》的插曲引起注意，到鄧麗君的《風霜伴我行》柔化香港人的心，是香港人從只聽歐美流行音樂到愛聽中文歌曲最大的轉捩點。尤其是鄧麗君的咬字清晰、聲音婉約，讓人舒暢而解壓，而她的人、她的話語，就和唱歌一樣輕柔，給人一樣舒服的感受。《島國情歌》一連錄製了七張，徹底征服了香港，不只唱片銷售量創佳績，更把中文歌曲在香港人的心中扎根，影響深深。

鄧麗君會把好聽的中文歌曲帶到日本，去翻唱成日文歌，同樣的，也把好聽的日本歌帶回國內來，而且不拘泥於國籍的不同，讓外國朋友嘗試做中文歌曲的音樂。她覺得音樂人是沒有國籍之分的，因而她的樂手群之中，有法國人、有日本人、有英國人，甚至還有黑人，她堅持不同民族性和音樂素養下做出來的調性會不同，有新鮮感，音樂性才會越豐富。

記者阿杜（杜惠東）也非常佩服她「永不滿意現況，主動追求更高的歌唱藝術」的精神，在香港、在日本、在巴黎，她從艱苦奮鬥到成功揚名的點點滴滴，阿杜都做過詳實的報導。在她的護照風波發生時，阿杜也親自跑到日本探索真相，為她大力澄清，他的一家人後來都和鄧麗君成為好朋友，阿杜認為她的藝術天分無可比擬。

最可惜的是，阿杜曾與友人構想要拍攝一部由鄧麗君主演的電影，由鄧麗君所投資的TNT公司製作，電影初定名為《歌手的七日情》，描述一個歌手在演唱會之後被歹徒綁架，才發現她是個名氣廣大的巨星，歹徒沒辦法發出勒索信，只能躲躲藏藏的和她一起過了七天。在這段時間裡，受到她的感化，最後終於幡然醒悟，變成好人。為了這部電影的構思與細節，他們曾興奮的策畫許久，也準備用她在NHK的演唱會實況錄影來做架構，後來鄧麗君的公司因故暫停TNT公司的部分營業項目，電影計畫也就擱淺了，而現在，就算開拍，也找不到曾經一起開心討論投入劇情的女主角了。

阿杜不但為她寫報導，也寫了一些歌詞，最早〈雪地上的回憶〉又名〈冰語〉，是一首日本人作的詞曲，那字句中的淒涼，正如她的戀情。鄧麗君非常喜歡，卻沒有唱紅，這首歌曾經由林坤煌譯寫成國語，因為鄧麗君向阿杜表示過很喜歡這個曲子，想要賦予新面貌，重新唱紅它，阿杜就以寫〈冰語〉的基調，想像鄧麗君的心情，寫了新的歌詞，歌名也改為〈雪之戀〉。鄧麗君很高興，準備好好詮釋這首她很愛的歌，可惜她還沒有錄製，人就杳然而逝，留下這首他全心重寫過的歌詞，讓阿杜遺憾不已，而再對照當日的詞和今日的心緒，更添無限悵然。

你已遠去　不再留戀　緣盡了此一杯
你叫我早歸家去　但歸去獨對空虛
那歌聲輕輕飄　像訴出渺渺往日情
但愛心早已枯萎　我也懶抹眼淚

猶記起相對歡笑聲　相與誓約共
轉眼心肝枯　恩愛也覺痛苦
情緣就好似鮮花朵　只有短暫燦爛
該要分手莫多問　夜靜更深影冷
人已蕭蕭遠去　相思話莫再輕訴

冷冷細雨　窗外掠過　獨酌這杯中酒
這個中溫馨醇苦　都輕輕飲　默默的吞
北風聲呼呼　願君也莫回頭
我倆皆早知今天　心中無悔恨

是巧合？是遺恨？願君也莫回頭，她就真的一去不回了……

杜惠東曾為鄧麗君譜曲〈雪之戀〉，但她還來不及唱就香消玉殞。

清者自清 以寬容打破同性戀的謠言

赤柱並不是鄧麗君在香港的第一個家，她曾經在淺水灣附近租了一個房子，連裝潢都弄好了，卻沒有住進去，原因無他，只是生肖屬龍的鄧小姐，不願意「龍困淺灘」罷了！那棟美麗的房子就一天也沒有住的白白浪費掉了。

一九八七年左右，她為自己成立的ＴＮＴ公司，和女導演麥靈芝合租了一間辦公室，離赤柱的家很近。兩人工作接觸頻繁，有時麥靈芝會到赤柱家中來商量公事，那時是鄧麗君覺得自己的年紀漸漸大了，不適合繼續唱下去，想要退居幕後監製唱片，而麥靈芝是個頗有策畫頭腦的女導演，自然有許多點子供她去實現自己理想，她也非常能夠抓住鄧麗君的神采，幫她拍攝了一些相當不錯的封面照片。就算兩人走得比較近、出入於同一棟宅第，也絕非外傳的「金屋藏龍伴二嬌」，鄧媽媽說鄧麗君從小就希望當個好媽媽，一直憧憬戀愛、結婚、生子後就退休專心照顧孩子的鄧麗君，絕對不會有這樣的傾向。

據明姊和金美的貼身觀察，當時擔任鄧麗君攝影工作的史蒂芬和麥靈芝不太合得來，所以，更不可能是曖昧不清的「相宿相棲三人行」。由於公司剛剛成立，有許多事必須好好討論，合作計畫也有很多細節有待研商，鄧麗君和麥靈芝一起出入的情形肯定會有，但以此推斷兩人的關係不尋常，則太過捕風捉影，外傳的同性戀之說，實在是莫須有的八卦，雖然只

曾經，淺水灣差點成為鄧麗君的香港住所。

流傳了一小陣子，謠言就不攻自破，但這樣駭人聽聞的疑惑，並沒有得到當事人的出面澄清，還是大大傷害了鄧麗君的名譽。

這棟一九八八年所購的別墅是鄧麗君以製作公司的名義買的，成立公司的股份持有人也不只鄧麗君和麥靈芝，只是，當時一心想過清幽生活的她，不想讓生活私密曝光，記者只好運用無限寬廣的想像空間去揣測，當時，麥靈芝可說是她的經理人，打點她的一切行蹤，就連去日本也跟隨著。

據說，鄧麗君知道這個同性戀傳聞之後，也只是淡淡的笑一笑，大概是覺得太無聊了，以她對媒體的一向寬容胸懷，根本連追究都懶得費精神。一方面，她也覺得自己的身邊該有個伴，以免風風雨雨又無端上身。那時候，史蒂芬適時出現在她身邊，他被她吸引時，根本不知道自己喜歡的女人是個舉世皆知的名人，只把她當作一個風韻很美的成熟女人看待，那樣沒有心眼、二十五歲大男孩的純愛，讓她不設防也不猜疑他別有用心。在兩人滋生愛苗後，她又盡可能的寵著他，購置相當專業的攝影器材送給他，史蒂芬的出現，讓懷疑鄧麗君是個女同性戀者的謠言立時不攻自破，麥靈芝在此時正好也覺得熱戀中的鄧麗君並不能像規畫中如此投注精力在公司上，公司也就在無形之中解散了。

流連故居
歌迷在記憶中懷念女主人

香港有許多屬於鄧麗君的回憶，也是許多歌迷尋訪鄧麗君的足跡時必循之地，他們會到鄧麗君生前愛吃的天香樓去點幾樣她常吃的蟹黃魚翅、清炒蝦仁、韭黃拌麵、煙醺黃魚或東坡肉。天香樓的老闆及掌廚大師傅對這位美食鑑賞家都非常懷念，他們訴說著她每次宴客都在天香樓舉行，一來就到廚房和大家握手、問好，沒有半點明星架子。有時人還沒有到香港，訂位的電話就已經捎來了，下了飛機直奔天香樓，很令他們感動，這樣長時間的老主顧現在幾乎沒有，鄧麗君的這份長久捧場的情分，以及對人的和善、慷慨，讓他們多年來一直感激在心。

除了天香樓之外，鹿鳴春、上海素菜功德林都是她常去的地方，喜歡的原因不外乎食材新鮮、好吃，地方清靜、乾淨，菜色精緻、衛生，氣氛和排場倒在其次，因為氣氛她自己可以當場營造掌握，排場則無須豪華，輕鬆自在，才是她最喜歡的用餐哲學。

另外，在華潤百貨二樓設專櫃的高師傅，也是各地歌迷必定造訪的人物，十五年來，鄧麗君登臺表演的旗袍、鳳仙裝、中式禮服都在高師傅這兒訂做，不但自己做，還給鄧媽媽也做，而且一次同款式、同顏色的都做兩件。這是她買東西的習慣，對於喜歡的皮包、配件、裝飾或皮鞋，她都是買三、四件，據說是可以放在她世界各地不同的家，要穿的時候就不怕沒有，而皮件、飾品則是一件拿出來穿用，一件當作收藏，這是她的小怪癖之一。至今，她赤柱的家中還掛滿了一櫃子粉紅、桃紅、紫紅的中國衣衫，柔滑的絲綢優質觸感、精緻的繡工與合度剪裁、更有求幸運桃花的殷殷寄情，等待著女主人溫暖的揀選，溫暖的體溫，然而，再也沒有戀衣惜裳的人可以穿上它，秀出中國古典美女的風華了。

最讓歌迷流連不去的就是在二〇〇〇年五月才開放的赤柱故居。赤柱是香港南端的一個小城市，由於擁有美麗的歐陸風情海灣，漸漸成為遊客非常喜歡的度假勝地，匯合了中西文化特色，小酒吧、西餐廳、各國的料理小店、夜市和藝品街都能吸引遊蹤。鄧麗君有一次還在赤柱的藝品街買了一套紫色蕾絲的性感內衣送給明姊，要她穿了去迷倒她的丈夫，兩人在街上笑不可遏。

鄧麗君最喜歡光顧的是市場拐角的花店，有時她會買一些玫瑰，偶爾買些海芋或瑪格麗特小菊回家插作，完全看她的心情而定。其次就是有各式各樣水果的漂亮攤位，她有很長的一陣子幾乎天天吃素，水果也成了主食，賣水果的小販最喜歡和她攀談，她們覺得她很美、很親切，是完全沒有架子的大家閨秀。

沿著山勢的高低起伏而建築的傳統市場和店鋪林立，展示著中外服飾和工藝品，品項之多幾乎涵蓋了日本、韓國、泰國、印度和尼泊爾等地的工藝品和銀飾、衣飾，琳瑯滿目，而且價錢並不太貴，每年到此觀光的遊客不知凡幾，可以自由自在的享受山城海隅的度假風情和血拼樂趣，有遺世獨立的感覺。

閒暇時候，她喜歡沿著佳美道散步，經過赤柱小學運動場的轉角，踏上斜坡小徑，尋訪赤柱市集的異國情調，赤柱新街的屈臣氏、赤柱村道的惠康超級市場，和滙豐銀行都是她常逛的地方。當地的街坊店主幾乎都記得這位美麗女子，只是她享受寧靜的時光並不多，「看到她神情愉悅的和大夥兒打招呼，恍若帶來赤柱的陽光，烘暖每個人的心。」賣雞的老闆娘這麼回憶著，雖然是愉快的記憶，卻更令人分外感傷。

鄧麗君愛逛赤柱的觀光大街可能是她選擇在此定居的一大誘因，她也挺愛吃這裡的牛肉麵和豬腳麵，有時自己出去逛逛，還會帶一包回來給明姊當宵夜。史蒂芬住在赤柱的時候，她們也曾三人一起逛夜市或四處拍照，鄧麗君總是頑皮的吩咐明姊：「如果在路上碰到熟人，妳就說他是妳的男朋友喔！」好在，這樣的情況並沒有出現過，不然高高瘦瘦的史蒂芬和嬌小玲瓏的明姊是怎麼看都不搭配的，根本騙不了人。

赤柱正灘有潔白的沙灘和一望無垠的海岸，遠方朦朧的地平線上幾乎與天際交融，遊客喜歡在這兒享受陽光與海灘，鄧麗君也常在這裡游泳。史蒂芬到赤柱之後，海灘成為他幫鄧麗君取景拍照最多的地方，史蒂芬擔任攝影師，明姊就負責打燈光板。他們兩人在黃昏時分牽手散步於海灘的足印，已被時光的潮水沖刷得乾乾淨淨，那並肩欣賞落霞的儷影，也被日日落去的太陽蒸融得無影無蹤。

「舊遊無處不堪尋，無尋處，唯有少年心。」如今失落的何止是少年心，還有那清麗溫婉的倚樓人，赤柱一片傷心碧，走到海灘的人，面對海風撩起的故人之痛，很難不感慨萬端，不潸然淚下。

睹物思人
不祥預感未曾化解空遺恨

我走訪赤柱故居時，也驚嘆鄧麗君購屋的眼光果然獨到。那建築於半山腰的小洋房是那麼出塵精緻，兩層式的獨立別墅，庭院很大，整理得花繁葉茂，紫紅色的九重葛、粉紅色的蒜春藤、桃紅色的日日春和大紅色的帝王花，自在開落其間，不知是否是她生前所囑咐栽種的巧合。碧綠的草皮修剪得宜，錯落有致地栽種了比人還高的龍柏，牆邊還有棵楊桃樹。我去的時候正好楊桃花盛開，滿地落英繽紛，正應了古詩中所說「細看不是楊花，點點是離人淚」令人感傷難過。

屋外的淡淡清香是潔白的含笑花和玉蘭花，厚實的山茶吐露著粉紅的花苞，還有幾株香港港花洋紫荊正怒放著，蓬勃的生命力似乎來不及分點兒給它的女主人。愛水果的鄧麗君還種了荔枝、檸檬和芭樂，芭樂長得很大，她吃得很開心，直到現在歌迷會的人每年到筠園，還會為她祭祀芭樂解饞。有陣子，她還突發奇想蓋溫室自己種有機蔬菜，還養起小雞來，後來發現園裡會有蛇侵入，會吃掉小雞，宅心仁厚的鄧麗君實在不忍心，才放棄養小雞；秋來會結渾圓小紅串果實的大南天，枝椏曲折如國畫的羅漢松，蒼翠有趣的觀音竹……各色植栽，優雅生長，放眼望去，綠意盎然，整個庭園設計果然適合修心養性。

早些時候，鄧麗君的家可以一覽無遺的擁有寧靜優美的海灣景色，哪知道沒多久隔鄰的半山腰蓋起公寓式的明山別墅，就把左邊的風景線完全遮蔽了。這不打緊，不久後別墅區為了居住者的方便，開闢了一條馬路直通鄧麗君家門口，形成明顯的「路衝」，這不祥的大忌諱是俗稱的「煞氣到家」，曾引起她相當大的苦惱。

一九八九年，鄧麗君穿著黑衣、黑鞋，開著新買的黑色賓士跑車出過一次大車禍，從此她就再也沒有穿過黑色的衣服；一九九四年十一月，她又在山下的加油站附近發生車禍，雖然是一場虛驚，卻更使她對風水破壞之說耿耿於懷。直到林雲大師為她設了某些避邪鎮宅的法寶，掛橫笛、掛寶劍、掛風鈴、樑上繫粉緞、玄關放佛像，才讓她稍微安心，沒想到，她還是逃不過凶煞的不祥預感。

同時，在赤柱故居也發生幾件不尋常的事，似乎曾預告著女主人的早夭，只是當時沒有人去留意。一是原本園內有許多綠意盎然的典雅松樹，在她過世的那一年竟然全部枯萎。松樹

鄧麗君赤柱故居中，桃紅色調的浪漫臥室。

這樣耐命的植物，毫無理由的枯萎，實在令人匪夷所思；其次是為了風水之說，而在園中闢池養的金魚和錦鯉，當她去泰國旅遊度假的時候，一隻一隻相繼生病死亡，最後只好都撈起丟棄，沒有再養，不久鄧麗君的噩耗就傳來了；第三是，有一株不起眼的杜鵑不知何時起在園中悄悄長大了，紫紅的花苞頗為美麗，但是鄧麗君並不喜歡，她曾吩咐不要栽種它，理由是家中有杜鵑不好，因為中國神話中有「杜鵑泣血」的說法，沒想到，花還沒有拔除，人已芳魂杳遠，留下不知所措的泣血人，對花問天，蒼天無語……

赤柱故居的屋內布置簡單又典雅。她喜歡的色系是桃紅、粉紅、紫紅，家中就有濃厚的休閒風情，她曾和明姊兩人花一天時間，把一張黑色的吧檯改漆成粉紅色，儲藏室放洋片和ＣＤ、錄音帶的矮櫃，以及靠著很舒服的抱枕、靠墊也是粉紅色的。飄著淡紫色窗簾的半圓形落地窗，有半圓形的小陽臺式客廳。陽光灑在小圓桌上，可以遠眺海面的風帆點點，喝一杯現榨的新鮮果汁，就是她莫大的享受；因為她認為家就是要好好放鬆身心，休息、享受的地方。

比較特別的是她的閨房，十八世紀皇室風格的銅床，是她精心挑選的，因為有人說睡銅床會帶來好姻緣，可惜並沒有應驗。床上鋪著桃紅色緞面床罩，精緻的龍鳳相戲圖也沒有為她召來如意郎君，浪漫的垂覆著粉紅的流蘇；枕頭和四周垂掛而下的帳幔，繡滿蝴蝶、花卉，就連窗簾都是同質料、同花色的綢緞，室內一片溫潤的粉桃系列，彷彿滿室蝴蝶翩飛，浪漫得像古代公主的床，這些女紅布置都是她一針一線縫上去的，手工的痕跡針針可循。

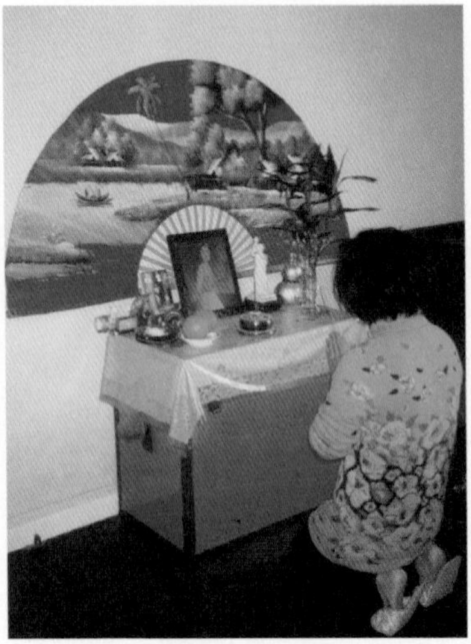

赤柱故居所設的小小靈位，明姊虔誠上香問候。

史蒂芬在瓷磚上用法文寫的愛語。

床邊是簡單的化妝桌，橢圓的鏡面邊上放著一尊天安門紀念女神的瓷像，顯然很得她的鍾愛。我去的那一年，床前還設著她的靈位，金美早晚一柱香的忠心守護著她。明姊一見到她的遺像就不斷落淚，一支香燃燒了，因著淚眼模糊，久久還不插進爐中，彷彿有說不完的話要好好對她說。人去樓空，原來是這樣的淒涼，那緞面的被衾觸手冰涼，我肅然心驚而有無限感慨，明姊說：「小姐生前愛乾淨，從來不准史蒂芬到她的臥房的。」長夜淒清，這麼冷的衾被誰來溫暖？「身無彩鳳雙飛翼」，可嘆她在眾多蝴蝶的環繞之下，竟然也自始至終沒有找到真正「心有靈犀一點通」的終身伴侶。

浴室的瓷磚是粉紅色的，擺滿了大大小小的瓶瓶罐罐，都是清潔、保養用品和香水，在浴室的一片瓷磚上，有一顆用藍色奇異筆畫的心，裡面用法文寫了「我愛妳」，簽上了史蒂芬的名字。我可以想像他在用心簽畫時的深情款款，也相信在史蒂芬身上，鄧麗君得到過甜蜜的戀戀真愛，那一顆心圈起的誓言，不能輕易抹去，一如一份真誠的愛不會輕易褪色一般，只如今沒有相對歡笑的伊人，睹物思人，史蒂芬在赤柱最後一年的歲月想必很難過，但是，一切難挽，一切難挽，失去的何止是他的愛，他的痛呢？

第五章 我只在乎你

如果沒有遇見你，
我將會是在哪裡？
日子過得怎麼樣？
人生是否有意義？
也許認識某一人，
過著平凡的日子。
不知道會不會，
也有愛情甜如蜜。
任時光匆匆流去，
我只在乎你，
心甘情願感染你的氣息；
人生幾何能夠得到知己，
失去生命的力量也不可惜。
所以我求求你，
別讓我離開你；
除了你，
我不能感到一絲絲情意。

一九九二年鄧麗君回國時，華視曾做過一次獨家專訪，主持人陳月卿問她：「唱過數百首歌曲，最喜歡哪一首？」她的答案是〈我只在乎你〉，這首歌詞是她的恩師慎芝所寫。慎芝在她剛出道時曾經一字一句的教她練唱，她所作的歌詞，鄧麗君唱得最多也最好，師生感情非比尋常。參加慎芝喪禮時，鄧麗君的淚水一直停不下來；每唱一回，心痛一次，那天的受訪，她也在錄影棚清唱了這首歌，泫然欲泣，所有在場人員都為之動容。

這首歌原本的日文版〈任時光從身邊流逝〉，也把她在日本發展的成績推到最高點，是那時連日本歌星都無人能及的「日本有線大賞」、「全日本有線放送大賞」的三連霸，甚至於到今天都沒有人打破這項紀錄。從一九七三年底赴日，到一九八六年接受日本這項至高無上的榮譽，十三年整的光陰，鄧麗君可說是酸甜苦辣都嘗遍了，她能奠定下華人歌手在外發展的最佳盛況，在在與日本有深厚的關係，這段時光雖已在身邊流逝，卻是她一生中分量、質量俱重的黃金歲月。

驚為天音
受力薦雙十年華初探東瀛

溯源鄧麗君與日本的緣分，要從佐佐木幸男的發掘開始談起。一九七三年初佐佐木幸男到香港玩，香港的寶麗金製作部長招待他到歌廳聽歌，這場秀一共有十個人唱，之前幾個他

沒有多大印象，直到鄧麗君出來唱壓軸，才唱了三首歌，佐佐木幸男就完全被她的歌聲震撼住！那種溫柔、親切、婉約，非常適合日本人的胃口，他懷疑自己是不是酒喝多了，聽力受酒精影響，評斷不夠專業。第二天，他決定再聽一次，他找了最前排的位置，特意只點了可口可樂，滴酒不沾的耐心等到鄧麗君出場，這次他更加震懾，他回憶當時的情景：「那種歌聲給我的感受只能用衝擊兩個字來形容，讓我全身都專注到麻痺起來。」

第二天，他立即到唱片行買齊鄧麗君所有已出版的唱片回旅館聽，兩百多首，一首又一首很用心的聽到天亮，越聽越愛，不能釋懷。那時他只有一個念頭：「這樣的歌手，非把她請到日本簽到手不可。」四天三夜的假沒有休完，他就提前趕回日本的寶麗多，在公司裡放給全公司的人聽，一遍又一遍，請大家立刻決定要不要簽她？當時在公司任管理部部長的舟木稔回憶當時說：「我們當時都有佐佐木幸男明天就要把她簽回來的感覺，公司幾乎是全數無異議的通過，在我印象中，第一次我們完全沒有任何阻力的順利通過要簽一個新人，那是絕無僅有，唯一的一次。」

那時候，佐佐木幸男並不知道這位年紀輕輕的女孩是紅遍東南亞的臺灣歌手，他立刻和香港寶麗金聯繫要簽她，沒想到香港那邊卻不推薦她，反而希望他們能簽旗下另幾位藝人，但是，當時幾乎是著了迷的佐佐木，對任何人都提不起興趣，一心一意只要鄧麗君，他堅信自己的耳力，更確定自己的眼力，因為他在兩次觀賞她的演出中，從她的臺風和外型上看出她的氣質與教養，這是他覺得她的最大魅力所在。佐佐木說：「以我在這一行的經驗，沒有任何一個合作對象像這樣讓我震撼的，她到日本來之後的表現，令大家欽佩，我也與有榮焉。事實上，她這樣的寶，任誰去聽了都會想要挖她過來，而任何簽她的公司也一定會成功，我只不過是運氣好罷了！」

一九七四年，第十六回日本唱片大賞新人賞。

佐佐木很相信緣分，第一，他去香港本來僅僅是純度假，並非抱著去開發新星的任務，當時的心情是很放鬆隨興的，耳門也並未完全打開，銳利的尋求新聲音；第二，香港的歌廳有數十家，偏偏他們會走進鄧麗君唱壓軸的那一家，莫非是冥冥之中真有指引？第三，鄧麗君在東南亞各地演唱，排得到香港登臺的檔期其實非常少，竟然會在那幾天內被他碰到，這真的就是一種奇緣。佐佐木眼中泛著淚光說：「卅五年了，鄧麗君在我心中的地位從來沒有被任何人取代過，也因為發掘鄧麗君的成功，以後陸續有不少中國藝人來託我幫忙，我都一概拒絕了，因為，我再也沒有找到任何一個人是我打從心坎裡想要做的感覺。」

這位鄧麗君真正的「知音」，對她早逝的扼腕與疼惜，完全寫在他泛紅的眼眶裡，中年男子不輕彈的淚，就這麼一直忍著，何等寶貴啊！他指指自己的心口說：「不管時光過了多久，想到她已經走了，我這裡都還發疼！」我和同行的翻譯被他的真摯言語深深感動，也忍不住落了淚。坐在一旁的舟木稔怕大家哭成一團，還特別說了一些鄧麗君初在日本發展時鬧出的小笑話，只是，大家笑中有更多的淚迸出，有什麼樣的知音會對她如此不棄不離的支持到底呢？這樣的交情，早已超過勞資雙方的合作關係，而是一種相知相扶助的情分啊！

一九七三年十一月，透過香港寶麗金的鄭東漢幫忙，舟木稔帶著擔任翻譯的佐井芳男一起到臺灣說服鄧麗君簽訂合約。舟木向她勸說，日本是歌手考驗自己的最佳途徑，能到日本發展成功，可以證明自己的實力，是相當有挑戰性的。那時鄧麗君有些動心，但是鄧爸不同意，他不願意目前狀況已經非常好的女兒到人生地不熟、語言又不通的日本去吃苦，重新從一個「新人」做起，一定會受很多委曲。舟木也懂得這不是馬上就能做出決定的，他沒有立即要求答覆，溫婉的提議給她幾天時間考慮。

第二次會面，經過六個小時又保證、又利誘、又讚美、又懇求的長期磨功，鄧爸終於點頭，他起身用非常凝重、非常審慎、非常不捨的口氣重託給舟木說：「我把女兒交給你了，你要好好照顧她。」握手的那一刻，看著一位父親目光中隱忍的淚，舟木覺得自己雙肩責任的重大，受過儒家思想的舟木心中告訴自己：「受人之託、忠人之事，我會好好照顧她的！」事實上，他這二十多年來也一直非常盡心照顧鄧麗君和鄧媽媽，即使在鄧麗君過世之後，金牛座結算所有的唱片版稅，舟木社長都一毛不少的全都如數算給鄧家，每年五月八日一定來臺灣為她上墳，甚至於千里遙遙從日本扛來鄧媽媽昔日愛吃的日本米；數十年如一日。

當時，他看準可以簽鄧麗君的成因是：一、她在東南亞已經很紅，必然有她不容小覷的魅力和條件；二、她從小聽過日本歌，在舞臺上已經能夠演唱日本歌，而且非常到味，是日本人所熟悉的，不會因國籍不同而有隔閡；三、她的態度自然、音色清澈，是少見的佳質，絕對可以雕琢成美玉；四、她可以運用中文、日文一起表演，話題更多，空間更大；五、她還年輕，足堪造就，演唱的路子可以走得長長遠遠，前途不可限量；六、她圓圓的臉，清純的長相是日本人很容易接受的，也就是長得很有人緣。是的，人緣就是「飯緣」，憑著舟木的敏銳觀察，不管多難，他都要親自來請鄧麗君與日本「寶麗多」簽約，為了讓母女倆安心，先說好了，請她和鄧媽媽到日本去視察環境，適應一下。

鄧媽媽回憶那段日子，是相當寫意的時光，日本方面非常大手筆的供吃供住，沒有任何工作或條件，只是帶她去電視臺見見場面，了解日本流行歌壇的生態，比起臺灣、香港都要有規模、有體制得多！她們倆逗留了近一個月，學日語、聽日文歌、吃日本料理、看古蹟名勝，鄧麗君的心越來越願意接受挑戰。母女倆回臺灣過春節，二月之後才再度踏上日本的土地，三月一日推出了第一張鄧麗君以Teresa Teng為藝名的日文專輯《是今夜或是明宵》，然而，市場反應並不算好，只在全日本暢銷歌曲排七十五名。

第一張唱片不夠理想，令大家對佐佐木的眼光抱以懷疑態度，當時立即召開了製作會議，決定是不是要繼續推她。舟木稔記得投票的結果，十五個人投反對票，只有四人決定堅持，佐佐木幸男當然是四個人之一，他非常激動的請大家再給鄧麗君一次機會，他甚至說出「如果這一張再不成功，我就辭職不幹」的重話來。

最讓舟木稔感動的，是鄧麗君本人一再檢討自己的虛心態度。他表示：「第一張唱片賣得不好，事實上大家心知肚明，這首歌的詞曲都不夠好，宣傳也不夠用心，加上她是一個沒沒無聞的新人，公司當時根本沒有全力去推，其實鄧麗君早就知道是選曲和她的型、她的歌路都不對的問題，按理來說，她可以據理力爭，但是她連一句抱怨的話都沒有。」

正如佐佐木所言，她非常有教養，也十分感性，唱片賣不好，她歸咎於自己，認為是自己的努力還不夠，發音不夠準，歌聲辨識度也不夠，反過來安慰製作人。而且，她並沒有因為這樣的挫折而氣餒，反而更認真在發音練習和感情表達上做改進，她承受一切新人可能有的遭遇，包容、擔當、忍耐，而且能屈能伸，勇於再接受挑戰。舟木稔語重心長的說：「在我擔任日本唱片公司負責人的卅年生涯裡，見過形形色色的歌手，能有如此涵養的，鄧麗君是絕無僅有的一個。」

製作人也表示：「如果她肯抱怨就好了，偏偏她毫無怨言，這得歸功於鄧媽媽的家教好，年紀這麼輕就這樣懂事、謙虛，又懂得自我要求，真的值得敬重，鄧麗君的美德讓製作人的壓力反而更大，加倍地覺得不好意思。」

一九七四年，日本發行專輯。

重新打造 轉型後的成功獲獎得肯定

也許大家被她的堅毅態度所打動吧！舟木稔也察覺自己要負責任，認為他們一開始所走的方向不對，因為《是今夜或是明宵》是那種十五、六歲的少女蹦蹦跳跳、活潑淘氣的歌，並不適合二十一歲的鄧麗君來詮釋。第二張唱片他們改弦易轍，逆向操作，給她唱了一首有些哀怨，味道成熟的〈空港〉，這次的轉型，果然一炮而紅！六月五日推出不到一個月，就擠入排行榜前十五名，更一舉獲得新人賞、電視賞、銀賞，銷售量突破七十五萬張以上，並當選「一九七四年最佳新人歌星賞」。佐佐木幸男總算扳回了面子，慶幸自己終究沒有看走眼。

這段時間日本富士電視臺的製作人王東順，給予母女倆很大的幫助，他以專業媒體人的經驗，告訴她許多日本演藝界的現況，她也不斷提出問題，急切的想了解即將在此攻城掠地的大環境，碰到困擾的問題也只有信任這位王大哥。譬如，她原本並不了解，在日本上節目，藝人所穿的衣服並不能由自己決定，要由經紀公司先行協調安排，避免與別人「撞衫」。萬一和大牌穿的一樣，新人就要臨時去換，不得有異議；在日本的輩分觀念很重、很嚴，晚輩尊敬前輩是必然的，新人必須主動和每一個前輩打招呼。不過這些都難不了她，在臺灣她就是個有禮謙虛的人，所以來日本沒多久，許多大牌明星對她的風評都不錯；有一次，老牌歌

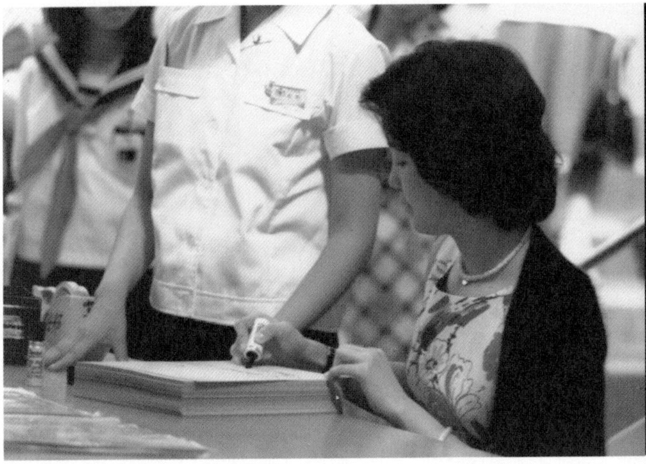

走紅後，鄧麗君於日本三越百貨舉辦簽名會。

《空港》專輯推出，果然大賣！

星宇宮稱讚她的白色綴珠旗袍很美，她立刻就把這件旗袍送給她，讓宇宮又驚又喜。

她到電視臺上節目，王東順就帶她熟悉環境，也教鄧麗君講日文，她則教祖籍山東的他講中文。王東順覺得鄧麗君很快就會說一口流利而優雅的日文，純粹是因為天分，她的發音很漂亮，還會一種難度頗高的鼻濁音，耳力更是驚人，她能把日文歌唱得好，發音占極大優勢。

那時，她們母女倆還住在飯店，是那種有大榻榻米的房間。她會找一群人到大房間來玩，鄧媽媽也會包水餃請他們吃，她沒有一點架子，和每一位工作人員都相處得很好。鄧麗君非常清楚，她在日本想要成功，必須仰賴周遭朋友的共同努力，也因此，日後她每次得獎都是開派對與所有工作人員分享，謝謝大家對她的照顧，一點也不驕傲，更不會居功。

在王東順的印象中，鄧麗君除了學語言超厲害，開車也很行。她常開著車載他和幾位朋友去郊外玩，最愛去伊豆溫泉、三養堂等高級旅館泡湯，吃東西也只找那幾家熟悉的店，直到吃膩為止。在王東順的印象中，讓他一輩子都忘不了的是，有一回他們一夥人去卡拉ＯＫ玩，她沒有用麥克風，就在他耳邊清唱，那種溫柔與誠摯的感覺美得不得了，幾乎讓他心頭小鹿亂撞，直到現在提起來，都覺得心中甜滋滋地，想到她不在，這份甜就轉成了一抹苦澀；王東順微笑的跌入難忘回憶中，說了好幾次：「她真的很能清唱，很能唱！」這種機會再沒有第二次，卻留給他一生最好的回憶。

鄧麗君在日本家中的休閒照，顯示她越來越適應日本生活。

鄧麗君在淺草遊玩，開心模樣活潑可愛。

九月中，富士電視臺特地到臺灣的北投鄧宅拍攝她的家居生活和專訪，返日之後，她不斷參加電視節目演出，打響在日本的知名度。十月十九日，富士電視臺播映了《新宿音樂祭》實況錄影節目，這是由新進歌星所參加的歌唱比賽，凡是一年內初次登臺的新進歌星才有參加資格，得分最高的頒給「金像獎」，次高的頒給「銀像獎」，再其次的則頒給「敢鬥獎」鼓勵。預賽在九月廿二日舉行時，由各唱片公司推薦了一百零六個新進歌星參加，錄取了廿人進入決賽，鄧麗君、尤雅和秀蘭都包括在內。

決賽時規定，新進歌星每人演唱自選曲一首，評審委員就其歌唱能力、個性、舞臺風度及將來的發展性等四個項目評分。經過兩小時的演唱和將近一小時的評分之後，鄧麗君所演唱的〈空港〉，以五八五·五分獲得了銀像獎第一名，這首歌後來又得了「聖廣場音樂祭」的熱演獎，以及十一月十九日榮獲的第十六屆唱片大獎的新人獎。

日本的歌唱評審們對給獎一向相當審慎，唱片大獎的得獎歌星評審工作，是由主辦單位邀請音樂歌唱界專家共四十三人擔任，就各唱片公司所推薦的候選歌星所錄的唱片進行評審。因此，每位工作人員總共聽了候選歌星的單曲唱片五百九十八首，大張唱片一百六十五首，再經過多次票選，才決定得獎歌星的人選，整個評選工作過程長達四十八小時。這樣嚴謹挑選出來的歌星，並不能馬上拿到實至名歸的獎，而是要在現場表演後，證明有現場演唱的實力，而非在錄音室後製修帶的效果，才能領獎。同時，還得在東京帝國劇場演唱一次，證明所選出來的人果然有真正的實力，這讓鄧麗君在得獎後，心情激動，喜極而泣。

在《新宿音樂祭》獲得銅賞及審查員特別獎勵賞。

在《新宿音樂祭》節目中獻唱〈空港〉。

一九七五年一月鄧麗君在日本溜冰跌傷，二月回臺灣過春節時，鄧媽媽來接機，從出境口一看到她打著石膏，坐著輪椅出來，幾乎立即暈倒在機場，忙了好一陣子才解決這場混亂，反而是她不斷安慰媽媽。其實，鄧麗君十來歲就開始學溜冰，溜得相當不錯，那次卻跌傷了，且傷了她最引以為傲的美腿，又不知道會不會復原，著實讓她焦急。日本的影視界很現實，只要排了通告，就算是受傷也要照樣上節目，沒什麼可通融的，敬業的鄧麗君每次錄影都只能坐著打歌，鏡頭只能帶到上半身，兩個月後拆掉石膏，才算熬過那段辛苦的日子。鄧媽媽撫著胸口說：「好在她的腿還是又直又美，我真是擔心她要坐一輩子輪椅啊！」

在日本滑雪時腿受傷，鄧媽媽擔心得差點暈倒。

一九七五年三月她推出《夜霧》，七月推出《夜的乘客》專輯，再度獲得日本第十八屆唱片大獎和日本「新宿歌謠祭」新人賞。同時期，她也和香港寶麗金簽約，推出《島國情歌》第一集。隨後在新加坡、吉隆坡等東南亞各地演唱，忙到十月才返回日本，一九七六年一月發行《愛的世界》專輯，三月在香港利舞臺舉辦三場個人演唱會。那時，她特地邀請日本的二十人大樂隊為她伴奏，日本的當紅藝人本鄉直樹為她做節目串場的特別來賓。這場演唱會，讓日本寶麗多同行的經紀人一票人親眼見識到她的巨星魅力，感受到她受歡迎、受風靡的程度，才知道這兩年來，日本對她的新人待遇，其實她可以完全不必忍受，但是她為了挑戰自己，卻本分而認命的承受一切。

不爭不求
最佳新人獎背後的新人淚

剛開始到日本的時候，語言不通，飲食不慣，生活習性也不同，曾讓鄧麗君哭過好幾回，鄧媽媽看她天天都不開心，心裡很難過，常常對她說：「算了，我們不必忍受這些，還是回家好了。」但她總是抹乾眼淚說不！她不想認輸，回去就表示她被日本歌壇打敗了，也會辜負所有看好她、推薦她的恩人，所以，她一定要拚下去。果然一年不到，她的日文就說得呱呱叫，壽司和沙西米也漸漸能接受了。

為了念好日文，她把注音符號、國字、英文音標、羅馬拼音全用上，歌譜上寫得滿滿只有她自己才看得懂的註解，讀起來都吃力，更別說是配合音樂唱出來，況且還要深入了解歌詞的內涵和情感，再揣摩出表情、搭配出動作，辛苦可想而知。還好，日本歌壇有固定同一首歌就一直反覆打歌的慣例，三、四個月的宣傳期，她可以走到哪兒都重複唱同一首歌，一輪下來也滾瓜爛熟，自然是越唱越好；但是日本人非常重效率，宣傳期間幾乎是馬不停蹄的掐準時間拚命做，演唱、上節目、訪問、辦活動，有時一天要趕六、七個不同的地方，中間連休息半小時的時間都沒有，非常疲累。

此後數年，鄧麗君上了不少日本的平面媒體和電視節目，有一度還頻頻上搞笑節目，扮演武士、小妹、旅館按摩師等角色，造型非常可愛，臺灣的媒體曾為她抱屈，她自己卻認為那也是一種表演藝術，不以為意；一九七八年是日本喜劇志村大爆笑最受歡迎的時候，鄧麗君也參加《志村全員大進擊》的短劇演出。這個節目的劇情雖然很無厘頭，但收視率很高，許多日本一線的歌星藝人偶爾都會來客串演出一兩集，鄧麗君倒是並不排斥，尤其她是萬綠叢中一點紅，志村健和高木布都把她當寶貝，她說，有時演一演自己都會笑不可遏，很好玩。

還有一點是比較少人知道的，鄧麗君不只自己的歌唱得好，也很擅長模仿秀，有一次在日本教育電視（ＮＥＴ）播映的《歌星模仿大會串》中，她就學森進一唱〈港町布魯斯〉，森進一是男歌星且歌聲略帶沙啞，被她戲稱為是「醉貓」唱法，卻模仿得維妙維肖，更絕的是她把後半段的歌詞改唱成中文發音，現場有兩千多觀眾都給予熱烈的掌聲，那是日本電視臺

參加志村健主持《八點！全員集合》錄影片段。

第一次播映中文演唱的歌曲，第二天的日本各家娛樂報紙上還津津樂道這件事。

另一件溫馨的事是，北海道有一位歌迷正在生病，她聽了鄧麗君的歌，病情不知不覺的漸漸好轉，歌迷非常感謝鄧麗君，所以節目製作單位特別在某個節目中，意外安排這位歌迷在節目中和她通電話，讓鄧麗君臨時在節目中對著話筒直接唱給這位歌迷聽，當時鄧麗君邊唱邊流淚的畫面，也感動了不少觀眾。

這段時間內，她同時在香港灌錄唱片，在大馬檳城、吉隆坡及新加坡等地往返表演，從各地的名聲中贏回自信與自尊。然而在日本，她必須常常接受公司安排的夜總會或銀座演唱，也就是俗稱的「熱海」，車程上要忍受一、兩個小時的顛簸奔波，這些她都可以忍耐，最難過的就是那聽歌的客人並不尊重歌者，常常鬧酒、喧譁，甚至於起鬨、大聲喊「脫！」在這些並非專門來欣賞歌藝的醉醺醺客人面前表演，對鄧麗君來說簡直是一種莫大的屈辱，何況還有些有勢力的客人會要求臺上的歌星唱完之後，到他們的檯桌去「坐一下」，甚至還要幫客人倒酒，更不像話的是還有醉客毛手毛腳，這樣的屈辱她都默默忍受了。

鄧麗君從小對歌唱事業就很看重，這樣不受尊重的到處演唱有違她的本意，回家只能和媽媽抱頭痛哭。她不只一次為了這件事向舟木社長哭訴不要參加那樣的場合，她只要靠唱片版稅收入就夠了，不在乎這種演唱的豐厚收入，但這是在簽約之初就規定該對渡邊公司盡的義務，舟木也無能為力。

「熱海駐唱」是在日本當歌手的必經過程。圖為鄧麗君於東京銀座演唱。

日本的藝能界生態相當特殊，鄧麗君屬於寶麗多公司，而唱片公司本身並不負責歌手，而是委由渡邊公司來做她的經紀公司。渡邊當時是專門經紀全日本當紅歌手的頂尖公司，新人更必須與唱片、經紀兩公司雙方密切合作，他們一開始就和鄧麗君簽了長約，而上搞笑節目、下熱海駐唱、接受訪問等，都是新人必須經歷的宣傳路徑。她從來沒有因為她在東南亞的聲勢而拒絕配合公司的宣傳策略。尤其「熱海」駐唱是她的經紀公司渡邊公司的策略，由旗下的歌星輪番駐唱，由資深的帶一位新人，而各演唱場所就是渡邊訓練歌星的地方。最初她被人帶，日後她也帶新人，近年在日本走紅的早見優就是她所提攜的後進，後來，在她不斷力爭之下，才結束這樣的巡迴演唱方式，她在日本只為自己爭過這麼一件事而已。

不忘本真
中國風味贏得日人喜愛

一九七七年，鄧麗君在日本動了一個小手術，在她的前額中央長了一個小肉瘤，到東京看醫生才知道還好早來檢查，再遲一個月，可能就會轉為惡性肉瘤，不排除有腦積水或腦癌的可能性，她嚇得馬上住院把肉瘤割掉，縫了十針，休養了一段日子，也因禍得福有了小小的假期，回家開心地與家人團聚。過了春節，雖然身體微恙，並不影響她的工作量，這一年她在日本、香港所錄製的唱片都有不錯的成績。

那時，鄧麗君已遷居到涉谷神宮前的公寓，當地有「東京小巴黎」之稱，神宮前六丁目大道中間有樹，兩旁是精品店、時裝店、露天咖啡座，頗有香榭麗舍的味道，加上樓上樓下的鄰居都是中國人，鄧媽媽有了聊天的對象，不再無聊，餐飲上也常吃得到中國料理，使她心情愉快，精神飽滿，鄧麗君的生活開始漸入佳境。

她的鄰居臧志芳形容，鄧麗君是個貼心而有禮貌的人，她很愛到她家作客，愛吃山東籍的臧媽媽做的炸醬麵和燉雞湯。那時臧家兩姊妹都在上美國學校，她就和她們中文、日文、英文摻雜著講，鄧麗君特別愛看史努比的漫畫來學習英文，也喜歡逛街，買衣服、買首飾都給媽媽也買一份，非常孝順。一九八四年開始她的全盛時期之後，每次到東京她依然會特地來拜望臧家，非常念舊。臧家姊妹到香港去玩時，她也全心全力的盡地主之誼接待她們玩得盡興。有一陣子她迷上了滑水運動，每天把自己曬得黑黑的，一點也不在乎能不能白回來。

算算她在日本前後五年，總共出了八張大碟、十二張細碟，每張唱片都能擠入前三十名排行。這在日本歌壇並不容易，何況鄧麗君是一個新人，一個外國人。她的演唱能夠如此有特色的原因之一是，在日本每次公開演唱或擔任特別來賓時，一定會唱一首中文歌曲，這是渡邊合約中的規定，要把她塑造成一個標準的中國女歌星形象。

她非常配合的從臺灣或香港訂製旗袍登臺，鄧爸就常從臺北帶新款旗袍到日本給她。鄧爸是一個具有中國情結的人，不大喜歡日本，往往一到日本住個兩三天就嚷嚷著要走；後來，日航公司有位高級職員是鄧麗君的歌迷，常飛航臺日之間，他十分樂意且深感榮幸的當了鄧麗君的「義務運輸部長」，這才得以讓日本觀眾一睹旗袍的手采，鄧麗君的旗袍裝扮在開衩部分會露出她修長的美腿，風靡了無數日本人。

日本人尤其喜愛鄧麗君的旗袍裝扮。

日本劇場公演。

在東京新橋市民會館獻唱。

獨特的中國歌手形象，是鄧麗君能在日本歌壇中站穩的原因之一，三年來，她的唱片銷量和演唱成績連連獲獎，以及經常能上各電視節目參加演出的「社會知名度」，都足以列入日本「藝能人」包括影視歌三棲的前一百名內。香港和臺灣的歌星到日本發展常必須「完全日本化」來博取歌迷，但談何容易，外來歌手在高手如雲的歌壇中想熬出頭，沒有獨樹一幟的「型」讓人認同，根本發揮不出特色來，鄧麗君多年來能穩住「藝能人」的名列前茅，渡邊公司所強調的中國形象是致勝的策略，也是鄧麗君的聰明之處。

最初，鄧麗君還十分擔心日本人要把她改造成另一個人，但相處一段時間後，才發覺他們無意要她改變，反而就要她的原來面目：在歌藝上如此，在生活上也如此。雖然她拚命的學習講日文，學禮節，還是過不慣日式文化。

鄧媽媽回憶她們有一次去欣賞「茶道」，整個過程必須半跪著，兩個小時勉強撐下來，弄得母女倆大呼吃不消，再也不敢領教這一「道」。她的休閒活動頂多是去看場電影，這也使得她始終沒有「日式化」，並且一直維持著含蓄談吐、優雅舉止的中國女性矜持，光這一點就迷倒不少歌迷，每當她穿旗袍出現時，一定被歌迷包圍要求簽名，可見得不忘本真、維持中國風格的重要。再則，日本的當紅藝人也喜歡中國歌曲，她常教日本歌迷或歌手唱〈高山青〉等簡單、易學的歌曲，山口百惠、梓道代及男歌手澤田研二都跟她學過中國歌，森進一與山口百惠更成為她的好朋友。甚至隨著鄧麗君帶來的中國熱，她也上過電視秀了一手中華料理「紅燒排骨」而大獲讚賞。

一九八四年，於日本有線大賞上獲獎。

一九七七年她在日本獲有線放送大賞，這個獎是所謂的「五十圈」，也就是日本全國每週的唱片銷量統計，能進入五十名內便上榜，會被登載在全國報紙與大雜誌上，從一九七六年到一九七七年，鄧麗君每張唱片在日本都進入五十圈，也是相當不容易的紀錄。

一九七七年十一月鄧麗君推出新曲〈你的懷念〉，為了搶一波「聖誕攻勢」，她參加一連串的宣傳活動，其中有一場別開生面的「新曲面世紀念單車賽」，挑選了一百名報名的少年，在東京神宮外苑的寬闊大道繞圈進行比賽，由日本的冠軍世運選手中野浩一和鄧麗君聯合主持「開騎」典禮。中野關心的問她：「會騎單車嗎？我會扶著妳的車把，妳放膽騎，不會跌倒的。」哨子響起，鄧麗君和中野浩一並排騎得四平八穩，保持她甜美的商標笑容，世運選手大為驚訝，他怎麼也想不到一位當紅女歌手的自行車可以騎得這麼溜。殊不知，鄧麗君讀初中時每天都是騎自行車上學，早就練得好身手，這場比賽也被大肆報導，讓她的青春、健康形象不脛而走。

自行車騎得那麼好，連世運選手都驚訝。

本來她的歌唱事業應該是自此飛黃騰達，扶搖直上了，卻萬萬想不到在一九七九年二月，發生令人意外的「護照風波」，幾乎斷送她在日本打下的江山。

護照風波
因禍得福的人生大轉折點

鄧麗君的「護照風波」可說是她生涯中最大的一件負面報導，但也是她人生的重要轉折點，整個事件的始末，經過向鄧媽媽、舟木稔以及相關人員的多次求證後，才勾勒出一個完整的面貌。

一九七九年二月十三日下午四時十分，鄧麗君從香港隻身返臺，當時她並非要入境，而是從臺灣轉機飛日本。但是當天下午飛日本的班次全部客滿，只能明天再走，因為她所持有的中華民國護照當月已辦過一次過境，按規定不能再辦第二次，她就拿出一本D〇〇三一二四號的印尼護照，上面用的是印尼名字「鄧古蒂麗」，海關官員明知她是鄧麗君，怎能如此矇混過關？當然還是拒絕她入境，她只好再飛回香港，第二天搭乘華航班機飛抵羽田機場，入了日本國境。

這件事發生時，剛好有報社記者在場，她在臺灣使用印尼護照的新聞，卻已透過各國通訊社發送出去，引起印尼當局的嚴重關切。十五日，印尼駐日本大使館便通知日本入國管理處東京事務所說有一名中國女子持用假護照通關，日本的入境機關立即展開調查，十六日中午會同印尼大使館館員在鄧麗君下榻的希爾頓東急飯店找到了她，十七日將她留置在港區港南三丁目東京事務所的收容所內。

經過一個星期的調查，查出事情的真相是：當時中日已斷交，辦理日本出入境手續很麻煩，一位印尼頗有地位的友人送給她一本印尼護照，因為中華民國是承認雙重國籍的，很多藝人也為了簽證方便而使用兩三本護照，鄧麗君覺得沒多大關係，就用這本護照取得了日本簽證，圖個方便，拿出來使用一下。

印尼大使館查證出護照果真是由印尼政府發出的真護照，並非偽造，也不是向偽照集團購買，而是正式核發，沒有理由定她的罪，既然護照是真的，日本簽證也是合法的，日本入國管理局便裁定「無罪開釋」。但是，依規定必須踐履「一年之內不能再進入日本國境」的限制，等這一連串的調查、裁定完成，已經過了整整七天，他們詢問她的個人意見，就同意她飛美國，直接從收容所送到成田機場，在廿四日結束這場風波。

事發當天，舟木社長會同寶麗多的律師，和鄧媽媽及有力人士到處奔走，想保釋她出來，也接受了入境局的問話，證明她只是圖個方便，並沒有做壞事，他們還拜託了法務部的高官幫忙關說，卻都無法通融；鄧媽媽和舟木只能到收容所和她會面。她表現得很鎮靜，很堅強，表示在裡面很自由，每個「難友」都對她很好，請他們不必擔心，等真相調查清楚就會放她出去了。

收容所裡的警備課官員回憶當時的情形是，剛開始鄧麗君難過得掉眼淚，但不久就恢復正常，並且和所有關在裡面的姊妹們打成一片。她的進退應對十分有禮，而且非常坦然，連看守員都很喜歡她，她從來不因自己的身價不凡而抱怨收容所的簡單便當，要求「更換伙食」，還會稱讚便當很好吃。默默吃完，收回便當時，還不忘對工作人員說「謝謝您的美食」，讓管理的官員十分難忘！

當她在廿四日被開釋後，收容所裡來自泰國、中國、中南美等等各個國家的一票難姊難妹，還為她舉辦小小的歡送會，她向每個人握手致謝並道別，臨行還唱了一首國語歌來「安撫」繼續留置在這裡的她們，步出收容所時還向警備官員們一一感謝她們在這段時間內的照顧，所有的女犯們巴著窗口、用目光含淚送行，這是收容所有史以來最溫馨的一頁，至今，女看守員都還記得這個可愛的、獨特的中國女子。

鄧麗君在成田機場誠心誠意的道歉，親筆寫了一封〈謝罪文〉，向關心她的歌迷表示：「給各位帶來麻煩和掛念很過意不去，我在美國結束演唱活動還會再回來的。」當時有許多擁護鄧麗君的日本歌迷捨不得她走而淚灑機場，並發出要她「絕對回日」的呼聲，可見她受歡迎的程度並不因這件風波而損壞了人們對她的印象。但是，臺灣傳媒卻在沒有求證的情況，不但多方譴責她的「丟臉丟到國外」行為，更報導她被日本永遠驅逐，不得入境，更把她冠上了泛政治化的背叛罪名，兩相比較之下，讓她非常失望。

這個風波所引發的慨嘆，讓如日中天的她萌生倦意，她想要在美國好好的讀書，充實自己，過自己想過的日子。那段悠閒的歲月，她天天穿著T恤、牛仔褲，過著大學生的單純寫意生活，沒想到在美國的幾場演出受到空前好評，華僑們簡直愛死這位能唱出優美祖國歌曲的好聲音，撫慰了他們的鄉愁與身心。更沒想到正在改革中的大陸，在此時已如火如荼的吹起「小鄧風」，無論大陸當局如何禁止，都攔不住「晚上是小鄧的天下」熱潮。

一年七個月的闊別，她不僅未曾斷送演藝事業，反而成為世界級的知名歌手，臺灣方面不斷的透過各種關係請鄧麗君回來開個人演唱會，她淡然地並不想冒險回那曾把她批評得體無完膚的故鄉，然而，國防部所策畫的勞軍活動說動了她，愛國的她聽到要向三軍將士表達敬意，二話不說就答應不取任何酬勞演出，也促使她相當光彩的返國。

在日本方面更是「禍兮福之所倚」，一年限制期滿，她依約回到日本，當時為了護照風波，寶麗多蒙受輿論各界的譴責很大，大家都認為她的演唱生涯已經結束，沒有任何興趣再做她了，她本人也沒有意願再續約，和寶麗多的關係就自動終止。但是，舟木稔並不願從此就失去她。一九八一年，他脫離寶麗多，帶著一批願意跟他的人，自組「金牛座唱片公司」，舟木擔任副社長，社長是五十嵐，他們希望鄧麗君加盟新公司，加上佐佐木幸男和名製作人福住等最信賴她的組合陣容，終於說動鄧麗君，再次與舟木合作。

一九八〇年九月廿一日，鄧麗君在赤阪舉行了「再出發記者招待會」，接受成群歌迷們獻花，以及八十多位日本報社及電視臺記者的訪問。記者會上幾乎每位記者都咄咄逼人的詢問使用外國護照的舊事，鄧麗君誠摯的回答，當時並不知道這樣不合法，因為臺灣承認雙重國籍，不少人使用外國護照很便利，所以她也用了。記者又逼問難道不知道用錢買護照是犯法的嗎？她再度搖頭說明並沒有用錢去買，寶麗多唱片公司負責人佐佐木也出面澄清：那是印尼政府正式發給的護照，他仔細的再敘述一遍當時經過讓記者完全了解，最後鄧麗君拿出中華民國護照來，證明她不會再重蹈覆轍。

在她已經快要招架不住的時候，有一位記者說：「我們會問得這麼詳細，是希望向關心妳的千千萬萬聽眾有清楚的交代，能繼續保持對妳的美好印象，這對妳是好的，期待妳日後能有更好的成績。」鄧麗君聽了這番話，當場就感動的哭了，她沉默了一會兒，鎮靜地向所有人致意：「那時候，我年紀還小，還不成熟，的確有做錯的地方，我已經反省改過，也要好好學習，不再給大家添麻煩，我要做個好歌手。請各位多多幫忙。」她拿出不諉過、不逃避的勇氣，態度誠懇的認錯，當眾道歉，贏得了在場媒體記者由衷的掌聲，她道謝並擦乾眼淚，恢復了原有的自信，再出發的腳步也有了好的起步。

「護照風波」之後，在東京開記者會解釋情況。

日本復出 創下前所未有的亮眼佳績

一九八四年元月她復出後的第一張單曲唱片《償還》正式發行，起初受護照風波的影響，公司大多數同事並不積極推她的唱片，甚至有人打賭，如果這張唱片能夠暢銷，他願意在表參道倒立著走。她的唱片樣本塞在紙箱沒人理會，負責做她宣傳的西田裕司只好想辦法做了戰略性的正確選擇，使〈償還〉這首歌在大阪著了魔似的大賣起來。

上半年的點唱紀錄本來由中森明菜居首的，到了下半年度已經被〈償還〉所取代，並持續保持在年度十大金曲之列，賣績一路順暢竟超過百萬張！這首歌旋律優美，鄧麗君又將之詮釋得絲絲入扣，舟木稔非常有信心。她改變了清麗的造型，走向圓潤成熟的路線，聲勢持續上漲，慢慢從大學女生、家庭主婦到中年男士都喜歡聽，〈償還〉越來越受歡迎，歷經年餘而銳不可擋，終於在年底TBS電臺所主辦的「日本有線大賞」中獲得提名，更擊敗六位強勁的對手而奪下「第十七屆日本有線」及「全日本有線放送」兩項大賞，贏得「年度最受歡迎歌曲獎」，甚至於到隔年的發行滿一週年為止，都還在十大金曲的排行榜上維持第七名。

那時，日本人形容鄧麗君的歌聲是「珍珠般晶瑩剔透」，接下來的兩年，她又分別以〈愛人〉和〈任時光從身邊流逝〉拿下「第十八、十九屆日本有線大賞」及「全日本有線放送大賞」，這是日本空前的紀錄，破天荒的三連霸，直到今天還沒有被任何人打破，而她在每次

鄧麗君創下的三連霸紀錄，至今仍無人能敵。

頒獎典禮都喜淚漣漣，也給日本歌迷留下深刻印象。

為什麼得到日本有線大賞這麼高興？原因是這個獎實在太難攻克了！日本有線大賞在東京舉行，全日本有線放送大賞在關西舉行，這是日本全國性的大獎，頒獎時獲提名者一字排開站在臺上，宣布得獎者可獲百萬日幣和獎狀，另有純金打造的獎杯，是一名女子手上高舉圓盤的優雅雕塑。這兩個獎並沒有任何評審員，而是由一整年全國觀眾的點播次數來決定，換句話說，獲得關東地區的日本有線大賞，並不代表一定能摘下全國性的全日本有線放送大賞，因為要在全年的觀眾點播次數統計出來後，次數最高的歌手才能贏得殊榮，完全不摻評審個人偏見，而是全國觀眾來決定的。

〈償還〉獲得兩項大賞之後，金牛座全公司上下都信心大增，一九八五年二月廿一日，他們再推出由三木作曲，荒木作詞的鐵三角陣容所合作的〈愛人〉，一開始就在日本廣播排行榜上締造連續十週蟬聯冠軍的紀錄，接著在五月廿日到八月十九日的當季有線放送點播率上，也創下連續十四週第一名的紀錄，年底的次數統計〈愛人〉在有線放送的點播次數竟然累積了高達九十五萬次，相當於六百多個點播站，每天都要被點播四、五次以上，這個數字簡直令人匪夷所思，年底進入紅白對抗戰時，她以一襲紅色薄紗的唐朝美女扮相來演唱〈愛人〉，更造成了讓人難忘的印象。

一九八六年〈任時光從身邊流逝〉同樣得到「第十九屆日本有線大賞」、「全日本有線放送大賞」、「日本唱片大賞」金牌獎和最受歡迎歌曲獎、最受歡迎歌星獎，順利的再度打入紅白對抗；算來，〈空港〉賣了約八十萬張，〈償還〉約一百五十萬張、〈愛人〉約一百五十萬張、〈任時光從身邊流逝〉約兩百萬張，〈別離的預感〉約一百五十萬張，這樣的銷售量對一個很少留在本地做宣傳活動的外國歌手而言，真是相當驚人哪！

鄧麗君在日本，寶麗多時期灌錄了一百五十首，在金牛座則有一百首，還不包括代為製作的中文唱片，這樣的生產量是驚人的，尤其是量豐而質也精，包括單曲唱片、大碟、紀念盤加在一起共有一百二十多張。在一九九五年五月廿日前估算是出了二千二百萬張，這是合法的出版品，如果再算上「盜版」就可能超過七千萬張，這樣的成績不只在日本，恐怕在世界也可能是紀錄保持人吧！

舟木社長算算鄧麗君這幾年一個人給金牛座所賺的就超過一百億日圓，即使是每張版稅要付她百分之二十的版稅，公司都還大賺。她去世的當天下午，全日本買不到一張鄧麗君的唱片，大街小巷的唱片行全被搶購一空，金牛座的辦公室幾個月下來，電話都沒有停過，全都是要求補貨再補貨的接單，那陣子，他們瘋狂的重出她的唱片，每次推出都被一掃而光，這樣的熱潮直到一年之後，才稍稍減退。

以一襲紅色薄紗的唐朝美女扮相來演唱〈愛人〉，登上紅白對抗戰。

完美告別
日本唯一超級個人演唱會

〈愛人〉一舉囊括了「第十八屆全日本有線放送大賞」、「日本有線大賞」、「有線音樂賞」和「最暢銷歌曲賞」等四大獎項，金牛座一看鄧麗君受歡迎的聲勢高漲，認為機不可失，開始計畫讓鄧麗君舉行一次盛大的個人演唱會。一九八五年十二月十五日在東京的NHK大會堂，一場定名為「ONE AND ONLY」的演唱會，未唱先轟動，門票在三天內銷售一空，入場券一張要五千日元，黃牛票更喊到每張三萬日元的高價，演唱會的大成功，更讓她的聲譽如日中天，金牛座光是為她辦的慶功宴就耗資千萬日幣，可看出他們對她的重視。

鄧麗君此時已站穩了名列前十五名明星的地位，她以純歌藝取勝，而像她這一類專唱抒情歌曲的歌手在日本最多，也最容易被淘汰。鄧麗君期待再給自己挑戰，她相信日本是給歌手尖銳競爭、不斷向上而保持成就的最佳地方，想要激勵不輟，就只有留在這裡接受挑戰。而她在日本最大的收穫，就是歌藝的精進與歌路的改變，她認為過去唱歌只想到唱好，不敢過分發揮自己，到了日本才了解所謂的「整體表演」的意義，她學會了放開自己而盡情表現，更收放自如，秀出自己的品味。

NHK這場演唱會的舞臺、燈光、樂隊、氣氛都是一流的，配合她穿著白紗新娘禮服的

演唱會上的造型，全出自鄧麗君的想法。

造型，她娓娓唱出一首又一首令人如癡如醉的歌曲，舟木社長和所有的工作人員在臺下看得眼睛發熱，掌聲像起伏的波浪在場內流動，熱情的觀眾情緒被她牽動著，她在舞臺上明亮照人，沉穩優雅，ＮＨＫ的全程錄影畫面，在她逝世後的每年都一定會重播又重播。令舟木社長感慨的是，當時他們把名字定為ONE AND ONLY，沒想到一語成讖，這場演唱會真的成了唯一的一次，令大家無限遺憾。

她的唱片製作人福住哲彌回憶當時和她合作，除了一九七九年到一九八〇年寶麗多時代所出的單曲，金牛座時期之後，在倫敦的錄音間製作六首歌曲，在POWER HOUSE共錄十首，在美國的華納影城錄製了二十二首，連在新加坡都曾錄製過十二首。他們合作的模式是很特別的，先由福住將所有資料寄到她的居住所在地讓她熟悉，正式錄製的時間往往被壓縮得很短，有時一天要錄上四首以上。她是一個非常能掌握現場的歌手，到了錄音間更能接近完美的唱出她的感情來，他們之間有百分之百的信任關係，她非常重視唱歌時的感覺，而且一定要求自己達到超水準的演出才罷手。

福住回憶他們的合作期間，讓他印象最深刻的是在錄〈愛人〉時，因為曲和詞的不夠配合，歌詞一共修改了四次，最後一次還是在成田機場以電話敲定，傳真修正版過來才ＯＫ。雖然練習時間很短，但是「她的表現真是沒話講，這是上天賜給她的天分。」福住回憶那次的錄音說：「有位叫作半田克之的錄音師，在第四次錄音完成的時候是邊哭邊錄的。」這個情形，福住看在眼裡自己都嚇了一跳，當時就知道這一張唱片肯定大賣，因為他是製作人，這首歌聽過很多次，感覺已經有些麻木了，但錄音師不同，他是第一次聽到，就能當場感動落淚，證明這首歌的確有讓人共鳴的魅力，除了鄧麗君唱得的確很好之外，也要感謝作詞人的雅量，包容福住以專業直覺要求他一再修改。

而他觀察鄧麗君的事先準備工作，她進錄音室前一定先做半小時的發音練習。她不是隨便練練，而是邊聽發音老師所給的錄音帶邊練，讓自己的聲音更好、更圓潤，這是他製作了這麼多歌手從來沒有見過的。一般而言，一首歌寫出來通常都由音準很強的人先帶頭示範唱，讓歌手記住旋律，再由福住告訴她正確的歌詞意義，讓她自己去揣摩要放入什麼樣的感情，舟木社長認為福住所做的歌詞詮釋是天下第一的，而鄧麗君的專業地方就在於能很快吸收他的詮釋，並抓住重點，做出正確的感情詮釋來，「她似乎比日本人還要容易領略日本文化」這是福住最佩服她的一點。

其次，她非常信任福住的感覺，在日本錄製唱片是唱歸唱，伴奏成音或和音效果另外再加上去合成在一起，歌手要依伴奏的不同，唱出貼切的感覺來，這點，鄧麗君也掌握得非常精準，因為信任製作人，所以他覺得不好，她不會再做自我的偏好或解釋，而是接受指導、努力改進，表現出她的特質來，她甚至也請福住來香港擔任她的中文唱片製作人。她說：「你不需要聽得懂中文歌詞唱什麼，只要直覺好不好聽，直接告訴我就行了。」就是這樣的信任，讓他可以盡情的說出自己的觀感，才能讓一張唱片因合作無間而臻於完美。

最高榮譽
從臺灣美空雲雀到全世界

「好女人。她不論從歌手的角度、從女人的角度看，都是一個好女人。」一語道盡了語重心長的結論，並認定她的歌聲自我屬性強，是流行歌謠演唱界不墜的聲音，因而被日本歌壇封為「鄧麗君演歌」，他相信這是對她至高無上的讚譽。

鄧麗君能在日本發展得如此成功，其實鄧媽媽並不意外，因為鄧麗君從小就愛聽美空雲雀的歌，熟悉她用鼻音哼唱的演歌技巧，這使得鄧麗君從小就愛學唱日本歌，成名之後也夢想過能在日本的紅白對抗賽出場。美空雲雀是她最尊敬的偶像，到了日本之後，在每次主持人介紹鄧麗君的開場白中，總是說：「歡迎臺灣的美空雲雀——鄧麗君出場」，事實上，她們的確有許多相同之處。

美空雲雀本名加藤和枝，從少女時代就出來賣唱為生，在日本戰後百廢待興、亟待復甦的傷痛裡，以女性的聲音撫慰了無數受創的心靈，因而縱橫日本藝能界卅載，無人能出其右。但她的感情世界卻是顛沛窒礙，她深愛著中村錦之助，卻遭對方母親反對，不許他娶歌女回家，而後，她不顧母親的反對，嫁給了當紅小生小林旭，可惜婚姻並不美滿，悒鬱寡歡使得她身染重病，才五十二歲就告別人間，留給日本歌迷無限懷念。

鄧麗君也是十四歲就開始正式登臺，以溫柔的歌聲為退居臺灣、重建國力的中華民國國軍打氣，歌齡同樣近卅載，歌藝更受到兩岸中國人的無上肯定，她唯一一次婚約也因為遭到男方祖母反對金孫娶一個歌女而作罷，直到四十二歲早逝，鄧麗君都沒有找到幸福的歸宿。她們都是讓人非常惋惜的一代巨星。

日本闖蕩多年，鄧麗君只有一次在電視臺的歌唱節目巧遇美空雲雀，鄧麗君先唱完，坐在觀眾席等候，美空雲雀出場演唱時，鄧麗君一直目不轉睛欣賞她的臺風，並用心聆聽。美空雲雀一唱完，她立刻筆直地站起來熱烈鼓掌，還默默地向她一鞠躬，美空雲雀莫名其妙地凝視著她，兩人無聲對視了一會兒才離去，這是她們唯一的交會，雖然短暫無聲，鄧麗君卻十分滿足。一九八九年美空雲雀逝世後，鄧麗君哭得很悲慟，特別唱起美空雲雀的招牌歌曲〈時光如逝水〉來紀念她，當時她痛惜美空實在去世的太早，怎麼也料不到自己竟會追隨在後，而且，比美空還要年輕十歲，就匆匆告別人間。

舟木認為把鄧麗君的成就侷限在「臺灣的美空雲雀」是不對的，雖然她們都是國寶級的藝人，但鄧麗君更是跨國界的。她逝世後的第二年，日本的《朝日新聞》破天荒為她舉辦了一次盛大的巡迴追悼展，過去，《朝日新聞》只做過像畢卡索之類的世界級名人，唱流行歌曲的歌星根本上不了檯面，這是唯一的一次，在日本人眼中看來，鄧麗君是國際級的藝人，也帶給日本人許多快樂與幸福。評價好、成就大，當時負責《朝日新聞》文化企畫局業務推進的松本拓生決定送出企畫案，雖有一些反對以盛大巡展來紀念鄧麗君的聲浪，但最後鄧麗君的魅力，還是為自己順利的爭取到追悼展的機會。

由於這個巡迴展在日本史無前例，松本拓生和新聞部的亞洲音樂評論家篠崎弘就展開了資料收集之旅，並與中村、佐井芳男等一行人特地飛到臺灣，來進行蒐尋工作，整理出一個正統的評價和報導來，並不惜成本將紀念冊做得十分精緻，書後還附上一片ＣＤ，找了許多重量級的音樂人來寫序。這次的展出，使松本拓生和篠崎弘的收穫很大，不但更了解鄧麗君的生平，而且在實務經驗上學習到許多個人經驗，展出風評非常好。

他們用短短一年的時間，把一天當兩天用，找到許多資料，在一九九六年的五月八日從橫濱出發，經過仙臺、福岡、名古屋、神戶等各大城市的百貨公司，做盛大的巡迴追悼展，原本以為事隔一年，人們會把鄧麗君給淡忘了，然而，事實證明，每天來參觀的人絡繹不絕，一天就可能超過上萬人次，在新聞時效上而言，人已過世一年，還有如此號召力是非常難得的，她的ＣＤ唱片、電話卡、紀念品等都大受歡迎，鄧麗君的弟弟那時到日本來，看到日本人排那麼長的隊伍來參加追悼展，心中感到非常安慰。

松本拓生常對篠崎弘說，辦這個展是他人生的最高潮，也是他一輩子最快樂的事，即使辛苦也一切值得，他感慨的表示相信佛家所謂的因果輪迴：「人生有正負法則，得到幸福較少的人，悲哀也會少，反之，經歷很多幸福的人，也許會以一般人無法體驗的孤獨方式離去；鄧麗君不是一個平凡的人，她嘗試比一般人更多苦難，才得到別人無法企及的偉大成就，又因這樣的大幸福而寂寞、孤獨的去世，這是一種平衡，這樣的說法可以安慰那些無法接受她猝然而逝的歌迷，這麼多年了，她一直活在人們的心裡，可見得她並不孤獨。」

是的，她一直活在人們心裡。一九八〇年停靠基隆港的荷蘭籍貨船船員特地跑到臺北購買鄧麗君的錄音帶；一九八一年，遠征日本的大陸桌球隊員，因飛機故障而迫降臺灣也趕往機場免稅商店搶購鄧麗君的錄音帶；從一九八〇年就深深對她的歌聲著迷的美國空軍退伍中校史蒂芬，用五年的時間周遊列國，尋訪鄧麗君出生地及曾走過的足跡；一九九八年底，韓國偶像團體翻唱〈甜蜜蜜〉而大為暢銷，馬來西亞女歌星也因走她的路線而竄紅；北韓的講習堂將鄧麗君的照片印製成紀念郵票卡設櫃發售，並播放鄧麗君的〈千言萬語〉以娛嘉賓；一九九九年荷蘭籍的爵士女歌手羅拉．費琪出了一張《絕代風華——獻給鄧麗君》的專輯，翻唱鄧麗君的兩首歌曲；一九九八年年底，泰國曼谷亞運閉幕式開場曲，播放鄧麗君的〈何日君再來〉並有超大螢幕放映，美國《時代雜誌》更報導鄧麗君是全球十大歌星之一。鄧麗君的歌聲傳入了全球上億人的心中，她的日本經紀人說得好：「她早已超越了臺灣的美空雲雀美譽，她是亞洲的鄧麗君，是全世界的鄧麗君！」

懷念深深
日本專業人士的印象評價

曾經為鄧麗君寫過七十首歌，有二十五首灌錄成唱片發表的日本音樂人三木剛，在我們專訪時非常激動，一直囑咐著一定要好好為她出一本傳記。「因為，她真的值得立傳，她的影響力是自然的，廣大的，少見的！」他盛讚鄧麗君擁有天生的美好嗓音，更可貴的是她成名之後，依然待人親切、溫柔，或許就因為如此細緻的心，使得鄧麗君的歌聲婉轉動人。雖然她很溫柔，但也有堅持的一面，譬如在錄音時，就嚴禁工作人員抽菸、喝咖啡、閒聊，她要求每個人都要敬業，而她自己對音樂的領悟性更是沒話說。

三木剛的表妹渡邊友子是一個爵士女歌手，也跨主持人、演員等多重領域，她認為鄧麗君教養好、聲音出色、身材也很棒，難得的是她日語流利，發音漂亮，完全是淑女的作風；一九九九年三木與渡邊友子帶著日本的歌友會成員來臺打高爾夫球，捐出善款為九二一賑災。這麼做，完全只因為臺灣是鄧麗君的家鄉，他們還為九二一製作了歌曲，在隔年的鄧麗君紀念音樂會上發表。

鄧麗君成功的「鐵三角」之一是作詞者荒木豐久，他是個飽讀詩書的人，所以非常敬佩鄧麗君的優雅文學素養，他在與她研究歌詞文義的時候發現，鄧麗君很用功，對文學的書涉獵頗多，不僅是了解自己本國的文學作品——唐詩、宋詞、元曲等，連日本的徘句、小說等文學也深入，讓他相當震撼。尤其可貴的是她非常的知恩、感恩，對於自己能在日本歌壇獲得好幾次大賞的空前紀錄，她從未居功，反而把成就都歸於兩位老師的作曲好、填詞美，人前人後都這樣說，這讓他們深深感動，他們從未在日本的歌手身上得到如此的尊重與敬仰，這讓他們深深覺得陪鄧麗君走過這麼一段燦爛的時光，是這一生所過的非常有意義也非常難忘的歲月。

負責經紀她的西田裕司，則從許多小地方看出鄧麗君的善良。譬如，有一天她和一名男歌手在電視臺合唱，那天她穿了高跟鞋，排演時，看來比男歌手還高了一些，畫面看起來有些不均衡。排練結束後，她默默地換穿了平底鞋，曳地的紅旗袍看不出她換了鞋，正式演出時，男女歌手的身高總算頗為相稱，她常會這樣不動聲色地為別人著想。

在全盛時期跟隨鄧麗君三年多的另一位經紀人赤阪雅之對她的評價是：「有禮貌、很親切，有自己的看法，並堅持己見。」他記得在ONE AND ONLY演唱會時，就是她堅持要穿白紗禮服。他們請名設計師為她製作許多款，讓她自己挑選，最後證明，這樣的造型非常成功；而她在十五週年演唱會上那勁爆的黑人辮子頭也是自己的構想，那種髮型在日本沒有人嘗試過，她想做，大家就努力配合她，效果果然也不錯；她不喜歡租用廂型車當休息室，非要他們去租沙龍巴士，那時，這樣的要求並不尋常，但是她會自得其樂；同時，她也是個率性而有趣的人。有一年，上節目時正逢中國的春節過年，她就叫了一大堆中國的年菜請大家吃。凡此種種的堅持，都說明了她的自尊、她的品味。而赤阪深深覺得，她的才華和特性應該是屬於舞臺的，在日本的個人演唱會只舉辦了一場，沒有做更多的發揮，實在是太埋沒、太可惜了！

她最後幾年的經紀人鈴木章代則認為，鄧麗君其實是個非常有創意的女人，她的造型設計多半是由自己決定，而且從來不假手於別人化妝，一切都自己來，只有身體非常不舒服的時候，才由別人代為化妝。她有一套自己的美容保養觀點，甚至還會自己帶髮捲來做頭髮造型。數年來，她從未看鄧麗君發過脾氣，跟隨她幾年，鈴木的眼光被她訓練高了，層次也提升許多。鈴木黯然地說：「我真的不是故意要比較，但是之後我再跟的歌手，每一個都很自然會被鄧麗君比下去，這讓我不時都想念著她，好懷念她啊！」

鄧麗君在好幾張國語唱片中的長笛配樂，是國內的資深長笛演奏家樊曼儂為她配的，大師級的樊曼儂也認為，她對音樂有相當的素養，音感很好，耳力也強。鄧麗君曾向佐井芳男的妻子萩原美智子學過鋼琴，也曾向塚田老師習過一段不算短時間的長笛，在舞臺公開即興表演起來還頗有架勢，她的專注和領悟力相當不錯。

美國葛萊美獎的製作人大衛佛斯特則表示，鄧麗君的聲音是與生俱來的美好，他製作過如席琳迪翁等大牌歌手，都沒有像鄧麗君那麼好的音質，他為她的早逝感到非常惋惜。

鄧麗君經常在演唱時，即興表演長笛。

曾和鄧麗君同臺演出的日本紅星都香春美，被譽為日本的「演唱天后」，她對鄧麗君的演唱風格讚不絕口，認為她清澈晶瑩的聲音唱出了女人的感情，這種聲音不但容易使女性感到被說出內心話的共鳴，而且可以深深打動男性。而她本人的舉手投足、一顰一笑都充滿了女人味，她的明白事理、進退得體更顯現了中國女子的優點。

另一位日本天王級歌手五木宏對鄧麗君更是心儀許久，他一直託荒木老師為他和鄧麗君寫一首男女對唱的歌，或是能安排和她對唱的機會，可惜這心願一直沒有達成，也永遠不能達成。在她過世後，五木宏用電腦合成的手法，剪接鄧麗君的演唱片段，和她合唱了一首〈任時光從身邊流逝〉，致上他的懷念和尊敬，期待與她以歌聲相逢。

同在日本發展的翁倩玉，是鄧麗君在日本發展時的親密戰友。她認為鄧麗君是個非常專業，而且工作態度嚴謹、敬業的好藝人，特別是她個性不藏私也不嫉妒，對人沒有提防心，是個很單純的女人。她為了幫助翁倩玉的發音技巧，還給過她一個有助於發聲練習的warm up錄音帶，她如今珍藏在身邊，睹物思人，惆悵萬分。

日本頗負盛名的音樂評論家中村東洋說：「亞洲有兩位值得學習的女性，一位是翁山蘇姬，一位就是鄧麗君！」他在整理她的生平時，越是了解她的背景，就更加欽佩她的為人。她的端正、純樸、執著造成她一直向上的成就，廿年多來只有進步，不曾停滯不前，她一無所有的踏進日本藝能界，而水到渠成、毫無勉強的成就亮麗成績，證明了她的努力和認真。

作曲家古賀政男說：「歌唱的天才是積存於民族之間數十年感情的噴火口，與天賦、血統無關，是沉默意志的表現，鄧麗君的歌聲就是如此。」原田廣志更表示：「與其說她是天才歌手，不如說她是天使。」

不論是天才歌手，或是天使，鄧麗君在日本都留下了最美的聲音，最好的形象。

鄧麗君在日本留下了最美的聲音，最好的形象。左為在日本劇場公演；右圖為在東京新橋市民會館演唱。

舟木社長無限感慨的回憶，一九九五年五月初，他和鄧麗君通電話，要把一筆為數可觀的版稅結算給她。那時，他們約定一個星期後見，他對她說：「無論妳在哪裡，我都一定會去看妳。」沒想到才幾天她的噩耗傳來，他在接獲電話的一個小時內都全身僵硬無法動彈，整個人如同被掏空了一樣，不能思想，有如失去了最切身、最寶貴的東西。

他從日本兼程飛到中正機場去迎靈，見到她躺在白棺木裡。那天，正好就是他們約定要見面的日子，他踐履了無論她在哪裡，都一定去看她的諾言，卻怎麼也沒有想到，會是這樣的，這樣與她會面……舟木社長的男兒淚毫不掩飾地流下來，他面朝著臺灣的方向，緩緩地、極其慎重地，來了一個九十度鞠躬的大禮。翻譯告訴我，舟木在向她致哀悼之意，我的心揪緊起來，一個老闆，一個日本人，一個忘年老友，面對著空氣深深彎腰的傻氣身影，讓我心慟，讓我心折……

舟木社長早已從演藝界退休，但他仍然義務的、無怨無悔地為鄧麗君服務。幾乎每年都幫她辦追悼活動；幫她盯牢公司該給她的版稅從不短少；提供任何來日本採訪她的第一手訊息，也按時送上她每年的版稅，特別從日本飛到臺灣，送到鄧媽媽手上，直到鄧媽媽二〇〇四年過世才轉交鄧麗君文教基金會；當年，公司為她寫好而未唱的歌，他保留著，再沒有交給別人來唱；而她生前逢人就介紹他是她「日本的爸爸」那信賴的神情，還清晰的在眼前，舟木對她的懷念只有與日俱增，這忘年之誼，成為他一輩子的榮幸，一輩子的痛。

第六章 海韻

女郎
妳為什麼獨自徘徊在海灘
女郎
難道不怕海上就要起風浪
啊　不是海浪
是我美麗衣裳飄盪
縱然天邊有黑霧
也要像那海鷗飛翔
女郎
我是多麼希望圍繞妳身旁
女郎
和妳去看大海
去看那風浪

鄧麗君赴洛杉磯開演唱會，也重拾書本，度過一段輕鬆自在的歲月。

一九七九年鄧麗君因為「護照風波」，被日本限定一年之內不能再踏上日本的土地，臺灣輿論界又對她多所苛責，她成了有家歸不得的驚弓之鳥。但那時她並沒有心慌意亂，和鄧媽媽商議未來該如何走下去的時候，她突然想到行李中帶有兩個月後在美國洛杉磯開個人演唱會的邀請函，促使她提早赴美準備。也許，這危機就是一個轉機，促使她把視野拓展到國際舞臺！她毅然由日隻身飛美，就像一個獨自面對海浪的女郎，不怕孤獨，不怕風浪，不怕黑暗，不怕夜霧，勇於奔向一個未知！

在洛杉磯住下來不久後，她進入加州大學修讀英文，她不再理會媒體對她的評價，投身異鄉，做一隻自在飛翔的海鷗，橫越了半個地球到太平洋彼岸，鄧麗君用歌聲安慰了海外的僑胞，用毅力重拾讀書的快樂，海外的生活對她而言，是新奇的、自在的，沒有壓力和綑綁，她活出自己的步調，唱出自己的海韻。一九八六年，鄧麗君被美國《時代》雜誌評選為「世界七大女歌星」，她的音樂成就已然被國際推崇肯定。

宣慰僑胞
海外巡唱榮耀而感動人心

事實上，鄧麗君並不是第一次到新大陸，早在一九七八年底，她就曾赴美於加州羅省音樂中心聖蒙尼加市大禮堂舉行演唱會，獲得如潮佳評。一九七九年四月在加拿大溫哥華開個人演唱會，在美生堂演出時座無虛席；讓她覺得在海外為宣慰僑胞而唱，非常有意義，因而充滿信心。

演唱會前後的日子充實而緊湊，她擬訂讀書計畫，用功地重返校園，享受做一名學生的單純，但也不忘準備好巡迴演唱的工作和錄製唱片的功課。四月下旬，香港寶麗金的唱片監製鄧錫泉專程飛到美國，在十天內錄完廿四首歌曲，狀況非常好，絲毫不受落到人生低谷期的影響，反而有擺脫束縛、重新來過的高峰期自在，人生的轉折真是讓人始料未及，「失之東隅，收之桑榆」，正是中國老祖先的處世哲理啊！

她先是如願以償進入南加州大學，在英文之外還選修了生物、數學，適應著寧靜的日子。

在美國的日子依然忙碌，和鄧錫泉錄製新歌。

平日在洛杉磯家中的生活照，看得出鄧麗君非常開心、放鬆。

為了在美國的演唱，也得專心排練歌舞。

純樸的學生生涯一直是她嚮往的，遠離鎂光燈的聚焦，遠離排得滿滿的宣傳行程，榮譽與名利不再打動她寧靜的心。年底，香港舉辦了第四屆金唱片頒獎，她同時有三張大碟獲白金唱片獎，另有兩張大碟獲金唱片獎，但她沒有參加；隔年三月，她榮獲金鐘獎最佳女歌星獎，也沒有返國領獎，還請家人把獎金代為轉贈給警察電臺的「雪中送炭」節目做送暖基金。

北美巡迴演唱的第一站在美國紐約林肯中心舉行，這個場地可是世界一線藝術家和藝人表演的地方，湯姆瓊斯、惠妮休斯頓等都在此演出過，而鄧麗君是到此開唱的第一張東方面孔，更創下讓全場票房爆量的空前紀錄。演唱會由《星島日報》主辦，會場內原本只有兩千八百個座位，臨時加了兩百個位子，開放售票之後，三千張入場券全部被秒殺搶光，僑胞的熱情讓她見識到海外同胞的愛國心。在唱壓軸時，她特別選了〈梅花〉要求大家一起唱，果然，臺上臺下一片同聲唱和，「梅花堅忍象徵我們，巍巍的大中華」凝聚了四海之內的中國心，她的熱淚忍不住滾滾而下，哽咽無聲的部分，都由觀眾的聲浪排山倒海的接續上來，那是一場令北美僑胞熱血沸騰的難忘夜晚。

在紐約林肯中心的演唱，感動無數僑胞。

七月廿二日下午，中美綜合娛樂公司特別選擇在唐人街的大吉飯店，為她舉辦了一場記者招待會，當時的紐約市長郭德華為了表達對鄧麗君的歡迎之意，特別由他的女祕書愛麗莎代表他，將一枚象徵紐約市的蘋果胸針，配戴在鄧麗君的左前胸。大家歡聚、暢談，留下美好回憶。

北美巡演的第二站是廿六日在舊金山的演唱，隔天再到第三站洛杉磯音樂中心（The Music Center of Losangeles）演出，這是奧斯卡電影金像獎頒獎典禮所使用的場地，她享受到廿八人管絃大樂團伴奏，同樣也是亞洲藝人在此演出的第一人！鄧麗君格外珍惜，格外審慎。同樣地，壓軸唱〈梅花〉時，鄧麗君依然感動得泣不成聲，氣氛感染全場。事隔廿年後，一位歌迷劉先生接受訪問時，還能鉅細靡遺地詳述當晚盛況，無限滿足的說，那晚是他生命中最感動、最難忘的一夜。

勇於向自己挑戰，而不與旁人比較的性格，使鄧麗君在灌錄每一張唱片時都全力以赴，期待唱片品質的獨特、出色與圓滿。她的「出色」，並不是指銷售量，而是唱片各個環節的整體表現質素。因此，她格外認真且嚴謹地與唱片公司的幕後工作人員通力合作，她深知一張好唱片的背後，是多少工作團隊同心合力的心血與努力。

有了這樣的認知和期許，鄧麗君便勤於譜練新曲，並嘗試使用美國的音樂總監、美式編曲方法和美國的和音隊伍，讓自己吸收別人的長處優點，再消化、吞吐，融會成自己的演唱技巧。這些點點滴滴的收穫，在一九八〇年二月十九到廿日於賭城拉斯維加斯演唱會上，看到了她的「突破」改變。觀眾熱烈的情緒，反映了她受歡迎的程度，遠從其他州坐飛機專程來欣賞的觀眾不計其數，現場也是加了兩百個特別座位迎合需求，仍然場場爆滿。

在熱鬧的賭城，沿途都有她的演出看板，穿紅衣、長髮飄飄的 Teresa Teng 巨幅海報，和美國著名影歌雙棲巨星法蘭克辛納區的秀檔海報並貼在一起，掛在大門口最醒目的地方，連同「恭喜發財」四個中文大字，壯觀而華美，聲勢浩大。還有鄧麗君照片所印成的宣傳小冊四處分發，同樣，在賭城，她也是能夠站在這豪華殿宇表演的第一位東方人。

兩個晚上的演唱造成凱撒宮夜總會的波波高潮，在拉斯維加斯作秀人氣超旺，氛圍一流，老闆為了慶祝中國的農曆新年，特別安排最好的春節檔期給鄧麗君，演出完美成功後，他喜不自勝地說：「鄧麗君在中國人心目中，就像芭芭拉史翠珊在美國人心目中的地位一樣，而以她所創造的盛況來看，鄧麗君應該可以被譽為凱撒宮夜總會演出以來最受歡迎的藝人。」

晚間八時的秀，六點就已經有人排隊等著入場，一位維持秩序的警衛在兩小時前看到 Teresa Teng 的綵排，驚豔地表示：「她這麼嬌小玲瓏，真看不出來有這麼巨大的魅力，吸引這麼多熱情的觀眾。」另一位警衛則讚許她的秀讓人魂牽夢繫，和平時在此地作秀的美國藝人大大不同。美國人的音樂、舞蹈都很高亢，觀眾又吼又叫、盡情吵鬧，然而這位東方女子的秀，則是輕柔的音樂、甜美的歌聲，臺下的人靜靜聆聽、專注欣賞，唱完之後的感動是繞樑不去的溫馨餘韻，這可是他當了這麼久的警衛第一次見到的情況。

鄧麗君開嗓的〈夜來香〉贏得滿堂彩，她溫柔地向爆滿的觀眾真摯地說：「因為有你們在，才能有我在，我們都源自相同的地方……」觀眾的情緒深受感動，她接著唱〈龍的傳人〉，唱到「黑眼睛黑頭髮黃皮膚」時，眼眶紅了，聲音哽咽，全場情緒也跟著沸騰。整個晚上，她展現了她的多元風貌，中文、英文、日文、粵語穿插表演，載歌載舞，更有膽量地接受觀眾的現場點唱。一對來自北京的夫婦點唱〈愛你在心口難開〉，因為是中翻英的歌曲，樂隊還能配合伴奏，隨後陸續點的閩南語歌〈燒肉粽〉、〈香港、香港〉、〈一水隔天涯〉等，樂隊都沒有辦法現場伴奏，鄧麗君就拿出她的絕活兒——清唱。沒想到，她的清唱讓人更清楚聽到甜美溫婉的音質，觀眾的熱情掌聲始終沒有停，如癡如醉，甚而全場和她一起激動落淚。

當她唱完〈何日君再來〉的謝幕曲，幕緩緩落下時，鄧麗君轉身朝向樂隊們深深一鞠躬，淚水不聽使喚地流下來，那是興奮，也是感激。淚眼朦朧中走向後臺，外國工作人員不約而同紛紛圍攏，擁抱、並恭喜她演出成功，還一再要她下次再來表演。緊接著，一些湧入後臺的歌迷也圍著她，個頭較矮小的鄧媽媽完全沒法兒擠過去招呼她卸妝，只見她一連迭的向大家鞠躬、道謝，一直抹去串串歡喜的淚珠……

空前的成功演出在媒體上被熱烈披露，夜總會特別為她開了一個祝捷派對，內華達州州長及拉斯維加斯市市長都到場道賀，拉斯維加斯市長鄭重地送給她一把象徵拉斯維加斯市的金鑰匙，感謝她所帶來的歡樂，並宣布鄧麗君為「拉斯維加斯榮譽市民」，祝賀、音樂與香檳的歡會裡，她充分感受到美國的國情民風那熱情、痛快的一面。

其中，她特別感動的是有位才廿出頭的美國青年，經濟能力並不好，半工半讀的積蓄夠票

凱撒宮大大的看板上，寫著Teresa Teng Show！

當晚鄧麗君載歌載舞，盛況空前，連外國人都吃驚！

一曲〈龍的傳人〉，讓臺上臺下都感動落淚。

價，並一路利用豎起大拇指搭便車的方法，千辛萬苦花了兩整天的路途，才輾轉抵達賭城。這讓她感動得說不出一句話來，拉斯維加斯的演唱成功，推出她演藝生命的又一次新高峰。

對她的演藝生涯幫助更大的不是票房紀錄，而是在拉斯維加斯演唱時認識了大鬍子、高個子的音樂家卡．蘇達（Carls Chreder）。他是賭城凱撒皇宮的音樂監督，在無數世界級巨星演唱會場居總指揮的要位，自然有相當過人之處。他認真指出她聲音運用的瑕疵，並指導她唱哪一個高音才不會讓聲帶容易疲勞，哪一個音還可以唱得更高更圓滿。他的細膩觀察和指導，讓鄧麗君心服口服，練習半年之後，音域果然大為改變，能夠更順利的運用丹田之氣，而且更能保護聲帶，使虛心受教的她感激不已，日後還特別在她「東南亞十五週年巡迴演唱」時，高薪禮聘他當音樂總監。

卡．蘇達很認真的為她設計演唱大綱，並在洛杉磯登報徵求和聲與舞群，一共各來了四百多人應徵，他們精挑細選錄取了三位和聲、四名舞者。和聲中有兩位黑人女歌手和一位美裔菲律賓男歌手羅拔．雅曼杜華。鄧麗君和卡．蘇達在洛杉磯租了個錄音室，每天一起練習、充分溝通，足足達五個月之久。香港紅磡體育館的演唱會在開演前兩個月，五萬張入場券完全賣光，羅拔．雅曼杜華深受撼動與感動，他對鄧麗君說：「我們幾個一直很好奇，妳的走紅到底會紅到什麼程度，現在我們才真正見識到，五萬多人專為聽妳一個人唱，讓我們感受到妳的強大魅力。作為一個歌手，這是我的奮鬥目標！」

在美國期間，她也加入了Rainbow Connection Studio，跟隨名舞蹈家布士希夫（Bruce

一九八三年的「十億個掌聲」演唱會，就是由卡．蘇達親自操刀。

Heath）學跳現代舞，每天習舞時間高達六個小時，從最基本的伸展動作，到排成整首歌的載歌載舞。她的腰肢靈活、筋骨柔軟，對韻律節奏十分敏感，每一次練習都痛快淋漓。她也請美國的名設計師比利威達（Bill Whit Ten）為她量身設計秀服，這位設計師一向都替好萊塢的大明星、大歌星設計服裝，鄧麗君共花三十萬港幣做了五套秀服，讓演出更有看頭。包括舞群及和音的服裝與髮型，她都細心搭配、用心打點，她一絲不苟的態度與自我要求，讓卡．蘇達大為讚賞，人前人後都表示：「鄧麗君是我合作過的眾多明星中，最敬業、對自己要求最嚴，也最親切可愛的。」那時候的她還不到三十歲，但在這位以嚴格出名的音樂人眼裡，她已超越許多巨星的風采。

鄧麗君的認真，讓外國人也刮目相看！

風靡大陸
引發越禁越愛的小鄧旋風

拉斯維加斯的演唱讓外國媒體一下子注意到這位臺灣來的出色藝人，當天就有不少報社來訪問她，甚至日後也有追到香港和臺灣來作專訪的。英國國家廣播公司駐北平記者傑西爾、《紐約時報》駐北平分社主任雷恩邀請到鄧麗君錄音訪談，並把她所清唱的〈中華民國頌〉歌聲發回倫敦，在電臺的世界廣播網作全球播出。

傑西爾與雷恩對鄧麗君的純樸、平實裝扮印象深刻，對她能不用翻譯，自己就能以流利的英文應答，也感到非常驚訝。過去他們對鄧麗君並不了解，是在中國大陸與泰、緬邊區採訪新聞時，發現當地十分風靡鄧麗君的歌，更由於鄧麗君的歌被大陸禁播，卻引發十億人口瘋狂愛聽，且與「老鄧」齊名而感到非常有興趣，很想進一步認識她。

他們詢問她為什麼大陸同胞喜愛她的歌曲？鄧麗君謙虛的回答，她並不知道自己在大陸受歡迎的程度，也沒有聽說「大陸白天是老鄧掌權，晚上是小鄧天下」的傳說，但她倒是收到不少輾轉從大陸寄來的歌迷信件。當然，她也聽說了她的歌被禁唱，只是不太能理解，她所唱的歌曲都是很乾淨的民歌、情歌，對政治其實並沒有多大影響，應該沒有理由禁播的。

《美聯社》記者在加州專訪鄧麗君，並發出世界傳真通訊，談及她的歌聲正熱火燎原般地傳唱於大陸，她十分驚訝，自己走紅的消息能從媒體上得知，對她而言是一種微妙的感覺。

鄧媽媽也回憶，那段時間，電視上不時報導這位臺灣女歌星走紅中國大陸的消息，因為鄧媽媽很少開電視，接到幾通朋友的電話後，半信半疑的打開電視，母女倆才看到真的是她！從來沒有強求，也沒有爭取或安排，甚至於是想都沒想過的事，她不敢置信自己在海峽對岸的影響力。

《芝加哥論壇報》的駐北平記者約拿旦．布羅德報導：「鄧麗君的錄音帶被偷偷帶進中國大陸，四處拷貝，祕密出售或收藏，證明她在中國大陸廣受歡迎的程度，鄧麗君的歌聲的確撫慰了大陸同胞心靈。」

早在一九七六年，《中國青年報》的記者關鍵就曾打電話到新加坡的家中專訪她，並祝她生日快樂；在大陸發行的新雜誌《大陸．臺灣》，也以鄧麗君的照片作封面；北平出版的內部刊物《青年參考》，更率先刊載鄧麗君生平小傳；屬於共青團的中央機關報《中國青年報》，找到鄧麗君在河北省的兩位姑婆來談談她，以及河北老家的事，做為主軸來穿針引線的報導也曾喧騰一時。

有一次，媒體傳出鄧麗君與大陸「往來密切」的報導，後來才了解原來是鄧麗君在加大上課時，恰巧時任立法委員的「亞洲羚羊」紀政到訪，接觸的學生中有幾位大陸留學生非常喜歡鄧麗君，就央求紀政代為引見。正巧那天鄧麗君有課，下課後被逮個正著，大陸學生欣喜若狂，鄧麗君又非常親切的和他們閒話家常，為他們簽名，並鼓勵好好向學，會晤了大約十分鐘左右，這些加大學生立刻把這段奇遇渲染出去，才有了「往來密切」的傳聞。

在一九八三年前後，大陸更積極的推行「清除精神汙染」運動，鄧麗君成為被鎖定的目標。她在內地的錄音帶全都被徹底清除，當局聲明如果發現有私藏，絕對沒收並且罰款。中共領導人認為鄧麗君的歌曲是靡靡之音，歌詞裡的「男歡女愛」是重大的精神汙染，於是發動傳播界展開嚴厲的批評。鄧麗君並不在乎這些批評的言論，反而很關心愛她的同胞，她透過電臺呼籲：「我希望大陸同胞不要因為聽我的歌曲被連累罰款，盡快交出所有的錄音帶，我個人日後在選擇歌曲方面，也會揀一些比較純正的歌曲，如小調之類的來演唱。」

小鄧旋風席捲中國大陸。

那段歲月，中國大陸剛剛走出文化大革命的精神緊繃，老百姓們渴望和平與安寧，鄧麗君毫無政治色彩的歌，鬆懈了長期在意識型態歌曲下的疲憊，而她溫柔的聲音也釋放了長久封閉情感的心靈，鄧麗君旋風吹開人性中最基底渴望愛與被愛的需求，這是政權難以鎮壓的，報章雜誌說她是「自由中國第一名登陸大陸的先鋒部隊」，她的錄音帶成千上萬的被要求寄到大陸，甚至有港澳地區報導：「在大陸，鄧麗君的錄音帶被列為男女嫁娶最受歡迎的聘禮或嫁妝。」

《今日美國》的記者尼爾．維諾卡爾調查了鄧麗君對中國大陸造成的衝擊，人們肯花費薪水的四分之一，向黑市購買鄧麗君的錄音帶；他並把鄧麗君在大陸所造成的轟動，歸因於人民生活缺少調劑。

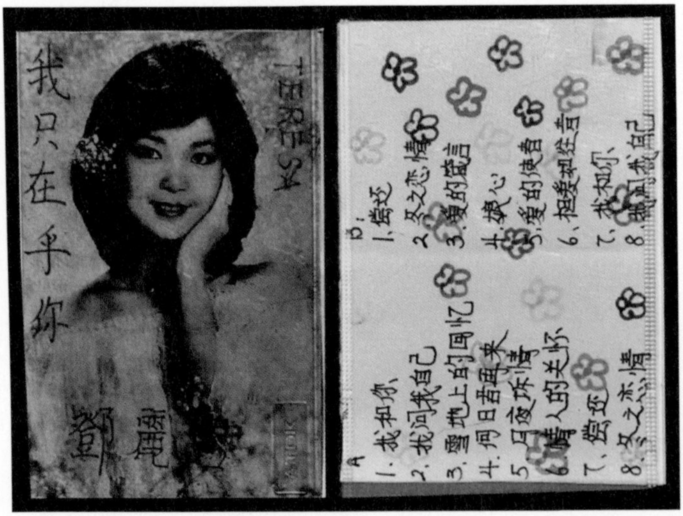

歌迷陳佳拷貝的鄧麗君歌曲錄音帶，還精心自製封面、封底。

直到一九八六年，中共的領導階層終於直接下令「平反」鄧麗君的名譽。此後，腦筋動得快的商人就培養了無數「代班人」聊慰歌迷，「北京鄧麗君」、「上海鄧麗君」、「廣州鄧麗君」接二連三登場。鄧麗君和家人認為能在精神苦悶的地方散播自由快樂的種籽，讓廣大同胞對自由中國的生活產生欣羡和嚮往，也很引以為榮。

鄧麗君旋風引起的連鎖反應，另一個可貴的附加價值，那就是在一九八〇年七月底《北京晚報》連續刊出「倖存者有責任講實話」專題報導，為〈何日君再來〉平反。〈何日君再來〉一度曾被定義為「漢奸歌曲」，並指作曲者劉雪庵是「漢奸文人」，《北京晚報》的記者沙青訪問了被人遺忘的作曲家劉雪庵，七十五歲高齡且雙目失明的老人家表示，〈何日君再來〉是抗戰時期電影《孤島天堂》的插曲，這部一九三九年在香港拍的電影，編導蔡楚生、藝術顧問歐陽予倩、製片羅靜予都是中共領導下的電影人員。影片中的四首電影插曲支支大有名氣，〈義勇軍進行曲〉被改編為中國大陸的國歌、〈流亡三部曲〉的第一部是中國名曲〈我的家在松花江上〉，經常被聲樂家拿來當藝術歌曲演唱，〈何日君再來〉更歷久不衰。經過這樣的披露，北京當局減緩了清算鄧麗君歌曲的步調，也不再整肅作曲家或演唱家，大幅度的修正嘉惠了視聽改革，鄧麗君的歌曲雖不能公開傳唱，也幾乎是默許了能「化明為暗」，轉戰到「地下」流行。

大陸愛君
催生懷念餐廳與紀念公園

隨著文革結束，尋常百姓開始能擁有錄音機，且不斷轉錄拷貝她婉約優美、溫暖撫慰人心的歌聲，傳唱之速之廣，連她也難以想像。不但模仿她的「小鄧麗君」紛紛出頭，春節聯歡晚會也熱烈邀請，只可惜為了種種因素無法成行。我特別感動於大陸享有高知名度的國學專家于丹博士的論點，她認為鄧麗君的歌不只是視覺的、聽覺的、心靈的，更可以是嗅覺的，每次聽她的歌就彷彿嗅聞到在學校大餐廳用餐時那特殊的飯菜香，餐廳裡播放鄧麗君的歌，是他們那個年代共有的情感記憶，美好而懷想不盡！

懷念的方法有很多種，可貴的是都圍繞著一個「愛」字！

二〇〇〇年的香港故居文物展讓人流連不去，二〇〇二年香港杜莎夫人蠟像展製作了鄧麗君蠟像在館內永久典藏；二〇〇四年的《但願人長久》鄧麗君傳奇音樂劇與在雲林舉辦的紀念文物展也讓觀眾眷愛思念不已；而杭州開設的「筠園小鎮」是鄧麗君的主題音樂餐廳；二〇〇五年《思君十年》更在全省掀起鄧麗君紀念文物巡展，特別是蘆洲的鄧麗君尋跡之旅、凱悅廳的《十光留世．儷影重現》懷念演唱晚宴；以及在日本上野所辦的鄧麗君博品展，讓大家看到各地君迷的懷念從未稍減而是年復一年的加深。二〇〇六年，鄧麗君主題公園催生，與蘆洲在地文化緊密結合，形成地方觀光特色，成為地方重要文化資產；同年，上海青

上海青浦福壽園的君風園，鄧麗君的白玉石雕像與竹風美樂長相伴。

浦福壽園區內設計了鄧麗君的衣冠塚及音樂紀念區，白玉雕成的微笑塑像及隨時播放的歌聲，讓大陸廣大君迷有了可供憑弔的地方；二○一○年，更將她的事蹟文物列入人文紀念博物館永久典藏，與百位黨政軍要、企業家、科學家、文學家、藝術家等對生命卓越貢獻的百位名人同列，可見她在大陸人民心目中已登臨國寶級的地位。

二○○八年《黑膠的異想世界——戀戀鄧麗君珍藏展》在臺北市政府的臺北探索館特展廳作長期展出；二○○九年，在鄧麗君的出生地雲林褒忠鄉，鄧麗君文化觀光協會也舉辦動態的音樂會及影音視聽靜態展出；同年，還有一件很窩心的事，香港甜蜜蜜新生咖啡店在她生日當天開幕，為愛推行「攜手扶弱」計畫幫助精神病康復者創造工作訓練及就業機會。在北京同樣以鄧麗君為名而開設的主題音樂餐廳，經常提供給君迷之家辦活動，一樓就是個小而精緻的鄧麗君文物館，來用餐的人可以一次飽足口腹與文化的饗宴；二○一○年的臺北國際花卉博覽會，在名人館有鄧麗君的歌聲與文物展，吸引海內外無數君迷來賞花賞樂。

不只以影視閱聽懷念她，基金會更在十五週年時，舉辦了一場「華語流行音樂對文化的影響與貢獻」研討會，邀請兩岸三地與日本的音樂人、媒體人暢談華語音樂，座上賓幾乎都以鄧麗君的歌曲作為華語流行音樂的代名詞；她所創造的音樂文化已然不只是一段屬於大家共有的記憶，而是那「臺灣起飛的時代」難忘的幸福象徵！

諸多紀念活動中，最值得一提的是北京松雷文化集團精心製作的《愛上鄧麗君》音樂劇，兩年來所到之處都造成空前轟動，製作人及藝術總監李盾在受訪時，十分感性的細數鄧麗君的歌聲陪伴他從青少年到中年成長歷程的重要影響力，提到她是如何「以歌聲教會了人們如何去愛」，這位性情中人還數度哽咽。

他做這一檔高規格的史詩般的音樂劇已不是為求名求利而做，是為傳揚鄧麗君的愛而做，他更以莊子所云「至人無己，神人無功，聖人無名」來盛讚鄧麗君的藝術成就在大陸民眾心

李盾談到鄧麗君對他的影響，落下男兒淚。

中的境界；這齣音樂劇如預期的火紅，也因為幾乎所有的團隊都熱愛鄧麗君，以全心全力燃燒全部智慧與能量來製作，目前已巡演了兩岸四地，未來還要再進軍歐、美、東南亞、東北亞……他深信所有華人都會在欣賞此劇時得到思念鄧麗君的寬慰與寧馨。

此劇的編劇是為李安寫《飲食男女》、《臥虎藏龍》和《色．戒》的合作夥伴王蕙玲；整齣音樂劇是聘請到紐約百老匯達日勒．沃斯特擔任音樂總監，卓依．馬可尼里做編排歌舞的導演，甚至舞臺燈光都從加拿大聘請太陽馬戲團的首席燈光師阿倫．羅爾帝來設計，演員更是從知名劇校千挑百選，要演出鄧麗君一角的女主角王靜與李爍更是從無數次試音、試鏡挑選出來。

小鄧的角色有成千上百人來應徵，我們一點也不訝異，幾次和歌友會接觸下來發現，大陸的「小鄧麗君」實在太多了，早期從田震、那英、毛阿敏、王菲，到王靜、趙雅宣、李一鳳、谷佳妮、趙紅等，多得難以數清；特別感動的是一位叫陳佳的新秀歌手，並不以模仿鄧麗君著稱，但這位九〇年代才出生的年輕人，卻從小喜歡鄧麗君，她拿出五、六歲所畫、所寫的鄧麗君名字及作品，學生時代就陸續蒐藏的唱片，滿滿一皮箱，那伴隨她成長的愛，真是深植靈魂深處！她這麼寫著：「小時候，很多的心裡話，很多委屈、心願、夢想，幾乎都是說給牆上的鄧麗君聽，在我心裡，她不是一個歌星，不是磁帶、唱片、ＣＤ中的一種聲音，也不是一個時代的符號，她就是我生命中一個從未離開的人。」

除了北京、杭州、上海之外，還有更多的鄧麗君主題餐廳還在規畫中，也有鄧麗君紀念公

鄧麗君的歌聲在君迷心中，已經成為重要的心靈依靠。

園和專屬視聽中心在設計中，大陸同胞對於這位改變他們精神生活的重要人物是如此愛戴、如此孺慕，無論她走了多少年，她的精神都與君迷同在，以她的毅力，她的努力，她的心力，她的影響力，支撐並帶引著滿懷希望，走向不可限量的美好未來。

美好時光
平實平淡的生活還她本真

從拉斯維加斯的盛大成功演唱會熱潮中回歸學生生活的鄧麗君，儘管開學以來就是接二連三的演出，但並不影響鄧麗君在加大讀書的興致。演唱完，她就認真準備學校的考試，課表排得滿滿的，選修經濟和電視編導課程，加上語文的適應力，讀得很扎實。她特別喜歡平實平淡的學子生活，喜歡輕裝走在加大紅色的古老建築物之間，也喜歡在連天綠蔭和青碧草坪上漫步，她覺得這樣寧靜的日子，真是享受。

在離學校不遠的平房，她和五弟長禧同住，最初是租房子，不久之後就在洛杉磯買下一棟房子。鄧媽媽很高興地陪著姊弟倆，照顧他們的三餐起居。鄧麗君喜歡開車，每天開著她的小車上學，幾分鐘就到學校了。她準備功課時頗為專注，因為還要灌唱片、開演唱會，讀書的時間很少，不認真可是不行的。至於休閒活動，她偶爾去釣魚，打網球，最喜歡的還是游泳。

長禧回憶他們一起在美國過的幸福時光，小時候，哥哥們陸續外出讀書做事都已不在身邊時，只有他和姊姊最親。他記得小學三、四年級時，姊姊常去勞軍演出，回家都半夜了，累得倒頭就睡，第二天又起個大早，在廚房坐在藤椅上，架一個洗衣板充作桌面，趕著功課。而今，時隔十餘年，又和她在一起讀書，心中的感覺非常特別。

長禧也爆料姊姊喜歡自己下廚做菜，卻是「有概念，沒技巧」，經常把廚房弄得亂七八糟，道具、剩菜一大堆，她還玩得樂此不疲。記得有一次，他和姊姊意見不和，兩個人一天都不講話，誰也拉不下臉來先開口。晚上，她炒好菜對著他的房間叫喚：「老五吃飯啦！」兩人對坐在桌前靜默許久，心中一陣感動，竟然不約而同大哭起來。他在那時更深刻了解，也許因為長年飄泊，她堅強的外表下藏著一顆脆弱易感的心，他深深知道，在許多地方，姊姊其實還只是一個小女孩。

這段日子裡，三哥鄧長富也赴美進修碩士學位。初到洛杉磯，鄧麗君開車來接，陪他買車、考駕照、看學校、更以十天的假期到舊金山及紐約附近的幾個地區走走。那年除夕，正逢三哥生日，她並沒有通知他，就自己買了菜，躲在廚房裡弄了大半天，三哥記得那晚她親手做了鮑魚、明蝦、排骨、牛肉和兩個青菜，豐富而可口，點上幾支蠟燭，開了一瓶好酒，兩人一起過新年，並祝他生日快樂。那一刻，三哥感動得無以復加，也是那一天，他才見識到小妹的廚藝還真不錯。

第一學期放寒假，他們相偕到雷諾塔后湖去滑雪，鄧麗君運動細胞很好，又有溜冰底子，

於洛杉磯家門前的草地上，愜意曬著溫暖陽光。

在洛杉磯家附近遊玩。

鄧媽媽也一起到美國照顧鄧麗君。

在日本也學過滑雪技巧，兩人玩得很開心。那時候，他才真正覺得這個愛瘋愛玩的小妹才是屬於自己家裡的，而她光芒四射的站在臺上，走遍各地異國揚名的時刻，則是屬於大家的、屬於全世界的。相較之下，在他眼前滑雪、炒菜、讀書、燈下說笑話的小妹，真實得多，快樂得多，只是這樣平實平凡的日子，她一生畢竟享受得不多。

除了在美國求學，一九八四年她也在英國待過一段日子，為了學習聲樂和發音技巧，也選讀一些她喜歡的文學課程，她非常沉醉其中。為了方便上學，鄧麗君租了一間寬敞的公寓，有可以開小型會議的客廳，有可以讓她一展手藝的小廚房，半樓中樓的型式，樓梯拾級而上

鄧麗君和五弟長禧同在國外讀書，共度了一段幸福時光。

三哥鄧長富在美國期間，難得與小妹有長時間相處，兩人都很珍惜。

是書房和臥室，可說是一應俱全。公寓離倫敦市中心約莫十分鐘車程，是個寧靜的住宅區，讓她安靜度過一段頗為沉寂卻怡然自得的歲月。

為了新唱片的灌錄，她在日本的經紀人西田裕司特地趕到倫敦去籌備錄音事宜，同時一窺她在倫敦的新生活，他形容「窄小的廚房裡，放著鍋、平底鍋、碗筷、調味品之類；書房裡橫七豎八放著書籍、筆記本、字典和文具；客廳窗前插著橙和黃等暖色系列的花，花旁放了些橘子和檸檬。可能她特別喜歡暖色的花朵和柑橘的果香，在她住的每一個家裡，都有著同樣的陳設。」

充滿生活味的溫暖居家感，和以往演出時都是住在大飯店的感覺完全不同，她每天自己動手調弄早餐，準時上學；放學後，也回家自己做晚餐，在家預習、複習功課，或看書、聽音樂，悠閒而自在。最重要的是她對這樣單調又充實的學生生活感到心滿意足。那時，她也在皇家蘇格蘭學院（Royal Scotland Opera House）學習發音技巧和如何擴展音域，對傳統歌劇和爵士樂也產生濃厚的興趣。

在簡單平靜的生活中唯一激起的浪花，就是租到她心儀已久的倫敦錄音室，當時，她曾經表示過希望能租用「披頭四」錄過音的ＥＭＩ公司亞比諾錄音間，西田裕司就立刻著手預約。錄音間的工作人員笑著說：「你們真是太幸運了！『披頭四』用過的這個錄音間，馬上便要關閉重建，你們是在這裡錄最後一次音的人。」

對於相當喜歡「披頭四」的鄧麗君而言，能在這間專業的錄音間擁有最後一次使用權，是最可貴的紀念，時間不早不晚，正是中國人所謂的緣分！她和所有進錄音間的工作人員都很高興，當然，錄製工作也因為她處在各方面的最佳狀況而格外順利，就這樣，「披頭四」全盛時期的錄音間最後一次錄音，就以鄧麗君的歌聲畫下完美句點。

歷經數劫
冷靜不懼地迎接命運挑戰

說鄧麗君在美國的學生生活平靜也未嘗全對，事實上，她歷經過幾次不平凡的劫數，都是在美國發生。鄧家的好友朱小芸透露出這些報紙未曾披露的內幕。朱小芸是一九七三年在日本開餐廳時，認識了鄧媽媽和鄧麗君，那時母女倆剛到人生地不熟的日本，吃住都不習慣，朱小芸給予不少協助，兩家從此成了好朋友。

一九七九年鄧麗君倉皇從日飛美，住在當時旅居美國多年的朱小芸家，剛開始上些校外課程。不到半年，她的英文就講得非常溜，可以自行搬出去住，那時，她和鄧媽媽曾在柏寧頓市買了一棟房子，家中還有保全系統，沒想到才住一個禮拜不到，有一晚回家，發現整個家都被翻過了，值錢的東西被偷個精光，還有一把刀插在枕頭上。當地警察還渾然不覺，母女倆嚇得不敢再住，連夜投奔朱小芸家，後來才在洛杉磯的ＵＣＬＡ附近另買新屋住下來，這是第一次的劫數。

鄧麗君旅居美國時期，有段時間住在朋友朱小芸家中。

另一回是在洛杉磯的住家，那時鄧媽媽已經回臺灣。有一天，鄧麗君的家門口被掛了一個袋子，裡面有四顆子彈和一卷錄音帶，錄音帶中是一個陌生男子的聲音，表示要敲詐十萬美元，要她自己開跑車把錢送到指定地點，且不得報警。鄧麗君當晚就離開洛杉磯、前往聖荷西，並聯絡當地的華人警察去處理這件勒索案，後來也就不了了之。

鄧麗君一直很愛開車，在美國開一輛小賓士。有一天晚上十一點，她開車到朱家去。在那不久之前，鄧麗君喚作林二哥的臺灣密宗大師林雲曾到美國，當時他說她近日恐怕會有劫難，給了她一支雄雞的羽毛避難。鄧麗君人才踏進朱家門不到兩分鐘，就聽到外頭一聲巨響，原來是三名喝醉酒的墨西哥人，把她的跑車撞得稀爛！如果早兩分鐘，她的人還在車內，後果真是不堪設想！

警察在半小時之後才趕到現場，三個只受輕傷的肇事者早就溜之大吉，那輛新跑車是花三萬六千多美金買來的，保險還沒過，光是修理就花了三萬多元，等於一輛新車的錢，保險公司的人苦笑理賠，並說如果人在車裡，絕對是壓成肉醬的，這一劫，她相信是林二哥的雄雞羽毛發揮了作用。

最恐怖的一次是，有一回朱媽媽到舊金山來，邀鄧麗君一起小住，玩一個禮拜。有一天清晨，朱小芸的朋友來舊金山，朱小芸開車出去接，大約離開家一個鐘頭左右，回家時發現家中被洗劫過。原來是來了兩名持槍歹徒，一個挾持朱媽媽在客廳翻箱倒櫃，朱媽媽帶來的鑽戒、手錶、皮包裡的現金，保險箱的美元全都被搶走；另一個到樓上客房去拍醒鄧麗君，搶走了項鍊和現金六百多元。鄧麗君表示不會報警，只要求他們放她們兩個人一條生路，歹徒於是拉斷電話線將兩人牢牢綑綁，反鎖在浴室裡，揚長而去。

朱小芸回來時嚇壞了，立刻報警處理，從浴室找到她們，鬆綁後兩人抱頭痛哭，警察找不到任何線索，徒勞而返。歷經電影上才有的搶劫過程，驚魂甫定的鄧麗君立刻拜朱媽媽當乾媽，患難之情讓她格外珍惜人在異國的友誼。

這些可怕的經驗讓鄧麗君對美國的治安非常不放心，即使後來買的房子在安全上比較放心，但她仍然沒有久居美國的打算。也因為治安問題，她日後選擇退隱的地點會捨美國而就法國，她需要的是安全與安靜，在美國的幾次劫數，更讓她覺得在自己國家的可愛和可貴。

一如獨自面對大海被海韻洗禮過的女郎，她帶著更勇敢的腳步，迎接命運的挑戰，她再度回到闊別一年七個月的臺灣，迎接她的依然是熱情的歌迷，緊密的行程和歡迎她歸來的聲浪，讓她重拾信心，護照風波的陰影，已被遺忘。

第七章

淡淡幽情

春花秋月何時了
往事知多少
小樓昨夜又東風
故國不堪回首月明中
雕欄玉砌應猶在
只是朱顏改
問君能有幾多愁
恰似一江春水向東流

正如這首李後主膾炙人口、淒婉動人的〈虞美人〉，我們很想問問，鄧麗君到底有幾多愁？但是人去樓空，欲問無從。每次聆聽她這首歌時，我都在揣測她自問的語氣。也許是不堪回首月明中，也許也是春水流暖了人們的心窩。她的歌聲曾被廣大的大陸歌迷及樂評家譽為「二十世紀最後的溫柔」，對於這個說詞，鄧麗君本人覺得比讚美她是「地下小鄧」還令她高興。

事實上，她一直以溫柔情愫，面對任何人、事、地、物。溫柔，但是嚴謹，這是她認真以對的工作態度；溫柔，但是有禮，是她並不強求的感情態度；溫柔，但是堅持，是她對自由人權的立場表態；溫柔，而且親切，是她待人處事的生活態度。因而，她的歌聲始終輕柔舒服，不傷自己的好嗓子，也絕對不傷別人的耳膜。她對唱歌的獨到詮釋，以及整個歌唱生涯中最特別，最可貴，也最讓人懷想的地方，對她而言，都不過是有如淡淡幽情般的哀矜勿喜，但在她個人的演唱生涯評價上，有些卻是永遠抹煞不了的，最明顯的就是她成就最高的個人專輯——《淡淡幽情》。

淡淡幽情
精心製作風評最佳代表作

鄧麗君一生所灌錄的唱片數字超過百餘張，是近代藝人所遠遠不及的，在所有唱片當中銷

售成績最好的，或是她自己最愛的是哪一張？我們不得而知。但從各方面來考量，風評最佳的應該屬於一九八三年二月二日在香港製作、由寶麗金唱片公司發行的《淡淡幽情》。

日本知名記者兼自由評論家有田芳生在鄧麗君逝世十週年出版了《我的家在山的那一邊》，書中描寫他幾次親自採訪到鄧麗君的互動，對於《淡淡幽情》也有相當高的評價與詳細敘述。他提及這張專輯原本的發想是經過許多波折的，當時，任職於廣告公司的謝宏中因熱愛古詩詞，而有了把宋詞、唐詩譜上現代音樂來唱的構思。還自己為李後主的〈烏夜啼〉譜上曲子，到處向音樂人提出這個案子，可惜大家興趣缺缺。一九八〇年偶遇鄧麗君，提出他的一腔熱誠，她立即向香港寶麗金的老闆鄭東漢表示自己有很高的興趣，他們三人加上製作人鄧錫泉，祕密企畫出想收錄的歌曲，找人譜曲編樂。兩年半之後，才推出這張重要的經典之作，也於一九九〇年在日本發行，被譽為「最夢幻的大碟」，受到日本知名音樂評論家中村東洋鄭重推薦，盛讚它是鄧麗君在音樂領域上最傑出的作品。

日本深入研究亞洲流行歌曲的音樂評論家篠崎弘，是亞洲民族歌樂研究所的教授，他對鄧麗君的《淡淡幽情》給予極高的評價，他考評了二十年以上的亞洲流行音樂之後認為，《淡淡幽情》是中國人的驕傲，值得誇耀，並且幾近完美的「絕作」。他相信，這是鄧麗君以責任心和使命感為出發點，花許多心血所灌錄的好唱片，不但詞曲俱佳，詮釋細膩動人，而且對中國文化的傳承極具意義，百年來的中外歌星，不論個人成就多高，能把民族文學的美感流行歌曲化，讓人同時體會嚴肅的歷史文化民族性與娛樂的大眾流行音樂性，而且賞心悅耳，只有鄧麗君做到這一點，這是非常重要的。

因此，如果要他以二次大戰以後的亞洲流行歌樂來作評選，《淡淡幽情》無疑地將被他放在最前面的位置，特別是它不以商業賣點為走向，不以狹義的男歡女愛來討好大眾，而是大膽嘗試永遠不會褪流行的中國古代詩詞，更是具有誠意和文化意義的一張成功製作。這在流行音樂市場不可多得，而且空前，他深深希望這不會「絕後」，但截至目前為止，他還看不到有哪一位亞洲歌手可以再做出這樣美好的作品。

《淡淡幽情》以古詩詞入曲，獲得極大迴響！

篠崎弘認為，中國、日本、韓國都是單一民族性的，有一脈相承、源遠流長的歷史文化，而星、馬、印尼、緬、越等都已成為多種族的國家，並沒有屬於自己歷史文化調性的文學出來，更別說是將古典文學流行音樂化。日、韓有屬於自己的歷史文化範疇，卻沒有審視它的重要性並予以考慮將它們流行化，隨著時代的變遷而漸漸失去了關切。

篠崎弘觀察亞洲近年的歌壇趨勢，由於資訊發達進而沒有國界的隔閡，自家的歷史文化有可能被重新整合，也更可能被遺忘。如果政治家提出重視文化的呼籲，而要音樂家來配合做出好唱片，對整個音樂市場而言會是個奇怪的要求，更有可能的是，年輕世代追求新潮、傾向歐美的心態，這樣具文化定位的唱片即使做出來，恐怕也賣不出去，又有誰會去承擔冒這樣的風險？空前絕後之說，也許會真的不幸言中，《淡淡幽情》也就格外可貴。

也因此，篠崎弘在各社區或校園演講亞洲流行歌樂時，一有機會就會提出這張唱片來作上課的視聽教材，告訴日本民眾在文化傳承上，流行歌樂可以扮演的重要角色，並稱讚這張中國文學流行歌曲化的示範唱片，是日本所不能、亞洲所不能，更重要的是她的歌藝的確耐人尋味、百聽不厭。他幽幽地訴說：「我常常一個人在夜深人靜時寫作，會習慣地一邊放她的歌，一邊寫稿子，那時，我的心頭非常寧靜，但是感情十分澎湃。一想到她已不在人世，我的淚就會不由自主的落下來，那些中國的古詩詞是豐富的養分，由她唱來，格外動人心魂。」鄧麗君逝世後的十八年來，他所期待的同性質作品始終未見，他心中也一直有著那淡淡的惆悵，深深的遺憾。

一時之選
共同成就傳世的經典之作

事實上，《淡淡幽情》的確也不負日本音樂評論家的盛譽，可說是流行樂壇非常驕傲的突破性創作，歷經整整兩年多的策畫和製作，集合港臺兩地流行音樂界的精英，如作曲的劉家昌、梁弘志、黃霑、古月、鍾肇峰、譚健常、翁清溪、陳揚等，以及負責編曲的盧東尼、陳揚、蕭唯忱、顧家輝，奧金寶、鍾肇峰等，都是一時之選。陣容非常齊全，可說是一群有理想、有抱負的音樂家在盡心成就一張可以流傳後世的經典之作。

他們集思廣益，精選十二首膾炙人口的宋詞，包括：李煜的〈虞美人〉、〈烏夜啼〉、〈相見歡〉，蘇東坡的〈水調歌頭〉，范仲淹的〈蘇幕遮〉，秦觀的〈桃源憶故人〉，聶勝瓊的〈鷓鴣天〉，歐陽修的〈玉樓春〉，朱淑真的〈生查子〉，柳永的〈雨霖鈴〉，辛棄疾的〈醜奴兒〉和李之儀的〈卜算子〉等，可說是古詩詞中朗朗上口的精華中之精華。

這十二首優美而典雅、深刻而雋永的宋詞，原本在中國文學史上就占有重要地位，經過千百年朝代興衰更迭，依然毫不沉寂的受到今人的眷戀。重新譜曲以不同的音樂編排去表達，更容易讓現代人接受而沉浸在古典氛圍中，而要理解詞境美意與詩人當時的心境，則必須靠鄧麗君以用心揣摩過的唱法，來引領聆聽者，導讀這頁融會中國文學與音樂藝術的浪漫結晶。

其中，選自蘇軾在宋神宗熙寧九年中秋夜，通宵狂飲，大醉之後所作的〈水調歌頭〉，是一首家喻戶曉的千古名作，道盡東坡居士在人生路途的坎坷、無奈、豪放、豁達與悠然自得。對經濟起飛、物質誘惑的時代生態環境，有一種探索自內心深處的質疑和感嘆，不自覺勾動一種自省的共鳴，因而引起現代人的共鳴。

歌名改為〈但願人長久〉，又合了當時人們尋求感情溫馨久長的渴盼，加上身為天主教徒的梁弘志沉潛用心的譜曲，當時他還只是個名不見經傳的大二學生，而編曲的蕭唯忱則是剛在臺灣冒出頭來的新銳編曲家，負責為這首歌鋼琴伴奏。他們兩位新派音樂工作者，用音符把詞意中的情緒、境界發揮得淋漓盡致，鋼琴串引著絃樂的高低起落，中段又以管樂過門，層次宕迭有致，風格清新、自然。

鄧麗君輕柔委婉略帶感傷的唱功，毫不刻意卻又悉透世情的神韻，更加探進靈魂深處，讓這張唱片的每一首歌，幾乎都能成為傳誦一時的主打歌曲，在任何場合都適宜播放，更適合靜靜地聆賞，往往令聽者動容，久久不能釋懷。

另外，樂器運用十分豐富的〈芳草無情〉，充滿管樂齊鳴的中國情味；〈獨上西樓〉是劉家昌式的曲風格調，起頭與中間安排了一小段清唱與獨白，她的聲音其實是非常適合清唱的，口白更因抑揚頓挫和感情詮釋得宜，而讓整首歌加分不少，確然收到了「別有一番滋味在心頭」的效果。

幽邈哀怨的〈幾多愁〉滿載亡國的傷痛，對一向非常愛國且對整個大陸政壇寄予深切厚望的鄧麗君而言，也能一抒關懷祖國，撫慰不能歸去的痛，恰能深深體會李後主的心境，她不徐不疾的含蓄唱腔表現，傳神道出了無可奈何的愁情，曲曲都詮釋得迴腸盪氣。

鄧麗君的歌唱技巧原本是毋庸置疑的，但音樂家們仍不免有些擔心她會掌握不到詞中韻味，因為傳誦千古的詩詞有一定的光芒，很容易將音樂性掩蓋，歌者若不能將詩詞的神髓詮釋到位，也會抹煞其間的韻味，而唱成一般的流行歌曲。事實證明，他們是多慮了，鄧麗君在事前比誰都認真的做足了功課，也比誰都用心去揣摩每一首歌曲所應傳遞的感情。

特地前往新加坡拍攝《淡淡幽情》。

好詞、好曲，徹底彰顯文學、音樂之美。

配合古詩詞，有各種不同扮相。

一九八二年，在新加坡拍攝《淡淡幽情》專輯。

好詞普及
推廣文化的用心難能可貴

鄧麗君從少女時期就非常喜歡詩詞，這些有名的宋詞更是她早就熟悉的，但她依然反覆深研唐詩宋詞的堂奧之美，熟稔詞牌的音節、字句和平仄、韻腳關係，還捧讀相關歷史文化背景去體驗古人心緒，完全融會貫通之後，灌進自己豐沛的熱愛感情，能放亦能收的把歌曲演繹得動人出色，使每一闋詞的意境，都能深入淺出的游走在鼓膜、腦海裡；不但保留原來古詞中的醇厚真樸情味，更能觸發思古之幽情，撩動「剪不斷，理還亂」的思緒，在更深人靜、萬籟俱寂時聆聽，總會心旌神盪，不忍入睡。

好唱片固然需要精心的製作、企畫和幕後眾人的智慧結晶，但更需要演唱者完全投入的賦予新生命。從一張唱片看她的敬業精神，她的扎實用功，她的勇於接受挑戰，她的敏於捕捉味道，點點滴滴促成她能成功且歷久不衰的原因。更別出心裁的是這張唱片在最初發片時的促銷手法，隨碟附送「淡淡幽情畫集」，由當代畫家單柏欽，根據詞意風格畫成十二幅浪漫的國畫，而攝影家林偉則以鄧麗君為中心，用攝影手法表現詞境，與國畫形成古今對比，別創新意。而林楓的白話譯詞，讓聽者對宋朝這幾位知名文學家的時代背景有所了解，在聆賞時就能深入體會詞中意境，等於藉著流行歌樂的容易深植與朗朗上口，彷彿上了許多堂「宋詞賞析」寶貴課程，這是課堂裡的教學效果所不能達到的普及啊！

我的四妹姜滿在俄亥俄州的社區大學裡教中文，那些中國太太以及ＡＢＣ（在美出生的中國人縮寫）的孩子對古詩詞文化都很有興趣，但學得很慢，吟誦得很不標準，背也背不起來。妹妹苦思良策，要我挑一些好讀一點的詩詞寄去美國讓她教學用。我靈機一動，就寄了一張《淡淡幽情》給她，不久她回電說，孩子們都學得非常高興，而且進步神速，每一首歌幾乎都能寫能讀，比她原先的教學方法快了好幾倍，並且央求她講這個「唱得好好聽」的女歌手故事給大家聽，可見小鄧的魅力老少通吃，無分國內海外。

日本音樂評論家注意到這張專輯，如此讚許中國古典文學與流行音樂結合的作法，並有鄧麗君的成功例子在前，我們為什麼不能再製作類似這樣有文化教育意義的流行音樂呢？是時空的因素使這樣的音樂失去市場？還是實在找不到另一位可以取代鄧麗君的歌手來詮釋古典文學的美好髓味？找不到願意再嘗試出這樣唱片的有魄力、有眼光製作人？抑或再沒有人有這樣的號召力，可以集合各界精英，重組一個幕後工作小組共襄盛舉？聲聲自問的同時，心神整個兒融在《淡淡幽情》的輕柔樂音裡，不由自主的為流行音樂的現況而發出淡淡的喟嘆。

《淡淡幽情》是鄧麗君遺留下來重要的嘗試成功作品，雖然不是為她量身打造，卻是由她介入極深的一張代表作；期待著日後有人循此模式，再找實力派唱將嘗試出版！根據有田芳生的書中透露，一九九〇年鄧麗君有出續集的計畫，專輯名稱是《春夢秋雲》，將收錄李白的〈清平調〉、元好問所寫的〈問世間情為何物〉等十五首歌，可惜詞曲還未全部敲定，她已芳魂杳然，這張無緣出版的唱片，真如春夢了無痕，秋雲無覓處。

時代歌后
與周璇相提並論的分水嶺

另一個不可抹煞的成就是：鄧麗君可說是整個流行歌曲時代的分水嶺代表人物。就像人們提起老歌的風華年代，就會自然而然想起周璇一樣，在戰後出生的這一代，提起流行歌曲就會自然而然想起鄧麗君，她儼然成為一整個時代的代表。旅法多年的知名聲樂家姜成濤對鄧麗君有相當讚揚的評價，他認為，三〇年代、四〇年代是屬於金嗓子歌后周璇的時代，而六〇、七〇年代的代表人物則非鄧麗君莫屬。

姜成濤對鄧麗君有如此深入的評價，並非憑空臆想，而是有真正的接觸和研究，兩人並且曾經有過一小段「胎死腹中」的合作演出計畫，那是在鄧麗君尚未赴日本深造之前，她是紅透半邊天的玉女歌手，他是赴國際舞臺聲名鵲起的國家級聲樂家。當時的名導演劉易希望拍一部民俗風味較濃的音樂歌唱電影，片名是《鳳姑》，並鎖定了一個是小調唱得有味道，一個是民謠唱得呱呱叫的兩人擔綱男女主角。鄧麗君當然非常有興趣，馬上就進入錄音室作男女對唱的試唱，聲音搭配得十分完美，案子就這麼敲定了。

歌劇式的音樂片並不同於搞笑式唱唱跳跳的歌舞片，是要經過審慎企畫的，作曲、作詞都是一時之選，詞譜都填好、編好，送到文建會審查時，卻不知為什麼耽擱下來。當時的電影必須通過文工會黨部，好像有些必須暫時擱置的理由，中影不敢貿然開拍，熱頭一過，音樂監製和藝術指導都打了退堂鼓，這部片子也就不了了之，合作雖然不成，姜成濤卻對她的聲音留下深刻的印象。

姜成濤是個學聲樂、搞正統音樂的人，也一直都在美聲唱法的領域中，和流行音樂的路子大相逕庭，但他認為鄧麗君控制聲音大小以及轉音的技巧很好，放入感情的唱法也很正確，她的演出有著一半流行歌曲、一半藝術歌曲的味道，很多他所見過學聲樂的人都無法做到她的聲音表情，甚至於有些當了聲樂家，都還不能對音樂詞曲的感情達到收放運用自如的境界，那不是老師教得會，也不是經由學習可以得到，而是天生的敏慧和後天的環境所造就的。在他研究近代流行歌樂的專業分析中，他可以斷言，周璇和鄧麗君足以擔當劃分時代的一代歌后地位。

仔細研究這兩位「一代歌后」，還真有許多相同之處，周璇的聲音甜美，感情充沛，身世坎坷而感情生活幾乎繳了白卷。從小賣給人當養女，受盡欺凌，後來，進入明日歌舞團又慘遭負心男子的欺騙、壓榨，最後受不了精神打擊而瘋掉了；同樣地，鄧麗君從小就開始走唱生涯，年紀輕輕就跑遍世界許多國家，生命歷練非常多，生活感受特別豐富，看盡人情冷暖和人生百態，在感情路上也同樣走得並不順遂，遇到歌詞中的意境，便能揣摩得八九分。而吞吐出這麼動人的聲音，兩人都是先有個人遭遇，衍生深刻感受，才有完美的詮釋。

愛情，是好東西，是生命的原動力，有愛情固然值得歌頌，就像對大自然的發自內心的歌頌一般流暢，但是沒有了愛情，同樣能激發心底最深沉的寂寞與悲哀，那種不欲人知的辛酸，會昇華一個人的感情到藝術的境界。周璇和鄧麗君都做到了這點，尤其是鄧麗君的歌域很寬，能唱的不只是小調，觀眾的接受度就大幅提高，使她的歌歷久彌新、百聽不厭，就連學聲樂的人都想學習她的若干表達技巧。好聲音就是好聲音，是一聽就知道的實力，完全不必矯揉做作，才會讓人聽了舒服。

鄧麗君是足以代表一個時代的一代歌后。

大陸剛開放不久，姜成濤曾多次走訪大陸，發現鄧麗君的「山寨版」錄音帶不僅是沿海幾個大都市如：上海、廣州、青島、瀋陽盛行，內陸的北京、天津、重慶、西安也都被征服，就連到西藏拉薩都有！街頭擺的小攤子上全都是她的錄音帶，街上門戶裡傳出來的，飯店招待處全天候播放的，借住在朋友家中聽來的，全都是鄧麗君的歌；至今，他還未在港、臺、大陸或海外任何一個地方，發現有這樣會應用豐沛感情的聲音，這是她最雄厚的本錢。

鄧麗君和周璇同樣是天妒紅顏的奇女子，但兩人能成為劃時代的代表人物，並非在於生命存活的長短，而在於貢獻力量的震撼。能引起這樣沛然莫之能禦的震撼，和當時代的流行歌樂文化背景息息相關，個人的力量固然是有魅力，有獨到之處，但時代的推波助瀾，也不可輕忽。

周璇所處的時代是在戰亂夾縫中，從紛沓多事之秋，好不容易有一點點可以喘息的空間，人們在十里洋場的上海、洋人眼中所謂的「冒險家的樂園」，尋求繁華所帶來平安無事現象證明，渴望著從此歌舞昇平，把對戰亂的恐懼移情於對及時行樂的把握，而開啟了一頁「百樂門時代」的時尚音樂。此時，周璇用她清亮、獨特的嗓音，撫慰了人們心靈的茫然，無所適從和不確定感，也用像〈天涯歌女〉、〈何日君再來〉、〈漁家女〉、〈天上人間〉等小調曲風的溫柔，讓人們沉醉其中，忘卻連年征戰的痛苦。

鄧麗君的時代雖然比周璇要來得幸福得多，但是戰爭的陰影並未遠走，而且一再影響著政治生態，加上退居海隅強烈的不安全感，使得人們轉而追求經濟的發展，在快速的努力裡累積了經濟奇蹟的成就。然而，物質追求越烈，心靈空虛便越甚，歌聲就是撫慰人心最好的治療劑，在那一段新舊交替、閩南語與國語相互較勁的時代，出現幾種型態的閱聽人，可巧的是這幾種人都不約而同的愛聽鄧麗君的歌。

其一是從大陸來的老兵、眷屬和他們的後代，他們從政府播遷來臺就守著收音機聽老歌，覺得在歌曲中有和老家緊緊相依的聯繫，年輕的歌潮湧入市場，他們不屑於聽那些不夠含蓄的情呀愛的，嫌肉麻、太直接，而此時鄧麗君剛出道，能唱老歌、小調、黃梅調，正對了他們的胃口，〈夜來香〉、〈何日君再來〉、〈嘆十聲〉、〈恨不相逢未嫁時〉等，比原唱人唱得更有味道，一些思鄉情切的，受到精神迫害或生活上多所委曲的……只要聽她的歌，心靈就能平靜撫慰，很自然的產生共鳴，歌聲把人們的同理心串聯在一起，鄧麗君的老歌成了金字招牌。

其二是生活寂寞、嚮往純純之愛的年輕人，他們在情竇初開、情欲自由的風潮裡，接受全新的、開放的、勇於傾訴的愛情觀，瓊瑤似的愛情強力撞擊了渴望真愛的心靈，加上一連串唯美派的電影推波助瀾，每部電影的幕後主唱幾乎都是鄧麗君包辦，〈雲河〉、〈千言萬語〉、〈海鷗飛處〉、〈小城故事〉、〈在水一方〉等，都輕易擄獲少年心。

校園民歌風潮，鄧麗君也未被摒除在外，她翻唱蔡琴風靡一時的〈恰似你的溫柔〉也頗受歡迎，一些有民歌曲風的〈原鄉情濃〉、〈奈何〉、〈我心深處〉，還有充滿愛國情操的〈梅花〉、〈中華民國頌〉，有小調韻緻的〈南海姑娘〉、〈小村之戀〉等，以及《淡淡幽

親切甜美的歌聲，讓鄧麗君的歌迷橫跨老中青三代。

情》裡成功的古典文學流行歌曲化，都深深打入年輕人渴望淨化流行歌樂的改革心，〈月亮代表我的心〉更成了她的招牌歌，人們連原唱者是誰都想不起來了。

第三種是熟齡人口，事業有成、婚姻和愛情面臨考驗，愛著傳統禮教的束縛不能為所欲為、愛所敢愛，心中有愛亦有憾，不知如何排遣，這種型態在日本最為嚴重，鄧麗君的〈愛人〉、〈償還〉、〈誰來愛我〉、〈我只在乎你〉、〈酒醉的探戈〉等，就唱到了他們的心坎去，這些中年歌迷反而比年輕族群更死忠。

另一種可能比較意想不到的是臺語歌迷，在日據時代的臺語歌謠幾乎是悲情歌曲的同義字，期望著光復後的臺灣帶來榮景，百廢待舉的生活艱苦可想而知，〈雨夜花〉、〈碎心戀〉、〈補破網〉、〈燒肉粽〉都是當時生活的寫照，反映出時代的悲歌來。這些臺語經典民歌經過鄧麗君的翻唱，有了不同的味道，抽離悲苦的成分，帶來溫厚的撫慰，一些年齡層大的阿公阿媽都嘛愛聽，稍晚期的〈阿媽的話〉、〈四季紅〉、〈青春嶺〉更打破了悲苦的模式，導入輕快、活潑的旋律，使鄧麗君擁有一般國語歌手比較難擁有的廣大閩南語歌迷。

有了這樣堅實的聽眾群，幾乎是概括了整個時代的男女老少，她能夠成為一個劃時代的人物，也就不足為奇了。

寰宇傳唱
擁有地球村國際觀的藝人

而以同樣的道理，鄧麗君會粵語，唱紅不少廣東歌，又用國語、印尼話分別詮釋了印尼民歌〈甜蜜蜜〉，成為她另一支招牌歌。而在新加坡、馬來西亞、越南、泰國、印尼等地演唱時，每次的作秀代表團裡，也只有她能唱一兩首當地民謠，或以當地語言翻唱的國語歌曲，贏得當地聽眾的共鳴和好感，換得如雷掌聲，這不是譁眾取寵，而是她的國際觀。

如果遊歷過泰國的人就會發現，泰國的餐館經常播放鄧麗君的歌，華人多的地方是播國語的，華人少的地方就是泰語發音的鄧麗君成名曲，特別是在泰北，村落裡僅有的四、五家餐廳，天天都播放她唱紅的歌。為什麼鄧麗君的歌能在她過世多年後依然如此走紅異國？因為，她一直認知到好聽的歌是沒有國界的，過去姚敏的〈第二春〉能被改編成〈蘇絲黃的世界〉走紅好萊塢，西洋大量的情歌被翻唱成國語，韓國的〈阿里郎〉、馬來西亞的〈娘惹與峇峇〉都是傳唱半個地球的好歌，她會排除萬難的錄製印尼歌曲的唱片，也是同樣的心理。

鄧麗君在日本的演唱會，常常是中文、日文、英文輪番登場，不管觀眾來自哪裡，都聽得到自己熟悉的歌，往往在演唱會結束之後，所有的觀眾會不約而同的起立鼓掌，持續數分鐘而不歇。日本唱片公司的經紀人說，在那個年代，這樣全方位的歌星非常少見，在演唱會中能讓大家不約而同起立鼓掌的，也並不是常有的現象，日本人一向不太表達自己的熱情，只有鄧麗君的演唱能造成觀眾這樣的忘情支持，這實在與她所選的曲目和使用語言的多樣化大有關係。

同樣地，她在美國、加拿大的演出也造成盛況空前的情景，不論從那個角度來看，她都以優異的語言天分，開拓了自己更有能耐成為國際巨星的視野，早年不斷努力於學習各國各地民謠歌曲的風格，使她很早就成為聲名遠播的地球村人，她四處為公益而演唱，將酬勞全數捐給當地的行事作風，也充分顯示她不分疆界的關懷心。

我們幾乎可以說，她不只是屬於中華民國的，而是屬於全球華人，甚至是全球人的！因為她的歌聲曾這樣無遠弗屆的撫慰過成千上億人口，直到現在都傳唱不已；她的慈心嘉惠過世界許多角落的失學失依兒童和貧病孤老，她的故事更讓喜愛她的歌迷們願意追隨她的腳步，完成她的遺願，而在全球各地努力的因她的名而貢獻著，這份影響力是任何藝人所遠遠不能及的，無論她在世，或是已遠走。

第八章 君在前哨

今天我把歡樂帶給你，
謝謝你把溫暖送給我；
我有了你在前哨保護我，
為了你，
我會珍惜我。
有時我也問白雲，
有時我也託藍天，
向你問候……

在所有鄧麗君的歌曲裡，有一條歌絕對是空前絕後，沒有人再能翻唱的，那就是為她量身打造的〈君在前哨〉。歌名既然是「君」在前哨，不是「君」的人自然不敢「掠」唱，唱出來的味道也不會是那個親切如鄰家女孩的問候、對語了

量身打造
沒有人能替代的一首絕唱

鄧麗君是流行歌曲時代來臨之後，勞軍次數最多、規模最大，而走過的前線最偏遠、最危險、占幅最廣的一位。她的勞軍紀錄至今也沒有人能打破，數十年來被譽為「永遠的軍中情人」實至名歸，在談及她的特殊成就時，不妨先來談談〈君在前哨〉這首歌的背後深意。

〈君在前哨〉是鄧麗君一而再、再而三唱給國軍弟兄們的承諾，每當在勞軍的場合，她輕輕唱起〈君在前哨〉時，都令所有弟兄覺得她是在單獨為自己而唱，她自己也會被國軍弟兄的熱情感動得數度落淚。她曾對媒體記者說，〈君在前哨〉不只是勞軍才「用得到」

鄧麗君是三軍將士「永遠的軍中情人」。

的歌，而是她時時刻刻懸念著的心聲，有時她在電視上看到國軍救災，或是演習、校閱的畫面，都會忍不住在心中唱起這首歌，她的心，其實常常「君在前哨」。

勞軍的場合不是常能安排，鄧麗君是冰雪聰明的人，她非常了解，只要她點頭說願意勞軍，整個籌備過程中，不論是本島或外島的基地，都會整個確實動員起來，打掃的打掃、布置的布置、準備住宿和用餐的、準備接待和綵排的，常常一忙碌就忙個好幾週，這點讓她分外不忍。她覺得勞軍本是好意，勞軍成了「勞」動軍隊，美意就會打折扣，她可不希望她心愛的國軍弟兄太勞累。

而今，即使愛聽她歌的國軍並不在乎因她的到來而忙碌，卻永遠都聽不到她本人優雅的歌聲。〈君在前哨〉是大家朗朗上口的歌，她一開口，臺下就會跟著輕輕唱和，是她和國軍弟兄們溝通的旋律，然而她卻不夠珍惜自己，捨下三軍歌迷而去……也許，她託了藍天，也許，她也託了白雲，依然在天上關懷、問候著國軍弟兄們，只是誰能再切身感受到呢？

一位陸軍上校是她的忠實歌迷，在靈堂鞠躬時，不顧自己穿著肩上佩滿梅花的軍服而泣不成聲，他感嘆的說：「她自己說好為國家要珍惜自己，為我們要珍惜自己的，為什麼沒有好好照顧自己？」心疼與不捨，溢於言表。

為什麼？已經是沒有答案的問題，但這首〈君在前哨〉將成為這一代軍人對這位永遠的軍中情人最後的懷念，因為，E世代、N世代的小弟兄不會再知道曾有一位愛國藝人這樣真心誠意、不為打歌、不為知名度的捐輸過自己的熱情。別的藝人則不敢唱此「君」的專屬歌曲，這首歌將成為絕響，那穿著海軍水手服和弟兄們勾著手臂唱歌的鄧麗君；穿著迷彩服、頭戴鋼盔，穿梭草叢中的鄧麗君；穿著空軍橘色飛行衣與大家擊掌的鄧麗君；戴潛水鏡、穿著蛙兵白T恤、白靴的鄧麗君；在金門馬山喊話站向對岸溫柔召喚的鄧麗君；在醫院輕聲細語問候病患的鄧麗君，在海邊為站崗弟兄溫柔拭汗的鄧麗君，點點滴滴都深深埋入人們的心中……

前哨依舊有這麼多令她記掛的弟兄，然而，君在何方呢？

前哨依舊有這麼多令她記掛的弟兄，然而君在何方？

六歲登臺 創下勞軍史上最低齡紀錄

說起鄧麗君的勞軍史，大概會把所有人都嚇一跳！

身為軍人的女兒，成長在「管訓」嚴格的家庭裡，鄧麗君的有禮、嘴甜，街坊鄰居都有口皆碑，說到她的穩健臺風，更可歸功於她歷史非常悠久的勞軍史。小時候她學起老歌來是有板有眼、不走音、不忘詞，難得是字正腔圓，每天哼啊唱的，逗她唱，她從來沒有扭捏過。才六歲大的娃兒，就被李叔叔用腳踏車載著到九三康樂隊去練唱歌，反正她愛唱啊！這女娃可愛得緊，又乖巧，就帶著她跟著九三康樂隊四處去勞軍了。

李成清是九三康樂隊的士官，也是鄧爸的小同鄉，非常喜歡鄧麗君的聰明伶俐，當時她已顯露出歌唱的天分，只要收音機放出來的流行歌曲，聽過三兩遍就會跟著唱，對當時最流行的黃梅調，更是輕而易舉、朗朗上口，不懂得男歡女愛，也不懂得黃梅調的歌詞意義，卻唱得字正腔圓。

李成清擅長拉二胡，一聽她的歌聲就知道絕對是個可造之材，立即拉起二胡為她調音，那是鄧麗君的歌唱啟蒙，不到短短一個月，她就能跟著節拍字正腔圓的唱許多首歌。當時，她正式學唱的第一首歌就是〈何日君再來〉，似乎在冥冥中注定了她日後會以這首歌被定位，甚而紅遍寰宇。

所謂勞軍，還真的是純勞軍，六歲的她登臺勞軍，是一點報酬都沒有的，頂多混點糖果、餅乾吃吃，但熱烈的掌聲阿兵哥們絕不吝惜。她也非常陶醉於掌聲中，唱完一定要等掌聲，沒有聽到掌聲她可不下臺，直到掌聲歇了，她才覺得自己的任務完成，高高興興的說聲謝謝，然後領些點心吃，如此而已！之後每年都有一些陸陸續續的表演活動，沒有成家的阿兵哥很自然而然地把她當自己的女兒看待，凡是九三康樂隊走過的勞軍行程，只要是方便，都記得帶著她，儼然是隊上的小小臺柱。

李成清帶著六歲的小鄧麗君，到外島勞軍。

這樣「打點式」的勞軍並非經常性的，鄧爸並沒有很反對，那時治安也好，同袍之間領著小孩子出去不會不放心。李叔叔常帶回來新的歌，唱片一放，或者胡琴一拉，新的歌就教給她，說也奇怪，完全不懂歌詞是說什麼的她，往往只要聽三、四遍，就把詞曲都記起來了，再擺好樣子唱幾遍，完全是大將之風；連鄧媽媽都奇怪自己怎麼生了個對唱歌這麼有秉賦的女兒。

小時候勞軍，她會唱做俱佳的邊演邊唱〈採檳榔〉、〈鳳陽花鼓〉、〈扮皇帝〉等，以及一些可愛的介於兒歌和流行歌曲之間的老歌，如〈泥娃娃〉、〈小木馬〉、〈茉莉花〉、〈當我們同在一起〉等，一邊唱，一邊還自己發明動作，不是扭腰擺臀，而是有韻律感的打拍子，不少人認為這女孩真是個天才。鄧爸卻一直擔心她可不要沾染了歌舞女郎的小大人樣子，有時也會不斷提醒她。

通常，她在勞軍之前會先把學會的歌拿來「勞友」，原來，鄧麗君小時候也有一批「死黨」好友，像現在還住在蘆洲老眷村的胡曉珍、李明玲，已經搬走的裴阿鳳和吳舜娥等，一票子男男女女總有十來個，李成清老師剛剛教會的歌，她當天傍晚就會在僑大先修班的空地上唱給大家聽，每次都圍了一大堆人，她從來沒被人多嚇倒過。

有時還一邊沿著池塘、菜園、果樹園、操場邊走，邊唱著：「淡淡的三月天，杜鵑花開在山坡上，杜鵑花開在小溪畔，多美麗啊……」所以她的新歌有一幫固定先聽為快的小朋友先評斷，有時還會幫她出主意，手要怎麼擺，腳要怎麼站，她的童年歡笑，有八成都與唱歌有關；主日，大家一起結伴去天主堂上「要理班」，在聖詩班裡，每次要教小朋友唱聖歌，都由她先學會唱，再來帶動其他小朋友；蘆洲國小教音樂的劉貳洋老師也是先叫她當小老師，每次都示範唱，那時全校的音樂課是集中在一起上的，一個星期才一堂，那整整一個小時，就是鄧麗君最快樂的上學時光。

隨著九三康樂隊四處勞軍，臺風穩健。

黃土地上
席地聽歌是當兵最大享受

八歲，別的小孩還在爭寵吵鬧時，鄧麗君就悄悄到前線做正式的勞軍演出，穿針引線的是鄧爸私交很好的袍澤，叫作周羽，是個性情正直的湖南人，當時擔任烏坵的指揮官，每逢放長假就會回鄧家看看他們，他非常喜歡鄧麗君，認她作乾女兒，看她能唱會跳，就把她帶到離島烏坵去做了一場前線勞軍演出。

她穿著白領碎花的繫腰帶小洋裝，頭上戴著髮圈，半長的白襪，配上唯一的一雙黑皮鞋就上前線了。阿兵哥們個個席地而坐，當地百姓或是眷屬們也有不少是抱著孩子一起來看的，大夥兒就圍著連集合場的一塊空地。空地上的草長得並不茂盛，這兒凸一塊、那兒凹一點，有的地方等於直接坐在黃土地上，四周以一輛一輛連接著停放的汽車，區隔出一個場邊來，前線的海風吹拂著，她的歌聲隨風飄散得好遠好遠。

沒有舞臺，沒有樂隊，只有一把胡琴，她連著唱了好多首，每唱完一首，就鞠躬答謝，還會說：「叔叔、伯伯們，您們辛苦了，謝謝您們在前方保衛我們。」一直把這些熱血鐵漢感動得熱淚盈眶。事隔四十年，還有人記得當年的事，並且感慨萬千的說，那時候，大家坐在泥巴地上聽她的歌，真是當兵以來最大的享受，她是那麼誠懇、那麼純真。她的歌藝在當時也許不是成熟到很有水準，但是她的笑容和甜甜的問候，真的柔軟了他們的心腸，這位年已

周羽將軍也是鄧麗君的乾爹，感情甚篤。

一九六三到烏坵勞軍，大家都被這可愛小女孩的歌聲感動了！

七十的老兵說，「在集合場上聽歌聽到掉眼淚的，可不只俺一個人吶！」

九三康樂隊的演出延續了好多年，她的少女時期出發到各個部隊演出的紀錄都沒有記載，卻一直存在。時代慢慢進步，勞軍也漸漸有了小小的舞臺，幫忙配樂的也有了像模像樣的七、八人西式樂隊，類似走唱的通俗化簡單樂音，絲毫不妨礙她的唱作俱佳，她依然能以她的方式讓官兵們盡興、歡欣。

十六、七歲以後，鄧麗君走的是小型康樂的晚會型態，小女孩開始有了較成熟的打扮，歌聲與問候還是一樣甜美，那時她已經在歌廳駐唱，而且「身價」不低。然而，她參加勞軍活動從不領取任何演出費，在她的心裡，勞軍演唱最有意義，是不可以拿酬勞的，是唱了還要謝謝人家的。鄧媽媽說：「這些觀念都不是我教她的，但小小年紀的她，就是這樣想。」

誠心誠意
古寧頭勞軍無伴奏的演出

一九七四年，鄧麗君第一次踏上金門的土地，這片汪洋中的海上公園讓她驚嘆不已，「金門的建設太偉大了！」她的驚呼中帶著感動的淚水，長長的海岸線一路綠化及水土保持用的木麻黃，高粱繁茂的阡陌良田，一圓鍬、一臉盆挖出來的碧綠太湖水。她深深為國軍在保衛國土之外，還能利用戰備時間建設金門和烈嶼（小金門）感到不可思議，不住讚美著，站在海邊可以遠眺朦朧可見的海峽彼岸，透過望遠鏡甚至可以見到對岸的活動人影，想起因政治理念不同而相隔兩地的大陸同胞，那親情綰繫卻不能成全的「一家人」，她在望遠鏡前忍不住真情流露而落下淚水。

鄧麗君的勞軍活動其實並不愛搭建大型舞臺、高高在上的做一枝獨秀式的演出，而是偏愛走在官兵弟兄們中間，彼此可以互動的深情獻唱，而且，越是偏遠的小島，那些離島中的離島，越是她想慰勞的目標。曾任華視文化公司董事長的黃偉嵩將軍，對鄧麗君的勞軍行程知道得最清楚，而且非常巧合的，鄧麗君三次勞軍，他都正好在金門任職，可說是她敬軍愛國行動的最佳見證人。

在古寧頭戰場前，為國軍弟兄建設金門的辛苦深受感動。

鄧麗君親切地問候前線弟兄。（李吉安提供）

鄧麗君在古寧頭勞軍時，黃偉嵩擔任陸軍十七師五十旅的旅處長，駐紮在烈嶼，知道鄧麗君在金門本島和烈嶼勞軍完畢後還有其他需求，便來解決問題。他初見她也嚇了一跳，因為她穿著白衣、黑裙，臉上未施脂粉，看起來就跟一個高中女生沒什麼兩樣，連一點大牌紅星的架子都沒有。她親切的問候，並委婉的要求能到比烈嶼還小的離島去，例如：猛虎嶼、復興嶼、草嶼等地方，她想看看那邊戍守的弟兄，她想，在離島的離島那些資源不足地方戍守的弟兄，精神生活一定更寂寞。

那個季節約莫是中秋節時分，是颱風最多的時候，原本海象風平浪靜，很可能不多久就會起很大的風浪，到時候可能連回程都有問題，而且島上駐軍很少，不過是一個加強排而已，實在沒有必要為這二十幾個弟兄冒險走一趟。黃偉嵩力勸她打消去小島的念頭，沒想到她非常堅定的說：「越是這樣小的島，這樣孤寂的兵力，他們的精神越需要鼓勵，我希望您能盡量安排我去，我不怕風浪的，何況你們都會保護我，不是嗎？」

黃偉嵩被她的觀念和勇氣感動了，就問清楚海上的風浪級數，認為在兩個小時內往返應該還可以，便通知老百姓的小舢舨趕快準備，海上的浪頭並不平靜，海水還不時會潑灑到身上來，被海水潑濕的鄧麗君既沒有擦拭，也沒有驚呼，只是微笑的望著同行的弟兄，不住的問東問西，一點兒也不畏懼。船到了碼頭，已經無法靠岸，島上喜出望外的駐軍弟兄們個個把褲管捲得高高的，奔到海裡，顧不得海水已經浸到腰部，用揹的把鄧麗君揹到島上去，放下來以後，還一直對著她傻笑，高興得不知道怎麼辦才好。

一行人上了岸，她沒有整理被風吹亂的長髮，沒有擰乾被海水打濕的衣裙，只是親切的和每個人握手，並甜甜的說：「你們辛苦了，謝謝你們！我唱歌給你們聽好不好？」弟兄們齊聚在中山室，她在沒有樂隊伴奏，沒有卡拉ＯＫ伴唱帶的情況下，展開歌喉，清唱了〈甜蜜蜜〉、〈小城故事〉、〈夜來香〉等成名歌曲，歌聲清亮甜美，迴蕩在整個中山室。逗留了一個多小時，弟兄們都陶醉不已，她親切問候他們的生活，讓大夥兒的思鄉情緒得到抒解，直到碼頭的觀察員來催，再不走風浪太大就走不成了，她才依依不捨的向大家道再見。

出得中山室，她訝然發現還有個站在海岸線的值勤衛兵並沒有進中山室，她請求破例讓衛兵在執勤時能聽歌，跑到站崗的衛兵那兒問候他，又為他單獨唱了一首歌。想像那樣的畫面，在四面環海、一望無際的孤島上，一個端槍站得筆直的衛兵，面對一個用心唱歌的女孩，他一輩子沒想過大名鼎鼎的鄧麗君會為他個別唱一首歌，同行的人站在離得不遠的碼頭邊觀看，忍不住都濕了眼眶。這就是鄧麗君，一個不怕苦、不怕難、真性情的軍人子女，她的勞軍是這樣誠心誠意、徹徹底底，沒有樂隊、沒有麥克風的原音清唱，那溫柔的聲音卻暖了每個小小離島的弟兄，在他們的記憶扉頁裡，她已不是一個歌星，更像一個溫柔天使，她真正做到了提升士氣。

一九八一年，鄧麗君再赴金門勞軍，正巧黃偉嵩擔任金門二九二師的師主任。有了上次經驗，知道她特別願意到小島去勞軍的心意，他安排她到北碇、后嶼、草嶼等幾個島和弟兄們見面。在草嶼時，由於漲潮而不能靠近碼頭，弟兄們一個個跳入海中，兩人一組做成一道「人肉橋樑」，讓她踏著弟兄們的肩頭跳上岸去。她非常過意不去，一直謝謝大家，到了據點，她開始接受阿兵哥的點唱，並和他們聊天。有人問她什麼時候結婚，她開心的回答：「快了！快了！但是不管結不結婚，鄧姊姊還是會回來看你們的。」一個半小時很快過去，潮水快退了，她和抬著橋板的二十多個阿兵哥一一握手道別，看到有一位弟兄神情落寞的發著呆，就輕柔地問他：「你是不是想家？」他點點頭，她再問他喜歡聽什麼歌？那位小兵說：「〈原鄉人〉。」，她就在沙灘上唱了最後一首，弟兄們一邊聽、一邊哭，鄧麗君也流著淚唱完，在場的人沒有不動容的。

她不但為弟兄們唱歌，並且主動給部隊加菜金，為了不讓部隊長尷尬，她還開玩笑說：「這是給我自己加菜啊！因為，中午我要和你們一起吃飯，我的飯量是很大的哩！」那天中午，並沒有為鄧麗君特別加菜，而是吃麵疙瘩，在離島上吃麵食是常有的事，鄧麗君開心的吃完還要添，讓弟兄們覺得親切極了！

席間，她好奇的問起島上的淡水如何取得？他們為她解釋，淡水是開鑿井水挖出來的，她更好奇的追問：「怎麼會知道哪兒有淡水？」

部隊長就解釋：「當年經國先生來金門勘察，到了某處，就手一指，指示官兵開挖，第一口、第二口、第三口，連三處都是淡水，每天上來的量都夠全島一天的用水。大夥兒也很節省，打一盆水來，洗臉、刷牙之後，還要留著沖廁所、澆花、種菜……」她一邊用心聽著，一邊吃麵疙瘩，弟兄們看到她吃著、吃著，聽著、聽著，眼淚就掉到麵湯裡去了。

馬山喊話
含淚演唱由衷感謝弟兄們

馬山，是離大陸最近的據點，大約只有七．九公里，鄧麗君從馬山觀測站用高倍望遠鏡看到她懸念已久的河山。她在馬山播音站裡用溫婉的聲音向彼岸喊話，告訴同胞們謝謝大家對她的愛護，也期待大陸同胞能和臺灣同胞一樣過安和樂利的日子，最後還不忘承諾：她一定會「回去」，唱很多好聽的歌給大家聽。她的臉上始終都露著微笑，眼角卻泛出晶瑩的淚光，在場的人屏息以待，為她誠懇的呼喚感動萬分。

一九九一年，鄧麗君在馬山對大陸同胞溫柔喊話。

她的真摯喊話，感動了身邊的弟兄們。

鄧麗君的勞軍活動可說是從小到大一直不斷進行，有些被報導，有些則根本沒有任何媒體知道。只要是國軍部隊或軍事學校的邀約，她都很少拒絕，而且是欣然前往，盡興而返。例如，陸軍官校的入伍訓練結訓晚會，她就親臨現場，載歌載舞，讓三軍四校的小夥子全都樂得當晚睡不著；復興崗政戰學校的校慶晚會她也翩然而至，鼓勵軍校學生，她的心意單純，只要是國軍弟兄們願意聽她的歌，她就願意一直唱下去。

一九八〇年以後，她的歌聲已經飄揚到大陸各個角落，她更馬不停蹄的奔走於國內外。她榮獲金鐘獎最佳女歌星獎後，更在美國紐約林肯中心、洛杉磯音樂中心登臺，受到空前歡迎，可是她並沒有被半個地球彼端的海外僑胞熱情給拖住，十月一到，她還是回到臺灣，立刻到金門參加勞軍活動。

十月的天氣在金門是最宜人的，當時的臺視經理劉侃如帶領了一支陣容龐大的勞軍隊伍，光是隨行藝人就有王芷蕾、李麗華、田文仲、秦蜜、萬沙浪、易天華舞蹈團、臺視大樂團等當紅卡司，節目部副理葉超、管理組副組長陳振中，鄧麗君的三哥鄧長富也一路同行，下榻在金門新落成之招待所——迎賓館。

鄧麗君對這一所依山而建築的迎賓館非常驚嘆，嘖嘖稱奇，要從堅硬、高聳的花崗石中，深入山壁，穿鑿出這麼多設備一流的套房，實在太不容易了，官兵弟兄實在太辛苦了！同行的政戰女軍官方琬非常感動，因為一般人只會不斷稱讚建築物的壯麗、先進、雄偉，很少人想到建造的弟兄們流了多少血汗，歷經多少危險的工程，只有鄧麗君馬上就聯想到他們的辛

眾星雲集，在擎天廳演唱。

苦與歷險，鄧麗君的敏感，由內心發出的關懷，總是會自然而然的先想到國軍弟兄。

白天參觀莒光樓和古寧頭戰場和坑道等工程，曾使她沉默良久，心事重重，她向隨行的女軍官說：「看了前線的生活，覺得心情很沉重，我們應該多多來勞軍的。」懷著敬謹的心，她在勞軍晚會上，擺脫沉重心緒，認真演唱了許多成名好歌，如雷的掌聲在靜謐的夜金門傳得好遠、好遠、好遠。

最讓人難忘的是在「擎天廳」舉辦的演唱，晚會最後，所有的官兵和藝人一起齊聲高唱〈梅花〉，那聲動全島的齊心唱和，讓她再度淚眼婆娑。晚會結束，她應該很疲倦了，但她並沒有立刻休息，而是站在夜色裡沉思，或許是在默默祈禱吧！曲終人散的感慨在此時最易被動心房，鄧麗君習慣在人前散播歡樂，人後獨自思量，千言萬語，只有星空聽到。

以聲相許
一九七九年榮獲愛國藝人獎

一九七九年初秋，她名符其實的從國外載譽歸來，當時的臺視節目部經理李聖文親自到中正機場接機，在記者會上她侃侃而談回國心願，主要是響應自強年。她有些感傷的表示自己是一個離鄉已久的遊子，始終無法忘懷對祖國的懷念與熱愛，她打算利用大家沸騰響應自強年的熱潮，做一次大型義演活動，她是個平凡的國民，只能用自己比較擅長的方式來完成多年心願。

這場由臺視主辦的義演在國父紀念館舉行，所有門票收入全數捐做自強愛國基金，這是鄧麗君的心願之一，雖然不算是一場勞「軍」活動，卻也是愛國表現強烈的一種付出。十月四日上午，她穿一襲深綠色旗袍，端莊典雅地晉見當時的行政院長孫運璿。晚上七點半掀開義唱序幕，包括行政院長孫運璿伉儷、新聞局長宋楚瑜、文工會主任周應龍、輔導會主委趙聚鈺、行政院祕書長翟紹華等多位政府官員，都坐在前排一睹巨星風采。

田文仲的主持非常成功，穿插不少對她生活上的訪談，她也一一幽默的回答，並且以自己仍是小姑獨處，很想覓得如意郎君來自我解嘲，贏得全場笑聲連連。但最後大家唱起〈梅花〉時，她心中激盪，哽咽的一度忘詞，一再重複著「巍巍的大中華、巍巍的大中華」……

演唱會後第三天，鄧麗君親自到臺視，把門票總收入一百五十萬零六百元交給總經理劉侃

國父紀念館的義演，門票收入全數捐做自強愛國基金。

義唱開演前，先會見當時的行政院長孫運璿。

鄧麗君總是竭盡所能的為國效力。

如，請他全數轉交捐做自強愛國基金，當時並沒有媒體大肆報導，她只是靜靜地來去，實現她的諾言，完成她的心願。

鄧麗君回國也為了多陪陪爸爸，鄧爸中風後，起居需要家人從旁照顧，她在國外非常掛心，每天都要打電話回家問問老爸的情況，這使得她每個月電話帳單貴得驚人。她和老爸的感情，幾個兄弟們最清楚，事實上，鄧麗君比他們都敢向爸爸撒嬌，每逢她從國外回家，見了老爸還故意用山東話的口音向自己的爸爸說：「老鄉，近來好唄？」沒有代溝、沒有距離，更不會刻意把孝順掛在口頭，她要老爸對她無所牽掛。鄧麗君回國探望老爸，陪他說說話，還要閃避媒體的追蹤，有時甚至於還要略作「易容」裝扮。鄧麗君每次祈禱的心願在國泰民安、世界和平之外，又多了一條：希望老爸早日康復。

由於她接二連三不支任何酬勞的勞軍演出，一九七九年，新聞局特別頒發了「愛國藝人」獎座給她，她從新聞局長宋楚瑜手中接過獎座，即使所有的人認為鄧麗君榮獲愛國藝人[illegible]至名歸，她卻一再謙虛的說，為國軍演出是應該做的分內事，給獎反而讓她覺得慚[illegible]她的情操讓宋楚瑜大為動容，面對她，一向言辭鋒利的宋局長一時竟說不出話來，[illegible]後，宋楚瑜對鄧麗君更是以尊敬、愛惜的心來看待。

一九八一年，她與李季準搭檔主持金鐘獎頒獎典禮的盛會，又博[illegible]最機智、幽默主持人」的好評；同一年，她在香港利舞臺也創下個人演唱會場次最多的紀錄。儘管檔期滿滿，她仍興致勃勃地錄製全省勞軍活動，她說：「我生長在一個軍人家庭，我老爸曾參加過台兒莊、營口等戰役，所以，我從小看到軍人就有一份說不出的親切感。在面對國軍弟兄們表演時，陌生感就會一掃而空，我希望有一天能夠像美國的鮑勃・霍伯一樣，年年風塵僕僕的為自己國家的阿兵哥盡心盡力。」這長達一個月行程所精心製作而成的《君在前哨》特別節目，是她勞軍生涯最值得的回憶，雖然很累很累，但她非常起勁，十分配合，給無數的三軍弟兄留下深刻的印象。

接受當時的新聞局長宋楚瑜表揚。

與官兵弟兄一起在陽光中晨跑激勵士氣。

她可以在清晨五點就起床，與金門守軍弟兄一起晨跑，整個路線是三千公尺，包括了幾程很難跑的坡度。她一直沒有喊累，汗水從她沒有化妝的臉上不斷淌下，她只是帥氣的用手背抹去，就像任何一個阿兵哥會做的舉動一樣；她的體力並不算好，支持她一遍又一遍來回跑步的是意志力，以及要給弟兄們打氣、以身作則的用心。

據當時的部隊指揮官說，「鄧麗君效應」延續了好長一段時間，往後晨跑再沒有人敢摸魚、脫隊，部隊長往往會抬出鄧麗君來激勵大家，她的行動勞軍果然達到效果，不但提升了士氣，而且加強了心防，這不是唱唱跳跳、瘋狂一宵的勞軍活動所能比擬。

她換上迷彩裝，鑽進坦克的車腹，感受那種燠熱和氣悶，她才了解，原來看坦克在沙場上無堅不摧、無敵不克，其實坐在裡面操作的人非常辛苦。

她穿上潔白的海軍水手服，登上軍艦，和弟兄們一起在窄小的梯子爬上爬下，忍受海湧與浪潮帶來的暈眩，也體會海軍在茫茫大海中航行後，踩踏到堅實陸地上的歡愉之情。

空軍的橘色飛行衣是夠眩目的，可惜她只能借穿過個小癮，不能實際駕駛直升機去轉一圈，她開心的覺得自己的夢想在多年後終於得到了圓滿。在少女時期，她非常嚮往去考軍校，很羨慕花木蘭從軍報國的凌雲壯志，她也很愛聽女軍官聊木蘭村裡發生的趣事。雖然因為受學歷所限，不能報考軍校，心中對花木蘭的憧憬卻沒有稍減，經過全省的巡迴勞軍，她每一種軍種都實際做了一番了解，最後，她還頑皮的說：「國軍在部隊備戰這麼辛苦，受訓又這麼嚴格，還好我沒有去考，不然一定是不合格的。」

海軍裝扮的鄧麗君十分俏麗。

她換上迷彩裝，鑽進坦克車，體驗作戰辛苦。

雖不能真正駕駛飛機，也看得出她巾幗不讓鬚眉的志氣。

一九八二年的金鐘獎盛會上，擔任頒獎人的鄧麗君再度唱了〈君在前哨〉，來表達她的感恩之心，在每個榮耀的時刻，她都願與最記掛的國軍分享。

一九九一年鄧麗君再度到金門勞軍，那時，黃偉嵩擔任金防部主任，他特別為她準備了一套繡有她的名字的迷彩服。鄧麗君非常高興，一直說她會非常珍惜這套戎裝，黃偉嵩曾陪同她到八二三紀念碑前拍ＭＴＶ，她披掛值星帶、神采奕奕的模樣，他至今難忘。他們安排她到坑道和偏遠的據點去，一天可能跑好幾個地方，她都一一單獨去唱，黃偉嵩形容她的精神與毅力實在不得了，明明看到她已經很累了，但是一進入坑道，立刻精神抖擻，哪怕是只有一個排、一個班、一個人，她都願意唱，她是做到了真正的、深入的、愛到骨子裡的勞軍。

長達一個月的勞軍活動，鄧麗君與國軍弟兄打成一片。

傑出女青 反共義士起義歸來想見她

在她的成千上萬歌迷當中，有一位身分很特殊的，就是在一九八一年十一月廿六日下午，駕著米格機投誠來歸的反共義士吳榮根。當記者紛紛問及他今後個人的心願時，誰也料不到，他竟然誠懇而靦腆說：「非常想見鄧麗君一面。」

透過新聞局安排，鄧麗君應邀在臺中清泉崗和吳榮根見面，吳榮根初見鄧麗君，紅著臉，大半天說不出話來，鄧麗君不斷以輕言細語引導他。吳榮根談到她的歌被禁聽、禁錄，大陸人民仍然想盡辦法偷偷的聽。她感慨的表示，在自由地區生活的人，能隨意選擇愛聽的歌曲，在大陸卻不能，說著、聽著，忍不住哭了，不斷以搭在右肩上的圍巾拭淚，她送給吳榮根兩張唱片——《別把眉兒皺》和《原鄉情濃》，讓身在臺灣的自由人能夠自在聽個夠。

許多反共義士從小就偷聽鄧麗君的歌。圖為一九八四年與反共義士王學仁（左）、孫天勤（右）合照。

鄧麗君平復情緒之後，應基地飛行軍官的要求，清唱了〈何日君再來〉和〈小城故事〉，吳榮根在旁靜靜的聽著她的清唱，這比他在大陸的部隊裡偷偷聽到那種拷貝了又拷貝的錄音帶還要清楚得太多太多，好聽得不能再好聽，他覺得自己實在幸福極了，幸福到說不出適當的話來表達。鄧麗君落落大方的邀吳榮根一起唱〈小城故事〉，空軍官兵們熱切的鼓掌，並且一邊打拍子來應和。直到下午三點，她才離開空軍基地，吳榮根送到基地門口，握手、目送她離去，內心的感動和興奮無法形容。

不久之後，海峽對岸又有孫天勤、李天慧等人投奔自由，同樣表明非常想見鄧麗君，她在十五週年演唱會上與他們相見，並親切問好，那晚九十分鐘的表演，徹底滿足了反共義士們此生最想聽她唱歌的心願。

在鄧麗君一生領過的無數獎項中，她十分重視一個由非演藝界所頒發的「十大傑出女青年獎」，這個獎競爭非常激烈，象徵著榮譽與重大成就的指標，一直以來，這個獎都遴選在學術上、企業上、專業上、體育上頗有成就或有所發明、有所貢獻的青年英才，幾乎從來沒有遴選過影視界的藝人。一九八四年的青年節，評審委員一致通過頒獎給當時三十一歲的鄧麗君，她和家人都感到這是一種「大出意外的榮譽」，因為這是救國團總團部主辦，邀請各行各業的專家學者及社會賢達組織評審委員會，就初審合格名單，先行派員慎重調查後，經複審、決審程序提會評定得獎人選，嚴謹審慎的遴選過程，在意義和認定上特別可貴。

從公布得獎到出席頒獎，只有短短一個星期，鄧媽媽非常著急的打電話到東京告訴她，希望她能排除萬難回來領這意義重大的獎。但是她那邊的原訂計畫行程都已經排定，飛英國的機票和酒店早已買妥訂好，更約好了接機的朋友，要突然改變計畫，折回臺灣領獎，只怕是不可能的。然而領獎前，她卻翩然返國了，因為她非常重視這個榮譽，打長途電話給接機的朋友改期，將原來排定的行程延後，來參與「十大傑出女青年」榮銜的頒獎禮。評審單位認定，這個獎肯定的不單單是她的歌藝，她的愛國心，更因她的歌聲響遍大陸，使十億同胞聽到並且熱愛這位臺灣歌手，所起的作用和力量無與倫比。

「十大傑出女青年獎」頒獎典禮，鄧麗君為右一。

頒獎典禮上，鄧麗君穿了一套非常樸素、端莊而得體的白衣黑裙套裝，外加黑白相間千鳥格的雙排扣外套，化妝淡得完全看不出來，平凡得沒有引起任何人的注意，從當時的副總統李登輝手中接過這座有如鳳凰展翅的獎座，上面鐫刻了對她簡短有力的卓越成就表彰。她在會後與主席謝東閔等人合影，這個獎肯定了她的傑出，她的貢獻，她以此默默自勵，要一生永遠做個傑出的人，能貢獻多少，就貢獻多少，不負年少，不負青年，不負此生。

清泉崗上
難忘的永遠的軍中情人

一九九三年，蟄伏多年、呈半退休狀態的鄧麗君再度返臺，應允當時的華視總經理張家驤之邀，參加華視特別為她在臺中清泉崗基地舉辦的「永遠的情人——鄧麗君勞軍演唱會」，那是她在一九九二年拜會張家驤時所作的承諾，她一定會再回來做勞軍演出，成了一種期待；返國時，華視的李豔秋和陳月卿都分別作獨家專訪，她謙虛的幽自己一默：「年齡已經大了，實在不好意思再上臺演出。」博得所有人會心一笑。但歲月並沒有在她身上留痕太多，她豐腴了些，也嫵媚許多，年齡，從來不是問題，人們喜歡鄧麗君不是因為她的身材，她的年輕，而是她的真誠，她的愛。

中部地區三千多名陸海空三軍弟兄，早就做好迎接盛大勞軍晚會的準備，為了爭看永遠的軍中情人的風采，就連附近的老百姓都出動，請求一起觀賞。為了確保演出的效果，鄧麗君特別從英國請來她個人專屬五人樂團，而且認真的提前搭乘空軍專機到現場綵排；讓官兵心情嗨翻天的還有衝著鄧麗君面子而來的天王巨星劉德華，以他在香港紅磡體育場的演唱水準，參與盛會，同心勞軍。

為了這場盛會，鄧麗君幾個月前就積極的準備，慎重安排演唱事宜，聯絡分居在各國的樂手到齊共襄盛舉，同時也進香港錄音室展開練唱，一點都不敢馬虎。其實，鄧麗君已經是第

即使已經逐漸淡出演藝圈，還是不忘國軍弟兄。

三次到清泉崗了，一九八〇年她在清泉崗錄製《君在前哨》專輯時，就和弟兄們有過美好的互動交集。十年闊別，許多弟兄早已退伍，成為社會的中堅分子，當年的上尉軍官也已晉升為中校，再度調回清泉崗，躬逢其會，他興奮的拿著當時兩人的合照給鄧麗君簽名，鄧麗君一看，幽默的說：「哇！我們都成熟不少耶！」幸運的中校當年曾和鄧麗君跳了第一支舞，她在輕盈的舞步裡不時親切的問候，一直讓他足足回味了十三年。

合影、簽名，弟兄們的熱情讓她在綵排之後都不能休息，但她不以為意，幾乎是有求必應的滿足他們的要求，而且每個鏡頭都以手勢擺出「V」字來，這個招牌動作一下子感染了所有的弟兄。在每張照片中，這些年輕的孩子也一再擺出「Ｖ」的手勢，這還不打緊，連在一旁助陣的鑽石級藝人劉德華、葉瑷菱、童安格、蔡幸娟、方季惟、李之勤、李嘉等，也都感染了「Ｖ」的氣氛，每個人都心情高昂，幾乎每一張照片大家都比出了俏皮而有深意的「Ｖ」。

華視得到軍方的充沛支援，在節目開場時就聲勢奪人，五架直升機由舞臺後方飛出來，其中一架降落，機腹中指揮車緩緩開出，兩位主持方芳芳、胡瓜漂亮出場，噱頭十足。鄧麗君的場面更為驚人，搭乘著總統專機Ｂ一九〇〇軍機滑行進場，她笑著比出Ｖ字型手勢，步出機門的剎那，全場歡聲雷動，這次盛況空前的演出，她也是老規矩——純義演性質。

薄施脂粉的鄧麗君在演唱會的串場訪問中談到自己的生活、感情和未來，長居法國的她，常到英國學聲樂，同時補償自己的失學之憾，努力到

演唱會由方芳芳、胡瓜主持，妙語如珠。

鄧麗君開心比出「Ｖ」手勢！

鄧麗君在金門前線的勞軍照片。（李吉安提供）

國外讀書。在這場演唱會之後，她明白表示，決定退出演藝舞臺，不會再有任何商業演出，但仍會選擇性的參與慈善公益或勞軍的義演。因為軍人是保護整個臺灣的，而她也是臺灣的一分子，想盡一份心力。只是身為女人，又已經老了，只好用演唱的方式來代替。她的話讓在場所有的人都笑了，笑聲裡，是敬佩，是感動，是嘆服，是愛，她是大家永遠的情人。

同樣參加現場演出的當紅藝人童安格感慨萬千的說：「鄧麗君之所以受歡迎，真的是讓人打從心底喜歡她，這才是真正國寶級的藝人，全國民眾應以善意的心情看待她！」童安格回憶，十年前他曾為鄧麗君在同屬寶麗金公司的新片中擔任助理製作，對她的自我要求之高印象深刻。同樣地，他觀察她在臺中清泉崗的勞軍演出，也一再對樂隊、燈光、音響要求完美，有一點點差誤，都親切、溫柔卻堅持的要求重新來過。而她的音色、臺風和演唱技巧，一點兒都沒有因為多年退隱而稍有遜色，反而更成熟、圓潤、動聽，她的成就和奉獻，無人可及。

明年再見
永遠無法兌現的一句承諾

清泉崗演出後的隔年，也就是一九九三年，鄧麗君為了顧及陸海空三軍都公平對待的圓滿性，再次應張家驤總經理的邀請，回國參加為黃埔建軍七十年而舉辦的「永遠的黃埔——鄧麗君勞軍演唱會」。相較於在清泉崗「永遠的情人」，鄧麗君覺得「永遠的黃埔」意義更為嚴肅，更為可敬。高雄鳳山的陸軍官校演唱會現場，她穿著最愛的桃紅色鳳仙裝，手拿小摺扇，如此從容、優雅、閒適，驚豔驚呼四處響起！

在老搭檔胡瓜、方芳芳的主持下，這場演出依然精采熱烈，莊嚴肅穆的黃埔校園幾乎從來沒有如此歡聲雷動、青春活潑過！而動人的是，晚會後一段動人的小插曲。有位高齡七十的老先生，知道她在鳳山陸軍基地演出，特地風塵僕僕從臺北專程趕到現場，原來這位老先生是名列本世紀九十名畫家之一的大陸畫家李山，老畫家透過層層關係，只為見鄧麗君一面，並親手贈給她一幅親筆揮毫的畫作「戈壁風雪圖」，鄧麗君感動的不得了，非常珍視的收下那幅畫。

畫面中，兩匹駱駝迎著冷冽，在漫天鋪地的風雪中踽踽而行，老畫家以畫筆描繪出他當年下放到天山勞改的生活寫照。漫長的十年勞改歲月，夜夜失眠，他一直靠著聽鄧麗君的錄音帶來熬過身心上的苦，文革之後得到平反，他想盡辦法到臺灣，期待著今生能夠見鄧麗君一面，鳳山的「黃埔之夜」讓他圓了十幾年來的夢想，親眼見到鄧麗君，老先生迸出的第一句話是：「鄧小姐是中國的驕傲。」更稱讚她在《淡淡幽情》那張專輯中，能夠把古典文學的詩詞唱出感情，唱出特色來，引領人們從流行歌曲裡發現中國詩詞的美的情深義重。

鄧麗君的驚訝和感動幾乎到達「震撼」的程度，倒不是驚訝自己的歌聲可以穿透到遙遠的天山邊陲，而是震驚、心疼一個這麼有地位、有實力的畫家所遭受的身心折磨，她誠懇的告

身穿桃紅色鳳仙裝，開心比「Ｖ」！

在鳳山陸軍官校為學子獻唱，
對鄧麗君來說更是意義非凡。

訴老人家，她崇尚自由、和平，極力反對暴力，所以，她願意站在勞軍舞臺上支撐著疲倦的身子，盡情為國軍而高歌。那時候，並沒有任何人看出來鄧麗君患有氣喘，更沒想到她是以多大的意志力在引吭高唱，她對老先生說，她也期待著有朝一日能回大陸老家唱歌。

當晚的演唱盛會，華視以微波傳送方式全程播出，風靡現場官兵，也讓全國觀眾一飽耳福，晚會最後，她發自內心的忘情振臂高呼：「中華民國國軍萬歲」、「中華民國萬歲」，讓所有在場的官兵個個熱淚盈眶，她信誓旦旦的向愛她的國軍弟兄及國內觀眾許下「明年再見」的諾言，也向海軍的弟兄們預約下一次的勞軍活動能在海軍基地相會，然而誰能料想到，才短短的一年裡，這項承諾，卻因為她的驟逝，而成絕響，永遠永遠無法兌現！

第九章 千言萬語

不知道為了什麼？
憂愁它圍繞著我
我每天都在祈禱
快趕走愛的寂寞
那天起 你對我說
永遠的愛著我
千言和萬語
隨浮雲掠過
不知道為了什麼？
憂愁它圍繞著我
我每天都在祈禱
快趕走愛的寂寞

一九七七年，鄧麗君唱紅了〈千言萬語〉，當時並沒有想到這樣的心情，在二十多年後旅居法國的心境，竟然與之隱隱相合，或許，隱居法國的悠閒自在退休式生活，對鄧麗君忙碌、疲憊的演唱生涯可說是好的，但她始終心懷著一股憂愁，那憂心愁緒非關愛情，而是屬於一種民主情懷的慨嘆與無力感。一方面，她的感情歸屬於法國籍的史蒂芬，表面看起來似乎是有了著落，其實卻橫亙著巨大的鴻溝，無法圓滿於她一向所鍾愛的結婚、生子、簡單幸福的期望。加上一九八九年大陸發生的天安門事件，那憂傷造成的陰影始終揮之不去，那心疼讓她的淡淡愁緒難以釋懷。

十年前，我寫完鄧麗君傳記的時候，某大集團的總編輯看完之後竟然退給我，一來要我拿掉整個鄧麗君愛國勞軍及天安門事件的兩大章篇幅；二來，希望我在她那幾段眾說紛紜的私密戀情多加強篇幅。總編輯振振有詞的說：「這樣才能賣大陸啊！大陸有多少商機妳知道嗎？妳寫了勞軍和天安門，大陸市場是絕對打不進去的，那會損失多少讀者；而妳都沒有寫她的羅曼史，讀者怎麼會有興趣？大家想知道的就是這些啊！」當時，我的淚馬上就奪眶而出，我抽回一大落的稿本，堅決的說：「不！鄧麗君不是一個大家只對她的緋聞有興趣的藝人，要寫這樣的她，我寧願白寫了這三年，也不願出版！」

這個堅持，讓這本書塵封在我的抽屜裡十年之久。十年之間，鄧媽媽過世了，五弟長禧也過世了；大陸改革開放，有成千上萬的陸客都來臺灣追悼她，坊間也出了許多本對她並不公平的書，而我依然堅持著我的「維護」。因為，出版集團看到的是商機，我看到的是日本

她的老闆含淚對著臺灣的方向深深鞠躬，泰北的孤軍伯伯談到她泣不成聲，國軍弟兄珍藏著她的簽名照片，在法國受政治庇護的民運人士遙向她行禮……她是多麼多麼不一樣，抽掉這些，加入緋聞，寫鄧麗君與寫一般藝人有什麼不同呢？

民主獻聲
以行動表示愛國心義無反顧

一九八九年四月，北京眾多學生要求民主化運動的聲浪鼎沸，在天安門廣場以紀念胡耀邦為由，集體罷課。運動持續發燒了一個多月，引起舉世關注。鄧麗君幾乎是一天一通電話打回家，向鄧媽媽說她非常關心事件的進展，同時，她也透露了自己曾接到「有關單位」的善意警告，要她不可「輕舉妄動」，這訊息讓鄧媽媽十分不安。

五月二十七日那天，香港快活谷馬場聚集了約三十萬人，舉辦「民主歌聲獻中華」的十二小時馬拉松音樂會，同心聲援北京學生。鄧麗君在赤柱的家中看到電視實況轉播大家靜坐的畫面，明姊形容她整個人坐立不安，走來走去，最後實在是坐不住了，決定去支援中國學生，懷著強烈的使命感，她從赤柱家中趕往快活谷馬場，穿著簡樸的牛仔褲，在白T恤上用簽字筆寫下「反對軍管」及「我愛民主」的表態，頭上也橫綁著寫上「民主萬歲」字樣的布條，沒有化妝，戴著墨鏡隱藏她哭過的紅眼睛，便匆匆趕到會場。

鄧麗君的參與沒有任何預知，群眾大感意外，歡迎她加入的掌聲中，她哽咽地唱了一首〈我的家在山的那一邊〉，這首歌改編自抗戰歌曲〈我的家在東北松花江上〉，因著歌詞中的意識型態，在臺灣、在中國大陸都被禁唱，從來沒有收錄在她的唱片中，她也從未在公開場合演唱過，然而這些生疏絲毫影響不了她用充滿感情的聲音來表達心意。

我的家在山的那一邊，那兒有茂密的森林，那兒有無際的草原，
春天播種稻麥的種子，秋天收割等待著冬天，
張大叔從不發愁，李大嬸永遠歡樂……

她什麼激動的話都沒多說，只是唱出對和平的美好嚮往，鄧麗君的歌聲溫柔，體內卻像

獻聲聲援要求民主化運動的北京學生。

充滿驚人的能量。當時在場的記者形容：「鄧麗君是明知山有虎，也偏向虎山行，她不會停止向北京學生傳遞支援的訊息。」她不會直接「反對這個，反對那個，不應該這樣，應該那樣」，只是憑歌寄情，表達對自由意志的尊重，她深深寄望她父母出生的故鄉能美好如昔，也真心擔心著廣場上學生們的健康，幾天沒有進食，他們的身子怎麼承受得住？這一切令她憂心忡忡。

聲援學運的音樂會集合了香港數十位演藝人員共襄盛舉，群眾情緒高昂，捐款金額激增，一千三百多萬港幣的募得反映了大家的心；在臺灣中正紀念堂、美國僑居地、歐洲等地也同步舉辦聲援活動，凝聚全球中國人的心。大家以為在國際媒體的注視關切之下，形勢對孩子們應該有利，但誰也料想不到，六月四日，還是發生了天安門事件。

這巨大的夢魘，讓鄧麗君哭乾了淚水，一直守在電視機前，不吃、不喝，淚也沒有停過。明姊擔心鄧麗君哭壞了身體，但是，沒有人能用平靜的言詞安慰她，只要電話一來，談的都是更讓她傷心的話題。她打長途電話回家向鄧媽媽哭訴自己的難過、痛苦、悲傷、憤恨，她不知自己能為這些孩子們做些什麼？鄧媽媽只能一再叮嚀她保重身體！

六四之後，她勇敢到新華社支持在門前靜坐的學生和群眾，並走到擺設在新華社對面的露天靈堂，向死難的學生鞠躬致哀。一身黑衣黑褲，手裡拿著「化悲憤為力量」的牌子，激動的跟隨群眾一起呼喊「支持民主」的口號，一起唱愛國歌。她也向靜坐人群呼籲，透過傳真機傳送大家的關懷與支持，她希望能讓大陸同胞知道在香港的同胞會永遠支持他們；鄧麗君更公布了自己在香港的公司傳真號碼，希望大陸同胞有什麼需要她幫忙的，可以盡量找她。

往後有一段頗長的日子，鄧麗君有些精神恍惚，她向鄧媽媽說：白天出門老覺得有人在跟蹤她，使她的行動處處受到限制；夜晚又睡不安穩，常常做噩夢，夢中被驚醒，一身冷汗，發愣到天明。鄧媽媽擔心得要命，勸她飛到日本繼續工作，藉著投入工作的專心來減輕痛苦。七月廿六日，她灌錄了一張單曲唱片〈悲傷的自由〉表達她的心緒，六四不只是她人生重大傷痛，更可說是她演唱生涯中一個重要的關鍵點。因為，她在這些年接到大陸三番四次請她演唱的邀約，而今卻回鄉夢碎，她曾經非常動心的想要回去演唱的腳步，似乎再也邁不出去！

一場音樂會，凝聚了中國人的心。

六四之後，鄧麗君度過一段悲傷的日子。

當時有媒體分析，鄧麗君的歌曲曾是反對派箭頭所指的特大號目標，從一九七九年她的歌從「地下」紅遍大陸之後，一直被歸為「靡靡之音」而遭到禁唱、禁播與禁賣的命運，然而，當時中共總書記胡耀邦說：「流行曲之所以流行，是因為有很多人擁護才會產生出來的，為什麼我們要反對任何流行的東西？」所以，小鄧的歌得以在一九八四年慢慢解禁。鄧麗君的歌曲中少有政治色彩，因而她的愛國心與關懷心所代表的背後意義，和她的歌曲流播同樣重要。簡而清當時在專欄中曾有意觀察鄧麗君「不到大陸演唱」的原則到底能維持多久？事實證明，她到去世前都沒有違背自己的原則。

與母親、三嫂於香港合影。

服喪行動
向心中已死去的期望致哀

《朝日新聞》的記者篠崎弘回憶：「我在半夜兩點接到Teresa的電話，邊講邊哭，談了兩個多小時，她完全不能承受這樣的痛。」篠崎弘前後寫過兩三篇轉述她的祈求和聲援的特稿，在日本也掀起不少共鳴，輿論的關注與支持，甚至於影響到日後到日本的大陸民運學生能受到庇護，都有相當的協助。

遠離香港的傷心地，到日本準備錄音活動時，鄧麗君仍然顯得心力交瘁，走不出那個強大的陰影。任何人都看得出來，她的精神負擔太重。舟木稔看在眼裡、疼在心裡，但也幫不上忙，很長一段時間，鄧麗君每天都在自己的臂膀上別上一塊醒目的黑色袖章，也在汽車兩邊懸上黑旗，她無可奈何的表示：「戴上黑色袖章，是為了服喪，同時，也是向我心中死去的那份期望致哀。」

早在幾年前，即使是面對一手捧紅她的日本金牛座唱片公司，她也毫不諱言的提出想去天安門演唱的事，舟木社長證實，由於大陸方面不斷透過關係來接洽，他們的確有想過為她做出相關的策畫，鄧麗君說想到天安門唱歌給喜歡聽她歌的歌迷聽，幾乎已成了她經常掛在口頭的話。

當時鄧麗君很想去，不是因為天安門開出來的排場、重金、音效或優厚的種種禮遇條件，只是很單純想為同胞而唱，她覺得最能理解她的歌、感受她的感情的，其實是中國大陸的人。大陸的歌迷們對她的喜愛沒有摻雜什麼政治雜質、利益因素，就是合聽、對味而已！舟木稔還記得她在日本發展的幾年裡，大陸方面好幾次都以幾乎是演唱人都夢寐以求的天價條件來邀請她到天安門演唱，但她從不輕易答應；因為她代表臺灣，不會為個人的名利而去大陸演唱。鄧麗君曾向媒體說：「我在演藝事業上能有今天的成就，要感激自由世界臺灣的給予，我希望和臺灣同胞一起回大陸！」

一九八八年後的一整年時間，金牛座公司認為時機已成熟，應該沒有什麼安全上的懸念，可以去唱了，這對公司打開大陸市場能造成良性的互動循環，鼓勵她應允，甚至於日本方面都已著手準備以天安門做舞臺設計的初步工作。哪知，六四平地一聲雷響，徹底摧毀了鄧麗君的夢。

她的夢，就是她的堅持——在自由的中國、自由的天安門、自由的政治體系下，好好的唱歌，感謝廣大的同胞，此刻卻全然幻滅。她對這件事所表現出來的沉痛、低潮、黯然，整個公司都覺察得到，舟木稔當時對她這種情懷有些訝異，後來才慢慢覺得，她和一般歌手的確有許多不同，她關心國家、熱愛同胞，身為一個藝人，通常不會有這樣的情懷，她卻一直持續著，而且堅持著。

金牛座當時負責宣傳鄧麗君的經紀人西田裕司曾說：「鄧麗君對包括臺灣在內的流著同樣血液的中國同胞，依然懷著深厚的感情。不僅對大陸同胞、對包括華僑在內的所有中國人，她都抱著是『親人』一般的真摯感情。」這點讓他覺得鄧麗君不是一個尋常賣賣唱片、得一些獎就自我滿足的歌手，他在書中寫著：「她不該是只屬於臺灣或香港，更不可能屬於日本，懷抱著這樣情感的人，應該是屬於整個亞洲，甚至是全世界的。」

「一九八九年後，鄧麗君在日本的活動銳減，她沒有任何心思去高高興興擴展她的演唱事業，她的身心創傷實在太巨大了！」舟木社長搖著頭表示：接著好幾年之間，每每一談到「六四」，鄧麗君仍然會忍不住流淚，那傷口，是時間所不能淡忘，不能癒合的……

舟木稔社長對鄧麗君一路走來的心路歷程，非常心疼。

在法表態
國際廣播電臺上吐露心聲

《歐洲日報》的巴黎資深特派員楊年熙一直非常注意鄧麗君的動向，她曾在一九九二年民主廣場的六四紀念會上，全程坐在鄧麗君的旁邊，對鄧麗君的印象是樸實、親切而堅強。雖然鄧麗君長住巴黎之後，一直深居簡出，幾乎從不與新聞界接觸，她仍然能以敏銳的新聞從業人員觸角捕捉到鄧麗君在巴黎少之又少的活動，並以專題報導的方式寫出特稿。

一九九〇年十二月上旬，鄧麗君非常難得地在巴黎市中心，接受法國國際廣播電臺（Radio de France Internationale）中文部記者的訪問，楊年熙形容她穿著簡樸的牛仔褲和襯衫，就像鄰家女孩一般自然而隨和，侃侃而談她在歐洲的生活、個人的歌唱事業，以及對大陸民主運動的看法。

楊年熙徵得國際廣播電臺中文部負責人吳葆璋的同意，將那卷歐美地區無法收聽到的電臺訪問錄音帶內容，在電臺播放之前，整理成文字發表，她覺得這是對一位誠懇而敬業的藝人所表達的一番敬意，同時也藉著她的生活點滴，寬慰所有關心她的廣大歌迷的懸念，從她的特稿全文中，可以最貼切的窺見鄧麗君的心情寫照。

鄧麗君的成長與發展，尤其和生活在臺灣、香港的華人，或遠或近地有著牽連。她多半委婉淒美，亦能激昂活潑的歌聲，已成為近二十年來華人社會無以抹除的一部分。她在訪問中

攝於巴黎賽納河畔。

解釋，關於她告別舞臺的說法，是因為她在東南亞各地已舉辦過「足夠多」的演唱會，無意再繼續下去，而她一心想去的大陸，目前已無法成行，她把登臺演唱的計畫「留著」，到巴黎主要是為了錄音工作，因為香港和臺灣在這方面都尚未達到國際水準，也許兩三年後再到其他歐洲國家去看看，但並沒有考慮到長久在此地定居下去。

至於在巴黎發展歌唱事業，她說也許會和很希望打開日本市場的男歌星艾赫伯．雷歐納（Herbert Leonard）合作，不過尚在研究階段，能否成為事實現在還言之過早。她認為巴黎的藝術氣質特別令人羨慕，尤其大家享有充分的輿論自由，藝術家們在沒有束縛的情況下，比較容易獲得靈感的啟發，得以充分發揮才華。她覺得法國的「香頌」歌曲「偶爾聽聽很有浪漫情調」，但一方面地方色彩太濃厚，又不若美國一般流行曲那麼商業化，在推廣普及上較為困難。

即使遠在法國，仍在籌備新的音樂作品。

鄧麗君巴黎停留、學法文，接受法國思想與文化的薰陶，明姊透露，她也在學習護理方面的知識。為什麼學護理？鄧麗君認真的說：「因為國家一旦有戰爭時，我可以回臺灣去做護理工作」。她還呼籲海內外的婦女們，平日多吸收護理上的知識，不能因為承平而毫無危機意識。

一九八九年九月時，鄧麗君在由香港無線電臺主辦的義演中唱〈人面桃花〉，「去年今日此門中，人面桃花相映紅；人面不知何處去，桃花依舊笑春風。」這是一首由古詩詞改編的老歌，她將這別有含意的歌，獻給北京市民和整個中國大陸同胞。楊年熙非常感慨的說，當時整理這卷錄音帶時還在想，這樣一位紅遍全球的明星，竟然願意為傷兵們包紮傷口、慰傷護理，有這樣的想法真的很不容易，而且她是真心要這樣做，並不是說說漂亮話而已。沒有想到，她的護理夢未圓，自己卻因為一時乏人照護而走上憾途，鄧麗君過世之後，她每每想起這段專訪整理，都要難過許久。〈人面桃花〉未嘗不是楊年熙和巴黎所有關心鄧麗君的人心中的感慨，巴黎居所空了多年後終於被賣掉，人世流轉太匆匆，儘管居所面對的香榭麗舍大道繁華依舊，但人面不知何處去，讓人平添慨嘆與懷想！

鄧麗君於法國自宅內拍攝。

在法國的生活，簡單卻充實。

紀念歌聲
關懷心不曾褪色人已杳然

參加在法國的六四三週年紀念會。

鄧麗君一九八九年到巴黎購屋長住，巴黎歌迷們對她有一份特別的感情，並不刻意打擾她的清幽生活，卻對她僅有的一、兩次公開活動印象深刻，楊年熙認為從她的舉動，可以顯示出她是個古道熱腸，並且勇於追求理想的藝術家。

一九九二年，她穿著一身素淨黑衣，完全未施脂粉的參加在巴黎鐵塔下、托加特羅廣場上舉行的「六四」三週年紀念會，她懷著嚴肅而悲慟的心情，沉痛的表示：「我迫切地希望大陸能和臺灣一樣同享民主自由，中國太大了，我不知該如何做，只能把歌唱好，用歌聲去安慰他們。」神容憂戚、略帶憔悴的她，一開口說話，淚光就在眼裡閃動。她再三表示，自己並不是來演唱的，而是和所有人一樣，為悼念而來，她衷心期待著美好的明天能早日來到。當時，群坐的人們還是要求她能為這個特別的日子唱個歌，她也感覺到這樣的氣氛不容推辭，便起身和大家一起合唱了〈血染的風采〉。

她當時情緒激動，聲音發顫，尤其歌詞的隱隱相合，更讓她不可抑制的淚流滿面。

《歐洲世界日報》的另一位記者郭乃雄非常讚佩鄧麗君的道德勇氣，對一位演藝人員而言，她高度的人文精神是他生平僅見，而她為所當為的勇氣，的確也是因為心中有著澎湃的愛，才能有如此的情操發出可觀的力量。《歐洲世界日報》的吳總編輯也認為她的確非常不尋常，雖然那晚她不太有精神，幾乎認不出是她來，但是大家太喜歡她了，氣氛被帶得很高昂，她的聲音很細、很小，為人權爭取自由民主的心念卻很堅定，這些印象都讓他一直記憶到如今。

當時，參加這個紀念會的還有臺灣《聯合報》發行人王效蘭、《歐洲日報》社長杜怡之、法國國際廣播電臺中文部主任吳葆璋，和組織「六四」之夜的民陣分部主席蔡崇國等，他們和她一起點燃白蠟燭，在靜默的儀式中默哀。

《中央社》駐歐特派員祖蔚描述他在場邊看到的鄧麗君印象——她真誠而親切地問候在場的人，話語輕柔、神情肅穆，起身唱歌後，卻是一邊抹淚一邊唱，一邊還用手勢比出「V」字勝利，那情景讓人始終忘不了。他感慨萬千的說：「不只是我這個大男人鼻酸，相信所有在場的人都被鄧麗君深深感動；往事如昨，斯人已遠，往後類似的活動依然年年舉行，卻再不會、再沒有她的鼓勵，她的支持，她的歌聲了，這真是更令大家噓唏不已啊！」

人權廣場
永遠不可能舉行的演唱會

還有一件令人惋惜的事，原來民運人士曾經和鄧麗君商量過在巴黎好好舉辦一場演出，來聲援民主，但整個計畫籌備了兩年多，最後還是擱淺。目前仍活躍於巴黎民主陣營的民運人士蔡崇國接受訪問時，回憶他們和她的幾次接觸，並共同商研辦演唱活動的一段相處時光，他坐下來第一句話就沉重的說：「鄧麗君的逝世是臺灣的損失！也是中國人的損失！」

他認識鄧麗君是在一九九二年，那時，在巴黎有近十位民運人士在中國大使館門口做絕食抗議，鄧麗君看報紙知道以後，就帶著鳶尾花和紫丁香來為他們精神支援，當時他非常感動，她陪著他們待了很長一段時間，她說：「我不知道我能做什麼，但我知道我們應該可以做些事，把大家的力量凝聚在一起。」她一開口，眼淚就掉下來，那感同身受的將心比心，令在場的人特別感動。

一九九二年，在人權廣場的紀念會後不久，當時巴黎分部的民陣主席嚴家其邀她見面，討論辦演唱會的事宜，初步決定要辦戶外演唱會就在國際會議中心的人權廣場。那兒離艾菲爾鐵塔很近，聲音效果很好，法國也有好幾位歌星曾在那兒舉辦演唱會，可容納數千人、甚至上萬人欣賞，她當時就堅持演唱會不設窗口、不收門票，要完全開放給所有民眾聽。

他們陸續在葉園餐敘，在咖啡廳長談，甚至到國際中心的現場去探勘場地、編預算，並提出構想，準備錄製一個紀念專輯，包括在巴黎一些著名的景點——聖母院、凱旋門、艾菲爾鐵塔等地實唱錄影計畫，為此接觸過好多次，場地租金要幾十萬法郎（當時還沒有歐元），預估光是舞臺安裝和燈光、音響設備就要花費百萬法郎以上。《聯合報系》和所屬的《歐洲世界日報》都十分支持這個計畫，準備全力贊助，但很多細節要討論，經費問題也讓這個案子延宕下來。

這場演唱會後來改由日本製作公司負責策畫，將構思整整一年的演唱活動敲定，鄧麗君希望她的歌聲對大陸同胞能有所鼓舞。鄧麗君選在巴黎做為紀念、聲援大陸民運演唱的地點，是考慮到巴黎的政治立場中立，氣氛緩和，不至於為海峽兩岸帶來高度的敏感，她對記者說「會自己負責一切後果」。

一九九三年的六四，熱心民主的人依然在人權廣場聚集，八點整，鄧麗君也到了，她在袖子上別上黑色的布，手捧著白色的花，依然是沒有化妝的肅穆心情，一看到大家，眼淚就簌簌的流下來，彷彿這傷痛不論過了多少年，都還是她心底的沉痛。蔡崇國對這點特別動容，他說：「我從來沒有見過這樣有民主自由情懷這樣堅定的人，而且她是個女人，是個歌手，她關注中國、熱愛中國的心，教我久久不能忘懷。」

那天晚上，四、五百人聚集的人權廣場，有中國人，也有外國人，不管懂不懂歌詞，整個廣場的人群都安安靜靜的聽著。鄧麗君在沒有樂團的伴奏下，用麥克風清唱了幾首歌，讓蔡崇國印象特別深刻的是〈小城故事〉，「鄧麗君沒有伴奏的歌聲，更動聽！」蔡崇國回味那廣場上的清音，陷入回憶，「這讓我想一九七七年，第一次從朋友那兒拷貝了她的錄音帶，夜裡關起門窗，小心的偷偷聽。那是我生平第一回聽到那麼溫柔的聲音，我無法形容當時心中的震撼。而此時此刻她就站在我的面前，正用一樣溫柔的聲音，輕輕地唱著我在夜晚偷聽了數百遍的歌……」那種時空回溯，那麼撼動，蔡崇國一輩子忘不了。

同時，他也觀察到鄧麗君似乎並不快樂，她彷彿把內心世界封鎖得很緊，不輕易說出自己的感覺。偶爾有一次，她感慨的表示自己有很深沉的飄泊感。對臺灣的政治發展很焦慮；以大陸的現況，她又不可能回去；日本只適合工作，沒有能讓精神寄託的歸屬感；在巴黎，又老覺得自己只是個「外人」。她的根應該在大陸，心卻在臺灣，人卻不由自主的飄泊在外……那段話，蔡崇國有同樣的感慨，雖然離開了中國，他對國家的感情，永遠不會因為時空的遠隔而消逝、淡化，那是千真萬確的肺腑之言。

一九九三年的見面，確定了演唱會必須暫時擱置，原因是她擔心籌備時間不足，想等一、兩年再辦。這其中有她的一些心結，一來她不希望給人她要開演唱會的感覺，沖淡對六四這件嚴肅事件背後的意義；二來她擔心被人誤會成她想復出演藝圈，因為她已打算完全退休了，只是希望能為六四紀念做點事情，可是演唱會的經費龐大，她又不願意造成許多人的負擔，只好暫時擱下。

「那時，我們尊重她的決定，總以為再隔一、兩年，總是可以說服她的，巴黎的這場盛會終可以成就美事，誰想得到一九九五年她就走了，這個演唱會成了永遠不能辦成的一場遺憾，我們終究是沒有這個福氣。」年年六四，活動依然舉行，沒有鄧麗君，感覺差很多很多，甚至於他們在人權廣場上聚會時，不單單為六四的亡魂憑弔，同時，還深深地、深深地追念著曾和他們坐在一起，掉過淚，唱過歌，表達過心意的鄧麗君。

事實上，鄧麗君在日後對六四也有深刻的反省，她曾和當軍人的三哥鄧長富討論過，香港及各地大規模的聲援行動，對學生的關心是不是反而「愛之適足以害之」？當時如果沒有這些支持熱潮，讓學生們以為擁有後盾而堅守不退，也許，他們是可以不必犧牲的。懷著這樣子的自責，這個傷痛始終都埋藏在鄧麗君心中，連帶不能回到大陸唱歌給同胞們聽，也成為不能挽回的遺憾。

在法國的鄧麗君，眉宇之間總有淡淡的哀愁。

旅居巴黎
追求音樂和藝術豐美滋養

住在巴黎的這些年，她追求西方的自由不羈，也享受沒有人注意她的輕鬆自在，這是她在臺灣和日本都享受不到的。西方不拘一格的文化和充滿藝術氣息的思維精華，開啟她一扇追求藝術的視窗，光只是在追求音樂造詣的提升上，就有學不完的領域，特別是在歐洲可以觀賞許多歌劇的演出，歌劇的結合多元的綜合藝術之美，是她迷上巴黎的原因之一。

由於她在巴黎的生活非常隱密和低調，只能從她幾個朋友中探知一、二，從大陸到法國定居的名畫家范曾是其中之一。范曾是走過中國大革命時代的人，他打開話匣子就是一聲慨嘆，「鄧麗君是個純潔、真性情、執著的追逐者，她既不喜歡高談闊論，也不會故作深沉，她是我所認識的

巴黎開啟了鄧麗君的藝術視野。

演藝朋友中最不虛偽做作，從不浮誇、膨脹自已的一位，我可以說她是一個天才藝術家。」

一九九〇年，透過當時《民生報》發行人王效蘭的介紹，他認識了傾慕已久的鄧麗君，說傾慕是因為他從一九七八年就迷上了她的歌，常在收音機中偷偷地聽；一九七九年，她的歌還被當局批判成靡靡之音時，他好不容易從友人那兒拷來了一捲鄧麗君的錄音帶，連夜用老舊的錄音機放來聽。沒想到聽了不久，錄音帶竟然被捲進機器裡，他著急的不得了，細心的打開蓋子，慢慢的一點一點把帶子抽出來，再慢慢的捲回去，弄了一頭汗。那時，他就發誓一到香港，一定買齊她所有的錄音帶，也一定要去聽她的演唱會，至今，他已然擁有了她所有的CD唱片，但當年焦急又懊惱的心情到現在還清清楚楚記得。

范曾對鄧麗君一見如故，暢談甚歡，她對穿著的品味和藝術鑑賞的品味都很高，使范曾更為佩服。有一次，鄧麗君向他求一幅畫，要畫一個仕女圖，他爽快的答應了，卻遲遲沒有動筆，因為他想不出像鄧麗君這樣的女子該送她誰的畫像才好？原先他想畫《紅樓夢》中的妙玉，被范夫人勸阻下來，認為妙玉的下場太紅顏薄命，不是理想人物，他又陷入深思熟慮，沒想到還沒有等他畫好，要畫的人已芳魂杳杳，倒成了范曾心頭最大的遺憾。

一九九五年鄧麗君逝世後，范曾揮淚寫下一幅祭文，在她的靈前燒去給她，心意完全表露於其中：「妳優美的歌聲安慰了幾代人，最純潔的情感，昇華了庸俗社會的人們的心靈，超越了愛情，對人類純潔心靈的謳歌……」　他感慨地說：「鄧麗君不追逐名利，而是音樂、人生、情感都能完全統一的藝術家，她待人的溫厚和周到是一般人少有的，她的歌聲令人心旌神蕩，也是東方歌手中所僅見。」

「她在我兒子的婚禮上用麥克風清唱了〈海韻〉、〈月亮代表我的心〉、〈小城故事〉等七、八個曲子，那個好聽，真是讓人難忘！尤其是唱古典詩詞的韻味更是唱絕了。她唱歌的情感從個性中與生俱來，那是裝不來的，純潔的美，比官能的美更崇高。看她的演唱會，八面生風，數千人的心跟著她的情緒走動，真是非大將之才不足以掌控全局；而那種讓人愉悅而共鳴的自然、自信，更是由衷而出，鄧麗君就是那種非常自信，自信到發乎自然的人，不誇張、不刻意、不譁眾取寵；換句話說，她能做自己精神的主人，這種對音樂的深刻體悟，絕非一般淺陋之人所能體悟，鄧麗君的悟性夠，也下過真工夫，克服過許多困難，才能跳過所有的障礙，成為真正的藝術家。其他地區我不敢說，至少在中國大陸的歌迷心目中，她不會消逝，不會過氣，只會歷久彌新。」

除了歌聲讓范曾讚揚不已之外，他還特別推崇她的道德良知，他說：「鄧麗君不是政治型的人物，卻有強烈的道德良知，是她的良知良能推動行為，而非政治理想在推動。她不會泯滅良心的說一套、做一套，也不會被政治所利用，有自己的判斷，自己的決定作為，這種性格很可貴。」范曾相當推崇的下了結論：「真理是藝術之母，她的歌聲表達了真，她好惡分明的坦誠，對人只有善，沒有猜忌和設防，而她又帶給人們美的視覺和聽覺享受，她的生命是真善美，也燦爛輝煌過，我們做朋友的很捨不得她走，但是，她的人生的確畫下了最完美的句號。」

享受自在
放鬆生活能玩樂也能讀書

鄧麗君早年在香港就是知名的美食家，到了日本更有「拚死吃河豚」的新聞見報，在以美食著稱的法國，更是如魚得水。只是，她已經不再喜歡大吃大喝，而是回歸於素淨清淡的飲食生活，幾家知道她口味的中國餐館，更是她常走動的地方，很自然的也會和餐廳年齡相仿的老闆娘成為好朋友，最常點的就是魚燒豆腐、清蒸龍蝦、魚香茄子和一些素菜，小費也給得很慷慨。

新敦煌酒店的沈雲是她結識頗深的一位，早幾年傳出她和林青霞在坎城海灘裸泳，沈雲就是在場證人。她笑著回憶她們那天的情景，兩人一到海灘，發現幾乎所有的人都在裸泳，心防就先撤了一半，再看林青霞落落大方的脫衫落海，也就毫不猶豫的「下海」解除武裝，游得過癮了再裸著上半身走回沙灘，那種坦蕩蕩的自由自在感覺，就是她一直想為自己徹底鬆綁的放懷。後來發現消息曝光後，面對香港記者的詢問，依舊很大方的說出「那實在很過癮」的感覺。

鄧麗君是一個周到的人，常常會為家人、朋友、親友的小孩買東西，每次都要明姊陪她上街，不時詢問她的意見，有時自己出國買東西，一定帶一份回來給她。買桃紅色的繡花鞋就帶兩雙，一雙送給明姊；買游泳衣送給明姊也是桃紅色的。直到現在，明姊都不可救藥的

在坎城，鄧麗君大膽「解放」！

喜歡粉紅、桃紅和紫色系列。她挑東西的眼光很好，該給誰買什麼樣的東西，都心細如髮的再三斟酌，一定買得又好又能投人所好，明姊覺得這幾年來和她一起逛街就是一種眼界的成長，眼光的提升。

鄧麗君在法國並沒有和任何僑界來往，全然清靜度日，她在法國著名的明星居住地區——第八區買下的公寓，門禁非常森嚴，又有游泳池，完全合乎她的理想。鄧麗君一向頗有藝術眼光，巴黎家中的房間擺飾、裝潢設計幾乎都是自己的想法：傳統的火爐、地窖、麻將間一應俱全，即使是鄧麗君以自己的設計觀點告訴日本的設計師，請他到巴黎來裝潢，還是付了高額的設計費！她的設計頗具創意也很有興趣，有一陣子還學過服裝設計、室內布置，她選擇家具、燈具、餐具和字畫的眼光很獨到，一旦她喜歡的東西，再遠都一定會買回來，不會猶豫不決。

法式情調的裝潢，地板全部鋪大理石，還到Laligue去挑選水晶燈，討價還價的看了好幾個星期才買回來；天花板粉嫩、淡青，鏡子也古色古香，床組更是白紗垂掛、宮廷式的銅床，加上粉紅、粉綠、粉紫的窗簾。整個家都布置成同一個色調，非常浪漫而夢幻，充滿歐洲貴族風情的雅致，布置得很合她的意，連林青霞來作客時都稱羨不已，非常喜歡她的居所。

鄧麗君在布置法國的家時，盡量把自己的生活和巴黎的情調融合在一起，買燈，就到巴黎著名的跳蚤市場去選，一共去了四、五次，才把一個有貴族風格的浪漫水晶燈搬回家，很高興的說著自己殺價的過程，就像個孩子一樣；她常常有這樣天真的一面，當她真正喜歡上一個東西時，總是會執著的買回來，歡天喜地的擁有它。她念舊的性格，在所有故居的家具、餐具都維持很多年這一點上，可以看出來。

四年多來，沈雲和她一起玩過不少地方，到巴黎很有名的「福頌」咖啡廳吃甜點、買紅酒；在坎城的賭場用劉家昌教的方法小賭，果然也小贏了一筆，或是請朋友到沈雲的店裡吃吃飯、打打小牌。

據每天和她朝夕相處的明姊描述，鄧麗君是很念舊的人，喜歡的、愛去的都是些老地方，有時會去逛逛著名的古董街，或在小日本街找一些有東方品味的東西；香榭麗舍和蒙田區如春天、老佛爺等著名的超大型百貨公司，櫥窗設計和精品都很吸引她；她是凡登廣場的麗池大飯店附設的健身俱樂部會員，經常去健身或在室內游泳；法國的空氣很新鮮，更是著名的花都，她也愛到聖母院附近的西堤花市買花；麗都夜總會的秀多半很高檔，她可以從中學習不少；當然在巴黎歌劇院欣賞著名的歌劇，更被她列為「功課」之一。

但別以為鄧麗君的生活都在吃喝玩樂，那只是休閒活動而已，其實她大多數的時間都在用功。她在美國有一間錄音室，學聲樂是必修的課程，發音練習一直都在進步中；在語文學校學習法文的課也沒有中斷，還請家教到家中來教，她說的每一句法文在語法上都要求正確，不願意像一般人求快的方法，大著膽子、硬著頭皮，不懂也亂說一通，而是仔細衡量過正確不正確才出口，真的說不通還可以用英文溝通。

史蒂芬的家住在靠法國西北、近海邊的地方，車程約四、五個小時，鄧麗君和他的家人都很熟，也帶沈雲她們一起去玩過。看起來史蒂芬的爸媽都很喜歡這位東方女子，她那種以真誠對人的態度，是很少讓人不喜歡的，可惜這段情緣終究成了一場空。

鄧麗君心腸非常好，尤其是對老人家，一位七十歲的法國老先生為她開車，她每個月都給他一萬法郎，雖然他已經手會抖，並不適合開車了，但是他需要這份薪水，鄧麗君心好不願開除他，反而常常自己開車，以便減少他的工作量。鄧麗君走了之後，這位司機老先生跑到新敦煌酒店來哭了一個多鐘頭，非常捨不得，直說要飛到臺灣為鄧麗君上香，又說鄧麗君對他最好，她走了，今後他還能指望誰呢？

另一位不願具名的姊妹淘對她「很會照顧人」的印象也很深刻，她常常擔心沒有招呼好別人，又為了唯恐招呼不周，會出手大方的給店家小費。同時，她還透露鄧麗君很有藝術涵養，是天生對流行敏感的人，常常買一些高檔品，無論款式、顏色、質料都令人賞心悅目。而她自己打點服飾也是一流的，凡是手套、襪子、披肩、絲巾、鈕扣、皮件等，都搭配得很完美，不會一直追求西方人的穿著品味，而會搭配出屬於東方人的優勢來，不知道她是歌星的人，還常誤以為她是頂尖的時尚設計師呢！

尤其鄧麗君對她說過一句話，她終生都受用不盡，鄧麗君勸她：「女孩子講話不要太大聲，不但傷自己的聲帶，也會傷別人的耳朵。」在她和鄧麗君交往的四、五年中，從未看過她生氣、動怒、大聲說話，她始終是那麼有女人味，那麼含蓄、內斂、溫柔。

姪女憶往
細說姑姑的愛點滴在心頭

鄧麗君是個重視心靈養分的人，旅居巴黎令她著迷的就是對美的追求，她常走訪美術館、藝術中心、古董跳蚤市場，從異國的文化背景中汲取美感養分，曾到巴黎跟姑姑住過一陣子的雙胞胎姪女銘芳、銘玉，對姑姑的回憶就可窺探出她的生活概貌。

銘芳、銘玉記得姑姑對藝術的涵養很深，簡單的一扇門、一個古董燈，都可以講出個門道來，要她們細細看門窗的雕花，感受它設計的用心，姊妹倆因而也跟著她的審美觀，進入美的鑑賞世界。

把法文學好是鄧麗君很重視的大事，剛開始學，有個很嚴格的老師，教到「皮」這個字，鄧麗君一時無法意會，他就硬揪著她身上的皮褲，嚴厲的說：「這就是皮！」後來銘芳、銘玉上法文課，也遇上灰心沮喪的瓶頸，鄧麗君就拿這段親身經歷鼓勵她們，「今天是妳不會，才遭受這樣的待遇，越是這樣，越要加倍努力。」後來，她的法文講得很溜，還能用法文討價還價，更興致勃勃地計畫下一步要學德文。

鄧麗君和史蒂芬在一起，對話大多是英文夾法文，但只要雙胞胎在場，她就一定全部說英文，主要是讓兩個姪女都能懂，也藉此做機會教育：「有外國人在，要尊重人家，大家在餐桌上得講英文。」銘芳、銘玉到美國唸書後，英文得心應手，還很感謝姑姑的用心良苦，以及在生活小事中與她們分享累積多年的人生經驗。

小時候，姑姑曾帶她們到圓山飯店，當時有個洋妞穿著比基尼走過去，姊妹倆好奇的交頭接耳、指指點點，姑姑馬上低頭對她們說：「妳們講什麼，她聽不懂，但不要指指點點，這樣不禮貌。」

鄧麗君很重視整體的儀容妝扮，有一回姑姪三人逛春天百貨，鄧麗君特別帶她們到帽子部門，她陸陸續續試戴二十多頂，一邊戴，一邊說，「女人的打扮是整體的，衣服穿得漂亮，再加上得體的帽子，整個人感覺就不一樣，還有皮包、手套都要搭配好。」

鄧麗君很疼愛兩位姪女。

鄧麗君也很喜歡研究吃的東西，常說要下廚，做好吃的給她們吃。有一回起了個大早，泡黃豆、打漿、過濾，親手端出熱騰騰的豆漿來。在法國，中國菜的材料難買，她會費心尋找代替品；在臺北的家人，常常接到她從巴黎的來電，問「蔥油餅怎麼做？」「餡餅怎麼做？」尤其特別愛研究水餃的餡，東試西試的結論是：青江菜做的餡口感脆、風味好。不過，銘芳她們卻始終沒吃過姑姑包的青江菜水餃！

鄧麗君在巴黎的日子很隨性，有時只擦個口紅就出門，但遇到正式場合，赴會前就很慎重打扮。她應邀出席畫家范曾兒子婚禮時，銘芳和銘玉穿了一身灰灰暗暗的，鄧麗君認為不妥，拿出自己的襯衫、外套，替兩個姪女重新打扮成一個粉紅、一個粉橘，那時兩人都頗不以為然，現在回頭把照片拿出來看，卻完全肯定姑姑的眼光和品味。

鄧麗君很愛看書，讀得書又多又廣，床頭、書桌擺滿書，洗手間也總有些英文雜誌，鼓勵姊妹倆沒事就看，「看久了，妳會覺得它很認識妳，妳也認識它。」

姑姑也逼她們一起練游泳，當時雙胞胎很不情願早起練游，現在卻很感激她的督促，才讓她們早早學會游泳。每回過年回家，她也喜歡和家人打打衛生麻將，但她的牌技，大家都不敢領教，加上她也坐不住，家人通常是先應酬她幾把，算是暖場，等她離席才正式開打。不過，鄧麗君對這中國國粹，自有一番體認，「中國的老祖先真是聰明，幾個小小的圖案，就讓大家著迷坐在桌上，坐那麼久。」她對雙胞胎說：「身為中國人，一定要會打麻將，但不可沉迷，不會打麻將？要學！」這是自己爸媽絕不會對她們說的話，但姑姑和她們就是沒有任何代溝。

姑姑的童心，銘芳、銘玉也印象深刻，她們小時候在家裡悶得無聊，她就牽著兩人出去買水果，買了紅西瓜、黃西瓜和香瓜回家，她可不是隨隨便便剖開就吃，而是細心地把水果挖成圓球，再依紅的、黃的、綠的顏色，交叉擺放成圖案，盛在漂亮盤子裡，才開始品嘗，有點像玩扮家家酒，讓銘芳和銘玉了解，連吃水果這樣的小事，都可以找到不同的生活樂趣。

LE FIGARO
Le défi iranien à la France
Barbie : verdict aujourd'hui

密友憶君
瀟湘水雲無限追懷隨水去

除了這幾位陪她玩樂的朋友，她也有一位可以談談心的朋友，同樣做餐飲業的瀟湘水雲老闆娘蘇珊娜，在她生活中扮演的角色就顯得靜態得多。她每次要來餐廳都會由明姊打電話來先訂位，問明了沒有什麼僑界餐敘活動，才會安安靜靜的來享用一頓中國菜；在蘇珊娜眼中，她是個很怕是非圈，也非常討厭應酬的人，有時甚至一個禮拜來吃三次，邊吃就邊和她談談，談她的童年往事，談她的家鄉臺灣。

瀟湘水雲的店面並不大，但是鄧麗君喜歡店裡那種屬於中國情調的感覺，也喜歡那種安靜的氛圍。她點的菜也多半是清蒸魚、素菜鍋、豆芽等口味清淡又營養的菜色，甚至於後來連點菜都不必，常常一坐下來就隨老闆娘配菜，完全信任大廚的手藝。店要賣掉的時候，她還做了一番建議，以顧客和設計師的眼光，要她把裝潢改換一下，大門封掉、吧臺移開，哪邊哪邊再裝修一下，果然，在經過她的指點下修飾過之後，不到兩個禮拜店就賣掉了。

她到瀟湘水雲的店裡很少刻意打扮，而是簡單的學生樣貌穿著，完全輕鬆自在。她透露有一回在美國一家中國餐館用餐，被人認了出來，暗地裡跟蹤她，打劫她的財物，還好是丟錢了事，沒有傷害她。所以在異國，她出門特地平凡而簡樸，很少化妝。從一九八五年蘇珊娜認識她，十年來幾乎都沒有變過，可見得她是個懂得過舒服日子的人，放下、輕鬆，就是她

鄧麗君待朋友真誠、樂意幫助他們，也讓朋友們對她思念不已。

在巴黎的生活哲學。

蘇珊娜偶爾也會到鄧麗君的家去作客，兩個人一起弄個簡單的小火鍋，邊吃邊聊。蘇珊娜形容：「她是個非常需要愛的女人，即使她在同性之間並不缺少友誼，但是那種愛和異性之間的幸福感、安定感是大不相同的。」和她談心過無數次的蘇珊娜認為，鄧麗君用情很深，對自己期許也很高，她常提起在日本和臺灣奮鬥的情形，就是抱持一個念頭——不要讓外國人看不起，於是咬著牙拚出成績來。

同時，在感情的寄託上她也不輕易動心，她喜歡有風度的男人。有一次，她在臺灣登機，一群男人高談闊論的就在她前面搶進機艙，一點女士優先的基本風度都不懂，令她非常反感，認為這是修養、程度的問題；對日本男人她更不敢領教，下了班不回家，流連酒館、夜總會，喝醉了就喊「脫！脫！脫！」完全不尊重女性，她絕不會找這樣的男人來寄託終身。

有一年她陪鄧麗君去龐畢度中心觀看「六四天安門」的攝影展，她邊看邊哭，幾乎情緒失控，一整天都在低潮中。她也對蘇珊娜說，有位中共的高層幹部來邀請她回大陸演唱，酬勞是目前她在世界各地演唱會所開出的數字中最高的，但是，現在她怎麼可能再高高興興的去，若無其事的唱呢？

蘇珊娜也透露，鄧麗君喜歡古典詩詞是眾所周知的，有一陣子她也勤練書法，在巴黎跟一位李祥霆老師學習靜下心來寫毛筆字。李老師是教古琴的，也是個音樂家，兩人有共同話題，談得很來，李老師親自寫了一幅文天祥的〈正氣歌〉送給鄧麗君，她非常喜歡，也表示過這樣壯懷逸興、情操清高的詩，比兒女情長的風花雪月還要打動她的心。李老師也很高興自己選對了詩句，因為他知道她就是一個有情操的女子。

鄧麗君後來請了蘇珊娜的女兒阿鈴娜當自己的私人祕書，處理一些日常生活的私事和翻譯文件。據女兒的觀察，也覺得鄧麗君真是心腸好、本事大又處處為人著想，後來阿鈴娜想要去學服裝設計，她一點兒都不怪她要走，反而鼓勵她朝自己喜歡的目標奮鬥，去完成自己的夢想。蘇珊娜說：「這種出自內心的關懷和寬容的胸襟，是因為她自己小時候的夢想，都靠她的努力而一點一滴的圓滿，所以她也希望年輕人多出去闖，不要守著發展不大的死薪水，即使阿鈴娜走了，她會有很多事情要自己來，她還是放她走，就像我弟弟在找工作時，她就要他來幫她開車一樣，她對我們一家都是相當有恩情的。」

平常，鄧麗君常糾正她的彎腰駝背，每次都勸她去貼牆壁，或者多做俯地挺身，她說女人就是要挺挺的才好看，她的開朗與幽默，伴隨蘇珊娜走過人生的低潮期。蘇珊娜至今念念不忘的是，她與鄧麗君在一九八九年十二月十日，共同度過的一個非常浪漫的燭光晚餐。

那天鄧麗君突然邀請她共餐，地點是巴黎非常高級的一家銀塔餐廳，她說是生日快到了，想慶祝一下，希望有知心朋友陪伴，偶爾浪漫一下又何妨？她們開了一瓶價值不菲的酒，是與鄧麗君的一九五三生年同一年分的，為了這瓶酒，酒店老闆特地出來和這位懂得佳釀的行家握手致意。侍者特別把酒瓶上的標籤卡片留給開酒的人，鄧麗君簽了自己的名字轉送給蘇珊娜，至今還被她珍藏在身邊；那晚的燭光、音樂、美食、暢談和微醺的氣氛，都在她腦海清清楚楚的流轉，一起舉杯的祝福話語句句猶新，然而，對飲人卻已天上人間之隔，蘇珊娜想起她，真是悲不可抑。

鄧麗君對她說自己最喜歡的歌是〈我只在乎你〉，因為那是慎芝老師為她寫的，她在錄音的時候就哭了好幾遍，這首歌尚未發片，慎芝就去世了，所以她每次唱，每次都會放最深刻的感情，一般人以為她能唱得那麼好是因為有刻骨銘心的戀情，卻不知其實她是用全心全意在唱給老師聽。她曾感慨萬千的說：「有時候，真正的、深刻的感情，反而不是發生在情人之間，我這一生有太多值得珍惜的恩情、親情、友情，我都會記得一輩子，男女間的戀情，反而不是我最在意的了。」

許多人認為鄧麗君始終沒有結婚生子，一定是一生遺憾，從她對「情」字的宏觀，和巴黎幾位友人的描述來看，不吝惜於付出，也不求取回報，不囿限於男歡女愛的真情圍繞，她也許比任何人都還要富足呢！

第十章

甜蜜蜜

甜蜜蜜

你笑得甜蜜蜜
好像花兒開在春風裡
開在春風裡
在哪裡　在哪裡見過你
你的笑容那樣熟悉
我一時想不起
啊！在夢裡
夢裡　夢裡見過你
甜蜜　笑得多甜蜜
是你　是你
夢見的就是你

取材自印尼民謠的〈甜蜜蜜〉是鄧麗君的招牌歌之一，錄製這首歌時，正是她對愛情最憧憬、身邊有眾多人追求，還沒有被愛情刺傷過的花樣年華，詮釋起這首歌曲分外甜蜜，也婉轉動聽。大陸君迷相當喜歡這首歌，大部分人都以這首歌作手機的來電答鈴，甚至於香港還以這首歌為故事發展主軸，拍了一部同名電影《甜蜜蜜》，男女主角是黎明和張曼玉，更因而把張曼玉送上了亞洲影后的寶座，浪漫魅力功不可沒。

〈甜蜜蜜〉是一首愛情氣氛濃厚的歌，鄧麗君唱來傳神、動人，但在真實人生裡，鄧麗君的情路卻走得非常辛苦。鄧媽媽提起女兒的情事就不免心疼，其實，在做娘的心裡，不管女兒的聲名再響、財富再多，也不過希望看她早日找到好人家。但圍繞在她身邊的人雖多，可惜就沒有一個可以走到她的心裡、夢裡去，唯一愛到論及婚嫁的卻又傷她最深，她的戀情應該是她心靈角落最不願被提起的一段。

暗戀帥哥
十八歲初戀夢碎傷心欲絕

鄧麗君是個浪漫而早熟的女孩，鄧媽媽觀察，她平常和鄰居玩扮家家酒，都要扮演媽媽或姊姊的角色，喜歡照顧別人。她的情愫也不同於一般只會傻傻補習、K書的女學生，早在小學五年級，她就喜歡上一位常在家中附近出入的大學生。那時她們住在蘆洲的家附近有個僑大先修班，那些大學生們經常來來往往，各個斯文有禮，臉上架著眼鏡，胸前抱著書本，讓小女生們好生羨慕。其中有一位特別帥，引起她的注意，每天她都盼望著能看到這位大哥哥，還會故意跑到僑大先修班附近玩，或是唱唱歌，希望大哥哥有一天能注意到她，和她說話。

鄧麗君唱情歌如此傳神動人，情路卻走得非常辛苦。

儘管她滿腦子浪漫思想，人還是非常害羞，要她去向人家表明告白是絕對不可能的。這段「暗戀」一直維持了兩年，直到帥哥畢業離開僑大，她自己也搬離蘆洲，才結束了小女孩的「幻想」。自始至終，不要說交往，連人家的名字是什麼都不知道！這個小小祕密連鄧家人也不清楚，倒是後來她自己拿來當笑話說出來，才被人知悉。

十八歲那年，她已是四處演唱的紅歌手了，那時東南亞一帶駐唱，歌迷送禮物來一堆就是一房間，她卻很少和人家出去吃飯應酬，每次都找媽媽當擋箭牌，「去問我媽」、「我媽去，我就去」，用這樣的理由不知推掉多少對她有意思的人。有一次去馬來西亞登臺演唱，經朋友的介紹認識了馬來西亞的實業家林振發，鄧媽媽回憶起他們交往的日子，不禁嘆聲連連。這位小林先生是個很守本分的孩子，從福建過來的華僑，因為開採錫礦而發跡，家世很不錯；兄弟姊妹多，他排行老四，下頭還有一個弟弟、一個妹妹。妹妹那時正在臺大唸書，所以，他一見到鄧麗君的模樣，心裡就有了幾分親。

他和鄧麗君最像的一點就是有語言天才，英文、中文、粵語、福建話、印尼話都會講，馬來西亞話更是不用說了，人非常老實，也很懂禮貌，不過人長得並不高，鄧麗君和他交往時，一定都很貼心的穿平底鞋，免得他難堪。每次他要約鄧麗君出去，就會連鄧媽媽一起約，兩人交往多年，感情穩定，因為鄧麗君去馬來西亞的時間不多，遠距戀情維持在電話裡，是名符其實的「談」戀愛，但是她心裡覺得很踏實，認為他是一個可以託付終身的理想伴侶。

小小年紀的鄧麗君，也曾偷偷仰慕隔壁補習班的大哥哥。

不幸的是，這位小林有先天性心臟病，三十三歲那年，在帶姪子到新加坡出差的旅途中，心口覺得不舒服，住的酒店雖離伊莉莎白醫院很近，但送到醫院急診卻沒有救活。鄧麗君在臺灣聽到消息哭得死去活來，難過了很久很久，讓鄧媽媽非常擔心，這段刻骨銘心的戀情是她最純真的初戀，雖然不是轟轟烈烈，卻已讓她變得更早熟。

追求她很猛烈的還有當紅歌星青蛙王子高凌風，二〇一二年底因血癌在榮總化療的他，回憶起這段青春純情時光，依然記憶猶新。其實，當年決定要追求鄧麗君時曾請教瓊瑤，瓊瑤對他直言：「你追不到！」他雖知道追不上，但也明白自己「不追會後悔！」

一九八一年時，鄧麗君已是國際巨星，高凌風每天用電話攻勢噓寒問暖，而且想盡辦法出現在佳人面前。有一次，他得知鄧麗君在馬來西亞香格里拉飯店演唱，隔日一早，想辦法搭七點多的班機飛到新加坡，在新加坡移民署辦馬來西亞簽證，下午趕抵馬來西亞，坐在臺下聽鄧麗君演唱。正在臺上唱〈燒肉粽〉的鄧麗君分送粽子給現場觀眾時，特別將最後一個粽子給了他，「這表示她知道我到了。」他和當地朋友還送了上百個玫瑰花籃，排滿從一樓到二樓表演場的走道、樓梯，並包滿整個舞臺。

排場和面子做足了，不遠千里而來，高凌風當然希望能和鄧麗君說上話，於是演唱結束後又到她下榻的希爾頓飯店大廳等候，但當電梯門打開，鄧麗君被一群人簇擁著往大門走，高凌風走到她面前說：「我來看妳，演出成功！」鄧麗君對他點頭示意，即被擁著走向門口一輛高級轎車，他只能望著名車美人絕塵而去。

鄧麗君難得回國在喜相逢歌廳開唱，高凌風就展開浪漫攻勢。

當時鄧麗君已在國外獲得極高肯定，另有一次難得回國在高雄喜相逢歌廳演唱一星期，高凌風同樣把握時機，專程從臺北搭機到高雄聽她下午的演唱，再趕回臺北準備晚上自己的表演。為了創造驚喜，他將自己在臺北迪斯角歌廳的壓軸演唱提前改為唱開場，唱完大約晚上九點，立刻開著凱迪拉克，在三小時內從臺北飆到高雄，在鄧麗君入住的漢王飯店訂下總統套房，請來樂隊並布置滿室的玫瑰花、酒和蠟燭。

經瓊瑤指點，高凌風特別挑選花朵像一顆顆紅心的「一串心」，準備獻給鄧麗君。他將一串心花朵放在葫蘆型透明玻璃瓶裡，瓶口繫上紅絲帶，兩條絲帶上有瓊瑤親題的字句，一邊是「問彩雲何處飛，願乘風永追隨」另一邊是「有奇緣能相聚，死亦無悔」。

鄧麗君在喜相逢歌廳唱完壓軸已是十二點，高凌風央求當時擔任節目主持人的凌峰，以大家要一起慶祝為由，請鄧麗君先回房休息，等總統套房布置妥當，凌峰帶著鄧麗君來到現場。房門一打開，就看到張菲彈著吉他，高凌風則捧著「一串心」唱著：「如果說，我愛你……」鄧麗君當場臉紅害羞，掉頭跑回自己房間。高凌風要張菲到鄧麗君房間請她，她便很大方的回來和大家同樂。高凌風的浪漫追求最後並沒有成功，鄧麗君從來不是他的女友，但回想起那純真年代，他微笑地直說：「那時就是很好玩！」

緋聞多多
有緣沒有分謠言不攻自破

鄧麗君在圈內的人緣好是公認的，但可愛女孩身旁一出現男士，很快的就會讓人有「談戀愛」的聯想。十六歲她拍《謝謝總經理》時，有人傳她和男主角楊洋拍拖，她一笑置之；拍《歌迷小姐》時，有人傳她和張沖在一起，她不予回應，自然就沒有下文了；鍾鎮濤倒是對

鍾鎮濤在鄧麗君眼中，親切如弟弟。

她真有好感，可是她只把他當「弟弟」看待，沒有任何關係。

一九七八年傳出她和瓊瑤時代當紅的男影星秦祥林從往過密，且言之鑿鑿。起因是她春天歐遊時，兩人在義大利巧遇，一票人同遊，因為年齡相近談得來，之後又約了赴美同遊，緋聞自然傳得滿天飛，但鄧麗君極力否認。

那年初秋，鄧麗君在臺視錄《千言萬語──鄧麗君時間》節目時，秦祥林曾帶著鮮花來探班，鄧麗君一下子就臉紅了，人也有些不自在，在場記者形容她有些慌亂，高興帶著緊張，兩人很有「問題」。當然發稿時就自由發揮想像力，「戀情」一下就被炒得沸沸揚揚了。

他們的這段「緋聞」一直到他訂婚之後才平息，甚至於有許多雜誌還同情鄧麗君的失戀，鄧麗君也一笑置之，她對媽媽說謠言會不攻自破的，不要理會它！

至於秦漢與她的名字連在一起就更可笑了，事情的來龍去脈是：有一次某雜誌社訪問鄧麗君，一時福至心靈就訪問了在一旁等候的鄧媽媽，問她喜歡看什麼電影、喜歡哪個明星？那時，二林、二秦的電影風靡全省，鄧媽媽就隨口說，秦漢很好啊，高高帥帥的，很喜歡看他演的電影。沒想到，這樣的閒聊立刻被寫成「秦漢對鄧麗君很有意思，常去探她的班，而鄧媽媽也很中意秦漢」等等，繪聲繪影的一大篇，連鄧媽媽看了都啼笑皆非，從那次以後，鄧媽媽完全不再接受媒體的訪問，她直說：「怕死了！怕死了！」

她的身邊有男士相伴，名字就會連在一起上報，這讓她的行為舉止變得必須非常小心翼翼，甚至好幾次她帶著弟弟長禧出現在公共場合，都被人以懷疑的眼光打探，還好她立即反

與秦祥林年齡相近而成為好友，兩人還與朋友一起同遊羅馬。

應過來，連忙介紹：「這是我的弟弟鄧長禧。」才逃過又一次的捕風捉影；另一次她抱著哥哥的小孩玩，被媒體拍到照片，指她祕密結婚生子，讓她哭笑不得，她說：「姪女像家姑，外甥像娘舅，在遺傳學上是很正常的，我的姪女兒當然會跟我長得像囉！這不表示就是我生的孩子啊！何況，我如果結婚，一定會高高興興的昭告天下，為什麼要祕密去結呢？我生子，什麼時候看到我大著肚子呢？」那時候她曝光率還挺高的，十個月不上媒體當然絕無可能，這段傳聞也只是在報紙上登了一天就自動瓦解。

鄧媽媽說起鄧麗君的愛情觀是：「絕不做第三者，絕不破壞別人的家庭，有太太的絕不沾，沒有題目給人家寫，絕不自己去製造，而且，她也絕對不會圖別人什麼而上人家的當。」她的好友也證實鄧媽媽的說法，鄧麗君本身條件非常好，自尊心很強，好勝心也很強，犯不著去搶別人的老公，她的一舉一動都備受矚目，也就是這樣，她的交友狀況也特別謹慎到幾乎歸零。

成龍談情
沒有戀愛火花只是純友誼

紅遍好萊塢的香港武打明星成龍在他所著的自傳中曾提起，自己太粗心大意，不會替別人著想，忽略了一段好感情，並沒有誰辜負誰的問題，他與鄧麗君的感情已經轉化為非常誠摯的友誼。鄧麗君過世時，他成為被追逐訪問的對象，然而成龍只是感傷的說：「她心地非常好，連蟑螂也不忍心踩死，她一定可以上天堂的。」把自己投入拍片的忙碌中，壓抑住傷痛。

鄧麗君與成龍在香港就有點頭之交，那時鄧麗君已是紅透半邊天的熠熠明星，兩人並沒有什麼交集。過了一段時間，兩人名氣越來越大，相對事業也越來越忙，更沒有時間碰頭。

一九七九年，成龍到美國拍片，鄧麗君正好在加州讀書，過著平靜的學生生活，兩人異地相逢，又沒有亦步亦趨的媒體窺伺，鄧麗君比較放心的盡地主之誼帶他四處走走；鄧麗君是個心腸很好的女孩，他鄉遇故知，她總是非常熱情的接待他，兩個年輕人也很聊得來，加上兩人背景相似，鄧麗君從小輟學唱歌，成龍自小練武，讀書時間也少，兩人都是窮苦人家的孩子，憑著努力想出人頭地，鄧麗君少不了體貼的多照顧他一些，鄧媽媽也邀請他到家中作客，還請他喝了家鄉才有的綠豆湯解饞。其實，那天到家中來喝綠豆湯的還有陳自強等一票電影工作人員，鄧媽媽煮了一大鍋，他們喝個精光。

那時他正在忙著拍《殺手壕》，工作之餘把握僅有的休息時間出去走走，去看日

鄧麗君與成龍同在美國時期，成龍常和朋友去鄧麗君家中作客。

落、拍照、溜冰、唱歌，或找特別一點的地方吃不一樣的東西。有時鄧麗君帶他去，有時他帶鄧麗君去，玩得頗為開心；但是成龍心中一直有著莫名的自尊在作祟，覺得鄧麗君高貴而浪漫，自己卻顯得不夠認真，配不上她的純真、熱誠，拍完電影他返回香港，時空距離使本來若有似無的感情隨之淡然；那時的他太熱愛拍戲，沒有人可以跟電影來「爭奪」他的心。

鄧麗君不會刻意追求「有緣沒有分」的愛情，她非常清楚，沒有愛情火花，一樣可以做好朋友，鄧麗君也忙於自己的學業以及海外的演唱事業，兩人幾乎沒有任何聯絡。鄧麗君回香港後，有一次兩人在香格里拉酒店的電梯內不期而遇，她大方的微笑和他打招呼，友誼在一剎那間更為明確，兩人仍舊成為可以聊聊的純朋友。

這段時間之中還有一個小插曲。鄧麗君在香港音樂節中獲得「最佳女歌手」的獎項，在主辦單位有心的隱瞞下，鄧麗君並不知道頒獎人是成龍，應該領獎的她轉身匆匆走開，他也愣了一下隨即追了上去，頒獎儀式是電視現場轉播，一個逃、一個追的畫面，讓所有的觀眾都看傻了，那時兩人的緋聞還在流傳著，人們自然而然的想到鄧麗君是因為避著他，才不願從他的手中領獎，轉身就走。

但事實上，鄧麗君對她的經紀人說：「我並不是因為這樣才不接受他的獎，那天頒的是音樂獎，在美國的葛萊美獎或其他國家的音樂節任何獎項，頒獎人都是在音樂領域中的專業人士，音樂人頒獎我當然可以接受，我為什麼要從電影界人士的手中領獎呢！」因為她看重這個音樂獎，覺得那是音樂界隆重的儀式，不應該由活躍在完全不同領域的人來授獎給她，這是她身為歌手的自尊。

這件事之後也不了了之，他們一直維繫著良好的友誼，也很為他高興有個很好的妻子，甚至於在她去世前四天，鄧麗君還打過電話找他，但是他當時在日本仙台拍戲，鄧麗君並未留下聯絡電話給祕書，只說稍後再撥，卻一直沒有再打來。到底她那時找他是像平時一樣的只是閒聊幾句還是有事？完全不得而知，成龍再也問不到她本人了。

開心訂婚
真愛喜訊成為傷心的巨痛

一九八一年，從美國回到國內的鄧麗君是意氣風發的，在香港得到五張白金唱片的聲勢逼人，在國內的演唱會也迭獲好評，在大陸的聲名更如日中天。更重要的是她有了愛情滋潤，與大馬糖王第二代郭孔丞熱戀，儀表堂堂的他在國外求學，頗有內涵，和鄧麗君處處匹配，當時他負責管理香格里拉飯店，經營手法也很得體，是事業成功、人品良好的青年。鄧媽媽中意的是，他並不是看上鄧麗君的財富與名氣才與她交往的人，他們的戀情進行得很順利，鄧媽媽也由衷贊成她和圈外人定下來，兩人很快就訂了婚，她手上帶著鑽戒，臉上洋溢幸福笑容，甚至於在香港新伊館神采飛揚的舉行「告別歌壇的最後演唱會」，準備嫁作人婦，婚期訂在一九八二年的三月十七日。

熱戀中的女人隨時透露著幸福，她一邊準備著婚嫁喜事的瑣事，一邊籌備在港臺兩地的告別演唱會，也開開心心把手上婚戒秀給好朋友看，眉宇之間透出掩飾不住的「喜氣」，讓朋友們為她又喜又羨。那一年是鄧麗君一生最快樂的日子，但隨之從高處跌下來的痛楚，也成為她一生最巨大的傷痛。

郭家是南洋富甲一方的名門望族，有嚴謹的家規要遵守，「聲譽」更形重要，鄧麗君不願他在婚事曝光後被媒體追蹤而困擾，於是放低姿態、保持沉默。鄧媽媽記得郭公子非常有誠意，那時鄧爸中風行動不便，他特地來臺灣看鄧爸，當然是和鄧麗君已經有深厚的感情；同時，他的父親也請鄧媽媽吃過兩次飯，雙方印象都很好，郭媽媽非常喜歡鄧麗君，也頗為欣賞她的歌，還送她一條價值不菲的珠寶項鍊，讓她戴著在告別演唱會上閃閃發光。

可惜，不久之後，罹患乳癌末期的郭媽媽不幸去世，郭家人提出希望在百日之內結婚，否則就要等三年以後再談。然而，郭家權勢頗大的高齡祖母此時卻提出嚴苛條件要求鄧麗君：「提出身家報告，停止一切演唱活動，專心做個妻子，更要斷絕和演藝界的所有關係，所有追求她的男朋友當然也不得再來往，必須畫清界限。」鄧麗君為了愛，答應做到所有要求，願意放棄璀璨的舞臺生涯，但只求郭家能允許她只做一個單純的唱片歌手，因為如果連這最低的底線都棄守，她就再也不是她了。

鄧麗君的委曲求全並沒有得到同情，她在矛盾中想尋求奧援時，郭公子也沒有出面支持她，三個月期限未到，郭家就傳出解除婚約的消息，充滿憧憬的婚姻成為泡影，鄧麗君內心極度不平衡，卻謹守分際，不爭不鬧，黯然離開，從此絕口不提這樁婚事。鄧媽媽看了真是疼在心裡，沒辦法勸也沒辦法分擔，她感嘆的說，如果郭媽媽還在世，這樁婚姻肯定是談得成的，只怪她沒有這個命。

鄧麗君自此放下傷心，努力於事業上衝刺，她在日本連拿三連霸的高峰期，就是「婚變」之後的移情作用，如果她真的應允郭家而早早退出演藝圈，這一切的榮耀都不會發生，鄧麗君的人生也就完全不是那麼回事了。

「放下婚姻談友誼」是鄧麗君一向的作風，分手後，兩人反而成為純粹的朋友。多年之後，他還帶著女兒造訪鄧麗君在赤柱的家。明姊說：「那是在一九八九年，家裡來了一位很體面的陌生客人，和一般訪客沒兩樣，帶著一盒燕窩當伴手禮，小姐客客氣氣引他進客廳，兩人禮貌的坐著談了好一陣子，她一直微笑著，看不出小姐有什麼特別的情緒，也看不出客人有什麼不尋常，兩人像很熟稔的老朋友，小姐還直誇他的女兒很可愛、很漂亮。送走他不久，小姐才淡淡的說，那位就是郭先生。」明姊形容，鄧麗君的口氣完全是事過境遷的雲淡風輕，正常得不得了，明姊很替小姐高興，認為她是完全從傷痛中走出來了。

提得起、放得下，是鄧麗君談感情的一向作風。

惜才愛才
最後戀人卻未能長相廝守

一九八九年之後，鄧麗君已把歌唱事業的全部重心放在幕後，幾乎沒有公開的演唱活動，生活也算愜意：定居巴黎，在香榭麗舍附近買了古色古香的房子，一邊學法文，一邊持續飛去倫敦上聲樂課和歌劇方面的課程；週末假日跑博物院、美術館，充實自己的藝術涵養，日子豐富而充實；偶爾抽空來回於香港、日本之間，多半是為了錄音，並且積極學習音樂監製、研究作曲、填詞等幕後工作，心情漸漸穩定。

紮個馬尾的史蒂芬，比鄧麗君小十五歲，有一股屬於法國人的浪漫特質，他們在法國的一間錄音室認識。當時，他完全不知道她是一位享譽國際的巨星，只覺得這個中國女人的氣質非常特別，隨即從工作上發展友誼，由於他從事拍攝工作，鄧麗君又特別重視攝影，兩個人有了共同的話題，史蒂芬願意幫鄧麗君留下最有韻味的影像生活，兩個人在攝影認知上有了交集，展開一段特別的情緣。

「那段時間，小姐變得特別年輕也特別快樂。」一直在香港照顧鄧麗君飲食起居的明姊回憶她和史蒂芬初識的情景，那時她會開心的哼著歌，拿出一件件衣服來在鏡子前比來比去，還問明姊要穿哪一件才會顯得年輕一點？每當這個時候，明姊就知道她要和史蒂芬約會了，雖然她從來沒有向她們描述約會的過程，但她每天出門前和回來後都心情愉快，不約會的時候也常帶著微笑沉思，完全是沉浸在戀愛中女人的感覺，那時，她覺得好不容易小姐有了笑容，有了在意的對象，不禁為她高興。

鄧麗君是惜才、愛才的人，她有心栽培這位熱愛中國文化的年輕人，交往不久之後，就為他買了全套專業攝影器材，據說是珍藏級的高檔貨。兩人也常出遊找尋拍攝景點，將照片沖洗出來，相互討論效果。照片裡的她總是笑得很開心，很燦爛。明姊形容，那段日子她像一下子年輕了十幾歲，還相偕到法國南部靠海邊的農場，去拜訪過史蒂芬的父母親，聊得非常愉快，她還向明姊透露過史蒂芬的父母親很喜歡她，但是她並沒有進一步的打算。

鄧麗君幾乎每年過農曆新年都回臺灣與家人歡聚，一九九二年她返臺過春節假期時，史蒂芬也同行，她為了打破記者追問他是不是「男朋友」的揣測，曾向媒體介紹他是她的法籍專屬攝影師，並說「終身大事」是她最不想提的問題，人過四十，早已不是適婚年齡，每個人的人生目標也不同，她一切隨緣，不再想追求什麼、強求什麼，過得快樂就好。

鄧麗君回臺灣參加勞軍演出時，史蒂芬追隨在側，幫她提著隨身小包包，還不時上臺和鄧麗君及樂手溝通，全程伴隨並一直注意她演唱時的小細節。他的個性沉靜，刻意躲避媒體拍照，極不願曝光，鄧麗君在臺上對 key 和排唱，他就在一旁打拍子，盯著她看，每次都是綵排完才一起離去。

鄧媽媽回憶她帶史蒂芬回家和大夥兒吃年夜飯，他看起來滿老實的，話很少，人有些靦腆，但動作優雅，有歐洲男士體貼、有禮貌的氣質。鄧媽媽並不在意他是不是中國人、年齡是否匹配。她只說，鄧麗君都過四十歲了，自己有分辨的能力，只要他能好好照顧鄧麗君就夠了，只是鄧媽媽萬萬沒想到，他連最基本的「照顧鄧麗君」都沒有做好。

《歐洲日報》的資深記者郭乃雄報導過他們的愛情故事，敘述兩個人的確是真心相愛，卻無意結婚。史蒂芬年紀還輕，有許多小事在友人看來還不夠成熟。例如，鄧麗君一向對人寬厚、慷慨，有一回在新敦煌酒店用完餐離去前，在桌上放了兩百法郎的小費，沒想到史蒂芬立刻在眾目睽睽下把兩百法郎取回，放進自己的口袋，掏出兩個十法郎的硬幣丟在桌上當小費；又一次，鄧麗君請新敦煌酒店的老闆娘沈雲在社區附設的游泳池游泳，鄧麗君是唯恐對人招呼不周的人，早就打點了豐厚的

史蒂芬攝影鏡頭下的鄧麗君，美麗而有韻味。

小費給管理員，這也惹得史蒂芬很不高興，覺得她出手太浪費，太隨意揮霍。

鄧麗君的名氣大，受歡迎的程度也讓他招架不住，他們每到有華人的地方，她都是被包圍、被捧著，無形中就冷落了他；沈雲和林青霞找鄧麗君玩，或者用餐時常用粵語交談，他也插不上嘴，顯得沉靜、乏味。諸如此類的事都是小問題，兩人世界依然非常甜蜜，一九九四年范曾娶媳，他們聯袂參加婚禮派對，鄧麗君當天唱了好幾首拿手歌，那種快樂與幸福，讓在場來賓都覺得她找到疼惜她的真命天子，哪曉得這樣的快樂竟如雲煙。

觀念改變
尋得精神伴侶勝婚姻束縛

經過在法國長期的居住以及旅遊世界各地的經驗，鄧麗君過去保守的觀念已慢慢有些改變，她告訴閨中密友當時的想法，認為生活中有人關懷、有人相伴、有人談談心，甚至於可以從工作夥伴發展成精神伴侶，就夠了，不需要一定用婚姻的枷鎖把自己羈絆起來；至於生孩子更是一件必須審慎看待的事，因為孩子要養，也要教育，如果沒有好好教，給予好的成長環境，對孩子是不公平的。

鄧麗君非常愛孩子，對哥哥的兒女好得不得了，連婚禮上賓客帶去的孩子她都逗玩不已，直嚷著好可愛、好漂亮。她曾不只一次向好友透露，自己最希望的就是養兒育女，好好打扮他們、教育他們，她也喜歡送玩具給朋友的小孩，還認朋友的孩子當乾女兒，而且從年輕開始就沒有間斷的在孤兒院認養幾位孤兒，按時付養育費，也頗關心他們的成長。

另一方面，她深知自己是一個公眾人物，沒有隱私，她不願史蒂芬因為她而失去原有的自由。至於外界所傳言的她不肯公開史蒂芬的原因如：他的年齡比她小，或是他受西方文化長大、言語不通、生活習慣不一樣等，她說，這些都不是真正的問題，主要是她不想讓婚姻生活成為她個人生活的重心，她還有很多事要忙，要學習。

鄧麗君一直非常信任的二哥林雲大師曾為了她，調整她的婚姻之「氣」，改變她穿衣打扮的服飾顏色，他以五行金木水火土的五種元素，算出她的色彩介於火紅與白色之間，也就是屬「坤」，搭配出適合她的色彩是粉紅色，這是她的本命色，常穿會發，也容易遇到理想的對象，之後，鄧麗君的服裝一律都是清一色的粉紅、紫紅、桃紅，並且不諱言的表明她在等待桃花運。林二哥無限感慨的說，桃紅並沒有為她帶來桃花運，倒是她在給自己做桃紅色衣裳時，順便為二哥做了紫色絲棉的短襖，他也為她準備了用朱砂寫的一幅字，好破解從赤柱陽宅看出來的劫數，沒想到她去清邁度假，不在香港，他寫好的字一直送不出去，劫難終究沒有被解掉。她過世之後，好友拿出她生前已準備好要送給他的紫色短襖給他，睹物思人，更令他扼腕嘆息。

鄧媽媽一直盼著女兒有個好歸宿，也一直覺得女兒會找到理想伴侶。有一年她回家過春節，還和兒女們開玩笑：「將來麗君出嫁，就坐著你們四個兄弟抬的花轎，聲勢有多浩大啊！」兄弟們也附和著說：「有什麼事，咱們四個兄弟排成一排站出來，看誰有膽量欺侮她！」這樣的笑語，還在鄧媽媽的腦海裡，她的麗君卻再也沒有喜孜孜坐上花轎的機會了，一九九五年五月十一日晚，她的靈柩運回國內，從中正機場的停機坪，長安、長順、長富、長禧四兄弟扶著靈柩緩緩的步出，一步一沉，一步一慟，抬花轎成了扶棺木，是人間至痛，情何以堪，情何以堪……

鄧麗君嚮往愛情、也喜愛小孩，更期待一個懂她的人出現。

第十一章

再見，我的愛人

Good bye my love
我的愛人 再見
Good bye my love
從此和你分離
我會永遠永遠
愛你在心裡
希望你不要把我忘記

道別，是很難的，要向所愛的人道別更難，也許因為怕難，鄧麗君選擇了一個猝不及防的方式向人間說再見，沒有給人當面說再見的難！她自己承受了告別一切痛苦、遺憾、不捨和悲歡，獨自在異鄉。

「〈再見，我的愛人〉是鄧麗君唱得非常好的一首歌，一九七六年在香港錄音室試錄時，一再感動了我。」她的唱片監製鄧錫泉這樣認定，錄製過鄧麗君上百條歌，為什麼對這一首印象特別深？因為鄧麗君放進了濃厚的感情去唱，唱得人柔腸百轉，那種感情的共鳴是可以互通的，她在向你輕輕道別，你可以感受她的難捨，但還是要放下，這就是人生！

喜歡清邁　願在此休養生息放鬆自己

中國人常說一個人的生地和死地都是非常重要的，出生地往往決定了籍貫或在屬地的國家，不論是哪國人，只要在當地出生，不必再看膚色、血統，就給予該國的國籍；而死亡地卻是一生的休止符，中國人向來有「父母在，不遠遊，遊必有方」的觀念，客死異鄉難免感傷、遺憾。

不少人問，鄧麗君明知道自己患有氣喘，為什麼還巴巴的跑到異地去度假？泰國又熱又濕，對氣喘病人並不好。原因是，泰國真的是個很自在的地方。據她的好朋友說，鄧麗君非

鄧麗君選擇泰國清邁修身養息。

常喜歡清邁的「純樸」，因為資訊不發達，所以沒有人會注意她，讓她不必喬裝打扮，也能自在出門，完全不必擔心媒體的追蹤。而清邁的空氣也特別好，她並不喜歡到一般遊客愛去的廟宇或觀光點，而是喜歡隨意在林間走走，在市場逛逛，或是租了吉普車到更郊外的地方去，她相信這樣的生活對她的健康有益。

鄧麗君也認為清邁是適合老夫老妻退休後來長住的地方，雖然是泰國的第二大城市，卻不見沉重的經濟壓力，也沒有過多的奢侈豪華或人工開鑿跡象，更不見因應觀光設備所開發的娛樂場所，樹木、繁花都保有原始的風情，高樓大廈不多，生活的消費指數很低，又有和臺灣很相近的天候所盛產的水果、蔬菜，感覺離臺灣相去不遠，在舒適的小酒店住一陣子，即使是總統套房，打折下來，一天七千左右，遊客多半是日本或歐美人士，大家各過各的，不相煩擾，十分自在。

鄧麗君來清邁偶爾會找一位昆明翡翠玉器店的老闆娘楊太太聊天，到清邁找她，主要是向她買玉。鄧麗君聽從命理大師的指示，應該多戴玉飾來保平安，不必戴那些並不適合她的珠寶、鑽石。有時老闆娘想送她很漂亮的藍寶飾品，她說什麼也不肯戴，說不適合她的命格，楊太太覺得鄧麗君是一個厚道而正直的人，有時天真得像個孩子，是一點防人之心都沒有的。有一、兩次，鄧麗君曾打電話向她說心情不好，聲音非常無助，楊太太提議要過去陪陪她，鄧麗君卻說不用了。

楊太太年輕時在師大唸書，就曾經看過鄧麗君的演出，對小小年紀的少女鄧麗君印象很

在清邁，鄧麗君不必喬裝打扮，也能自在出門。

清邁的樹木、繁花都保有原始風情，讓鄧麗君很喜歡。

深，也可以說是她十幾年的歌迷了，現在突然成為她的好朋友，當然是對她關懷備至。

鄧麗君喜歡玉器，也異想天開的說要用玉碗來請客，問她會請誰呢？她毫不猶豫的回答：「成龍夫婦啊！青霞夫婦啊！」她用毛筆親筆寫了自己的名字作版，囑咐刻在玉碗的底部，碗面則是雕龍和壽字，這一套玉材是老坑玉，加上刻工要一百多萬，鄧麗君說沒關係，還是要做，她訂了一套六個，他們還沒有全部趕完，她就去世了，玉碗再也無法請她的貴客。他們捨不得賣掉，把它收藏在保險櫃中，日本人曾經要向他們購買，出了數倍的價錢，楊家都不肯賣，對他們而言，這是鄧麗君留下來的唯一紀念品。

到蘇梅島度假。

有人問她，鄧麗君到清邁來，是不是為了吸毒方便？楊太太義正詞嚴的說：「絕不會的！她是那麼自律嚴謹的人，如果知道你吸毒，她會罵死你咧！怎麼會自己去吸？她非常自愛，最討厭生活糜爛的人，她還常勸人要上進、要努力。」有一回，她們閒聊，她非常感慨的說，別以為她是一個人人稱羨的名歌星，其實，她非常不喜歡這樣的身分，不論再成功、再努力、再自愛，在別人的眼中也不過是個歌女。她一邊說，一邊哭得傷心，後來，楊太太才知道她是為了郭家的退婚而傷心，數年後那傷口的疼痛都無法治癒，伴隨著她的自卑感深深埋藏在心底。

關懷泰北
幫助華文教育是最後心願

鄧麗君也喜歡吃雲南菜，有一回，楊太太介紹她的超級歌迷洪老師給鄧麗君時，就約在卅年雲南老店──新友飯館見面，這兒有道地的雲南菜薤菜、奶酪、牛肉干巴等。洪老師是搞建築的，見面不久就表示既然鄧麗君喜歡住清邁，她願意送一棟單層的別墅給她，可把鄧麗君嚇壞了，連連拒絕；楊太太說鄧麗君是絕對不肯占別人便宜的，即使知道自己很受歡迎，仍然謹守分際，從來不接受非分的餽贈。

新友飯館有全套的鄧麗君專輯，從她生前直到現在十幾年來，只要開店就日夜不停的播放著鄧麗君的歌，老闆段應龍得意的說：「沒辦法囉！客人愛聽嘛！不放，他們還要求要聽，總也聽不膩！」這種情形不只是雲南館子才有，在泰國的中國飯館雙龍餐廳、風雅軒、小麵館，在泰北的美斯樂、滿星疊、老象塘等幾個大村落，任何一家飯館都是日夜播放鄧麗君的歌；幾天的採訪行程下來，一共吃了十幾家不同的店，都不約而同播放鄧麗君的歌。在那個時空聽起來，感情是很微妙的，問老闆娘為什麼只播鄧麗君的歌，她也說不上來，反正客人就是愛聽，連外國觀光客也指名要聽這一首、那一首，彷彿她的歌與整個泰北的生活情境都結了根、融在一塊。

這樣的感覺並非毫無關聯，奇特的是，鄧麗君對泰北的感情也十分特殊，從一九八〇年響應「送炭到泰北」，她就非常熱心的奔走於為泰北的孤軍和子弟兵們募款。一位歌迷當時正在服兵役，為了要一張鄧麗君義賣的簽名照片，喊價到十萬元都沒買到，最後財力不足，只好放棄，至今還引以為憾。

直到現在，泰國許多餐廳還是會播放鄧麗君的歌。

鄧麗君曾經請梅坪酒店代租了一輛車，和史蒂芬兩人開到泰北去，探望泰北孤軍的孩子們，了解他們在泰國不忘本、讀中文、努力向學的情形，非常感動；回來後就打電話向她的弟弟長禧表示，她很想好好幫助泰北的小朋友，他們的物質條件不好，卻每個人都心向祖國，她想以什麼名義給泰北難民村一些實質有益的捐贈，好讓他們能過得更好。

這心願是她去世前不久的最後心聲，鄧長禧一直把這件事記在心頭，鄧麗君逝世之後，文教基金會始終支持著泰北華文教育，默默捐錢、興學、修路，默默實現鄧麗君來不及做的。

據泰北的村民描述，的確有一對夫妻似的遊客來關懷過他們，先生是高高瘦瘦的外國人，太太是美麗和善的中國人，她們還在泰北的村子裡和村民一塊兒吃了豆花，並一直詢問小朋友讀書的情形，村民並不知道這位太太就是鄧麗君，他們在封閉的深山中，沒有能力注意娛樂訊息，也沒有任何視聽設備，當然不知道有鄧麗君這樣的歌星，只是覺得這位太太好善良。

梅坪酒店對面的小麵店老闆夫婦也覺得鄧麗君很親切，好善良，她食慾好的時候，吃他們家的蒜油雞肉麵一次可以吃三碗，他們的店裡常有觀光客在一塊一塊的天花板上簽名留言，鄧麗君覺得好玩，在一九九五年元旦，也用中文簽了「恭喜發財」，並用英文祝福他們。史蒂芬也頑皮的用英文寫：「你們的麵是清邁第一的美食！」兩人簽了名之後，逛到夜市買了兩卷她的專輯，在回酒店的時候送給麵店老闆，他們才恍然大悟；原來天天碰面的這位女士竟是鼎鼎大名的鄧麗君！

鄧麗君去世後，夫婦倆十分傷心，從天花板上把她的簽名板取下來，和她的錄音帶封套一起裱成一幅畫，掛在店面，不少觀光客都想要收藏，一位日本人還出五萬元的高價要買，老闆說什麼都不賣，他們還將鄧麗君送的錄音帶翻拷了四、五十卷分送親朋好友呢！

清邁唱片行的老闆娘非常開心能親眼見到巨星。

送醫車程
平靜地在不知不覺中逝去

清邁的五月已經有些熱了，鄧麗君和史蒂芬是在四月中旬投宿梅坪酒店，空氣中的乾爽對氣喘病人還不錯，於是過了大半個月閒雲野鶴的日子。五月八日，史蒂芬約在下午四時左右出門，手裡提著錄影帶的袋子，好像是要去換其他的片子，並沒有帶著鄧麗君同行。將近五點的時候，在總統套房外的兩三個服務生，發現鄧麗君掙扎的跑出來，大口的喘著氣，臉色已然有些發青，口中呼喚媽媽，似乎在用中文呼救，才跑了幾步就跌倒在房間到貴賓廳之間的長廊上。

服務生當時也嚇壞了，但還是非常冷靜，一位立即到房間找了一件睡袍，七手八腳的為她穿上，一位服務生拿了一隻湯匙讓她咬住，防止她咬到舌頭，她們用酒店的大床單包覆她，抬到電梯坐下樓。當時，她手上還緊緊抓著氣喘藥的噴劑，人有些抽搐，眼淚、鼻涕似乎像不能控制似的流下來，經理一見事態嚴重，立刻撥緊急電話到醫院請求派救護車來，一方面也做了一些簡單的按摩動作，但是沒有什麼改善。

等了一會兒，他們焦急的等不住，怕救護車來得太晚會來不及，酒店老闆決定立即用酒店的載客巴士快些送去醫院，他們用床單做擔架，四個人抬著四個角把她扶上巴士，由於鄧麗君是女性，且身上僅著睡衣，他們考慮由女孩子抱著她比較妥當，四位年輕的女服務生一個坐在前座，三個並坐在後座，讓鄧麗君能橫躺在她們的大腿上，比較舒服，Pichaisat 經理則和另一位酒店經理搭下一輛巴士尾隨在後。

由於車上會跳動，負責枕著她頭部的那位服務生，就用雙臂把她的頭輕輕托抱在自己的懷中，等於是半抱著她，以免一路上的顛簸造成她更多的不適。鄧麗君剛開始一、兩分鐘，還在低聲的喚「媽媽，媽媽！」後來就漸漸睡著了，臉上很平靜，沒有什麼痛苦的表情，也沒有任何異樣，服務生們都鬆了一口氣，還說睡著了就好，可以減輕她的痛楚，由於堵車車程很慢，她平靜的睡著後，大家也就不像剛才那麼心焦，誰也不知道，她已在她們的懷抱中走完人生最後一段路程；車到醫院，醫師一檢查瞳孔、心跳，就說她已經沒有生命跡象，剛剛還抱著她的那位服務生不肯相信，嚇得說不出任何話來，當場就痛哭起來。

梅坪酒店的經理 Pichaisat Pratya 解釋為什麼服務生會這樣傷心，因為鄧麗君住的豪華套房是梅坪酒店很自豪的總統套房，所用的服務生當然程度都很好，這幾位服務生都是大學畢業生，英語能力強，個個年輕漂亮，鄧麗君生前就是由她們幾位輪流負責房間的服務，經常在會客廳見面、聊幾句，她幾乎不會麻煩她們，偶爾有事相託，也會給優厚的小費，幾位服務生對她的印象都很好。在一九九四年酒店歡度耶誕節的晚會上，她也一起和所有的住客狂歡，並和這些喜歡她的服務生們一起合照留念，並且比出V字型手勢，告訴她們這個意義象徵世界和平，她的親切、寬容、客氣和溫柔，給她們留下很深刻的印象。

三位服務生在事發後不久都離開了梅坪酒店，沒有一個敢再待在酒店，這些年來，尤其是日本的媒體和寫她傳記的作者，曾三番兩次的前來清邁訪問，每次都要找她們訪問，讓她們和家人飽受打擾，十分困擾。其中，兩位去法國讀研究所，一位去澳洲深造，另一個通過了航空人員考試，當空中小姐去了，她們把過程告訴 Pichaisat 經理時都流著眼淚，好希望能夠讓她起死回生，她們是這樣喜歡她啊！他轉述她們幾位的心聲時，眼中也蓄著淚，忍住不讓它掉下來。

V字型手勢已經是鄧麗君最愛擺的動作之一。

陪她一段
梅坪酒店經理深情地守候

的確，不只是女服務生們喜歡她，就連這位男性經理 Pichaisat 也對她相當欣賞，他說，鄧麗君是以護照上的英文名字「Teng Li Yun」登記住進酒店的總統套房，當時他們都不知道她是大名鼎鼎的鄧麗君，直到認識一個禮拜之後，夜市唱片行的老闆說一位亞洲著名的歌星住在你們酒店，看了唱片上的照片後才知道原來五樓的貴賓是位明星，平常她們出入時，她會親切而和善的向每個服務人員點頭打招呼，他覺得她很活潑、可愛，完全不像已經是四十二歲的人。

Pichaisat 經理回想鄧麗君在酒店的生活很規律，平日深居簡出，頂多是出去租錄影帶回來在房間看，晚上偶爾出去逛逛，很少出來到酒店附近閒晃。她喜歡點芭樂、香蕉、果汁和簡單的三明治當餐點，吃得非常少。並且特別聲明不願被打擾，所以每次餐點都只送到房間外的服務臺，她自己會出來取，不麻煩服務人員送進房內，是個很好的客人。

一九九四年底，她再度和史蒂芬到梅坪酒店度假，當時有一個跨年讀秒的一九九五新年晚會，在一樓大廳舉辦，他們敦請她為大家唱歌助興，她欣然答應，但是要求在場的人不要出去宣傳她住在這裡的消息，以免生活被打擾。那個晚上她唱了包括〈甜蜜蜜〉等幾首在東南亞都很風靡的歌，那些歌被翻譯成泰語在泰國流行歌壇走紅，唱的人雖然不是她，但大家

鄧麗君過世前才剛回臺北過春節，沒想到不久就發生意外。

都熟悉那個曲調，用中文唱起來即使聽不懂，也格外有共鳴，全酒店的旅客都聽得如癡如醉。他身為經理，忙進忙出的，偶爾得空駐足在大廳一隅靜聽，不禁讚嘆她的歌聲果然不愧為紅遍亞洲的實力派大明星。

從此，他和鄧麗君漸漸熟稔起來，有一次，鄧麗君坦白向他說，她們曾經下榻在另一間酒店，但是地方太狹窄，出入分子很雜，整個旅店不夠安靜，所以又搬回梅坪來。她向他表示，她的身體有些不舒服，需要靜養，她到泰國清邁是想清靜悠閒度日，不願被媒體追蹤，她想靜靜地寫些歌詞，而清邁人很友善，風景又美，酒店環境也很清靜，她才願意長時間的住下來。

另有一次，她們在貴賓廳內的長沙發閒

話家常，她侃侃而談自己這些年的歌唱歷程，幾歲開始唱，幾歲到香港、星馬發展，在日本走紅的跌宕起伏過程，甚至聊到她的收入情形和聽眾們熱愛她的種種趣事，談得非常盡興。她是一個幽默、優雅的人，不但沒有心機，而且不會設防，也很願意聆聽對方的談話，當Pichaisat 經理說起自己想到香港去走走時，她掏心的把在香港的地址、電話寫在紙片上親手交給他，熱誠的說，來香港玩可以住她那邊，帶他去赤柱觀光市場逛逛。那一夜，成為他們最後的長談。Pichaisat 經理拿出鄧麗君親筆寫的地址、電話，這是他一直珍藏在身邊的小紙片，當初音容笑貌猶在他心中，只是，這個說要負責接待他的女主人，卻再也不會出現了。

Pichaisat 經理也觀察到鄧麗君和史蒂芬這一對戀人，覺得他們是很登對的，平時出雙入對的很是甜蜜，手牽著手，一起逛夜市，吃小吃，談天說笑非常相愛的感覺；當然，他們偶爾也有吵架的時候，史蒂芬是個滿會發脾氣的人，一點點小事就和服務人員發生爭執，有時也會莫名其妙把氣出在服務人員的身上，鄧麗君就會隨後出來代替他向受委曲的服務人員道歉，大家是看在她的面子上才包容他的無理。

有一晚，史蒂芬出去很久都沒有回來，鄧麗君大概真的生氣了，就把房門反鎖，不讓他進門，他回來後在門外大吼大叫，拚命踢門。這樣的事情在那一年不只發生一次，但是第二天又像沒事兒一樣，兩人又手牽手出去逛，從他們的表現看來，就是一對彼此深愛著對方的情人，情人間鬧鬧小彆扭，這種事在酒店司空見慣。

鄧麗君死亡的時候，他本來正在忙碌別的事情，一看是鄧麗君病發，立刻放下手邊的事，

和另外一位經理一起了解她在樓上發病的狀況，並一路跟隨著飯店的載客小巴士到醫院。下了車，幫她處理送進醫院的一切手續，醫師檢查一番就告訴他們已經沒有生命跡象，他們不相信，請求醫生再做急救試試看，蘭姆醫院的院長和醫師們也很重視這件事，盡心盡力的救了將近一個鐘頭，他一直把整個急救的過程看在眼裡，並且護送她直到送進太平間。

他一直很喜歡也很尊敬鄧麗君，院方放棄急救後，鄧麗君被安置在太平間外另一個等候病房內，沒有直接送進冰櫃。那段時間，他默默守在鄧麗君的病床後方，她被白布從頭上蓋起來，但是雙腳並沒有被白布蓋到，他一直盯著她的雙腳，看著那略呈粉紅色的肌膚顏色，在那兩個鐘頭內漸漸變化成沒有血色的發青轉綠，心中淒惻而茫然，腦中完全是一片空白。

那年，他才廿五歲，沒有經歷過任何死亡的經驗，鄧麗君是他第一個守著這麼久的遺體，奇怪的是，他始終沒有害怕的感覺，就像和她在一起聊天一樣，覺得很安詳，很平靜，很自在，伴隨著許許多多的捨不得，他至今仍然不願相信她已不在人間，事實上，他卻又是親眼看她褪盡生命顏色的人，陪她走完生命最後一段路，他一輩子忘不了她！

巨星殞落
引發眾家媒體追思應變戰

史蒂芬大約是在六點到六點半之間回酒店，被告知鄧麗君已經送醫院，他不肯相信，還發了一頓脾氣，他們一再證實她已送到蘭姆醫院了，他才匆匆的趕回來，人到醫院都已經七點多了。史蒂芬哭得很傷心，有些亂了方寸，還一直要醫生再急救，後來把她安置到太平間，兩位經理才離開了醫院，這時候，全球的各新聞臺已經傳送鄧麗君死亡的消息，消息是中華民國在泰國的外交部代表處發布的。

當時，鄧麗君在梅坪酒店病危的消息傳出來後，不少電話打到救總和駐泰代表處詢問，那時天色尚未全黑，代表處的人馬上打聽事情的真實性，因為過去她的死亡傳言已經不只三、四次了，這次他們也格外慎重，並用 Teresa Teng 的名義打電話到每個醫院去查。最後透過一位資深護理長的調查，才知道她是用本名送進蘭姆醫院，代表處的兩位專員趕到醫院求證，由於生前沒有面對面的看過她，便找了一位鄧麗君生前的朋友洪于青老師一起證實，但他們不是鄧麗君的家屬，加上史蒂芬交代不准任何人動她的遺體，史蒂芬本人卻不在醫院，所以醫院不敢打開冰櫃讓他們證實，後來運用了一些關係，取得查看的權利，肯定是她之後才正式對外發布。

鄧麗君逝世所帶來的風暴，不只是全球各地的鄧迷同聲憾嘆，同時也掀起了一場為期幾乎達一個月的馬拉松式新聞熱戰，當時的有線電視臺只有臺視、中視、華視三臺，無線電視臺則還在爭取出頭天，幾乎是即時性的一致默契，三臺都動員了所有可能的資源、人際關係、設備、人力投入，第一天傍晚播出鄧麗君猝逝泰國清邁的新聞，到第三天中正機場迎靈的立即轉播，卯足全力的發揮各家的轉播功力及應變能力。

鄧麗君早期與臺視的淵源深厚，臺視也收藏了不少她的專輯、錄影、現場訪問等資料，所以能在她去世的第二天就以新聞的角度切入晚間新聞，以長達十分鐘的各角度配合話題作大篇幅的報導。此外，再推出全長一百三十分鐘《十億個掌聲》演唱會實況轉播，重現她在十一年前的十五週年紀念演唱會風采，在日本專人設計的舞臺上以變換無數造型，連唱三十七首歌曲的盛況，讓人懷念、難忘。

中視雖有鄧麗君早期在中視主持的《每日一星》節目的優勢，可惜當時並未將這些資料片保存起來，造成沒有舊畫面可運用的辛苦迎戰，紀念專輯遲遲未出，中視的公關室主任張佑民和節目部經理連錦源一方面及時帶著三十萬慰問金致贈給鄧家表示心意，一方面也和衛視聯手製作紀念專輯。

華視的機動性效率非常高，立即推出以編年史方式所製作的一支長達三、四小時的特別節目，跨越了鄧麗君生前居住各地的未定名紀錄傳記影片；華視總經理張家驤請鄧麗君的乾哥哥趙寧擔任顧問、編劇及主持工作，以及為鄧麗君的平面紀念冊執筆，他排除手邊所有工作，全力為義妹保留最完整的珍貴回憶，細說她從小到大的奮鬥故事，以及一生為流行音樂所做的貢獻，特別節目在百日內播出時，的確引起廣大的迴響，連到臺灣來取材的日本NHK電視臺工作人員都讚佩不已。

在臺視錄影的畫面。

一九七〇年，拍攝臺視《每日一星》節目。

一九八二年，上臺視節目《鬱金香》。

駁斥謠傳
蘭姆醫院主治大夫尊敬她

在這一波新聞專輯化．專輯新聞性的熱戰中，還引發了媒體對遺體畫面處理不當的新聞尺度問題，一般而言，為了尊重死者，是不宜將遺容以近距離畫面拍攝呈現的，尤其是中國人一向是以「死者為大」，但電視臺和平面媒體都以大幅照片刊出她的遺容，更有甚者，以遺容上所略為浮現的「屍斑」，指出鄧麗君是死於愛滋病。

對這項無稽之談，鄧家人一直不予回應，我運用了情報局駐泰好友的關係，前往蘭姆醫院向院方求取明確的證明，的確是因為流行性感冒所引發的氣喘病，因為沒有及時送醫治療，且治氣喘的噴劑用量過多而導致不治，蘭姆醫院曾為她兩度救治的主治大夫蘇美醫師，拿出一疊登記了鄧麗筠本名，病歷號碼ＨＮ四五八八一的病歷表為我們詳細說明。

鄧麗君曾在一九九四年十二月卅日住院治療，她的確有氣喘的老毛病，還因為感冒而伴隨有支氣管炎。住院一晚，退燒了就拿了藥回去。當時，蘇美醫師指示她下次來度假時，住旅館一定要找離醫院比較近的地方投宿，因為氣喘隨時會發作，離醫院近才好應變處理，她也聽從醫師指示住進梅坪酒店，一般在不塞車的情況之下，只要十分鐘不到的車程就可以從酒店開到醫院了。

在過世之前，她最少來過兩次，每次都為了呼吸不順暢，當時有為她作一系列的血液和尿

液檢驗，化驗單上證明她體內沒有愛滋病毒，也沒有吸食毒品的反應，至於斑點的問題，蘇美醫師解釋，放過冰庫的遺體拿出來在常溫之下一段時間，都一定會有不自然的臉色和斑痕出現，這是非常自然的事，可說是一般常識，他不懂為什麼會有這樣的傳言。他為她兩度就醫，加上最後一次急救，從來不會想到這名有氣質的女士會吸毒或得愛滋，因為吸毒或得愛滋的人是從外觀就可以立即判別出來的，她完全沒有這樣的現象。

他面色凝重的說：「一般而言，除了提供給警方之外，我們是不隨便把任何病人資料拿出來給訪問的人看的，但是你們臺灣會有這樣的傳言出來，讓我感到困惑，而且十分痛心，這位病人的禮貌、尊重人、悉心接受建議都讓我印象深刻。她對人這麼好，做這麼多善事，她是你們國家的榮譽，我們外國人都這麼尊敬她，我實在不懂，妳們自己的國家為什麼要這樣中傷她！」激動的蘇美醫師緩下一口氣，拿出一張紙，慎重的交給我，啞著聲音說：「我可以破例一次，把她的血液報告影印本給妳帶回臺灣去，這是千真萬確的檢驗報告，可以解除你們所流傳的疑慮，證明她的確不是死於愛滋病！」我看著他幾乎是有些憤怒的臉色，再接過那張影印文件，一個醒目的「NEGATIVE」深深刺痛了我的心，不是我們的國人不愛她、不珍惜她，而是我們的媒體太習慣以臆測來搶作聳人聽聞的「獨家」，那一刻，我以自己身為媒體人而羞愧不已，淚水大顆地滴在驗血報告單上。

蘇美醫師描述，當天如果早到廿分鐘，鄧麗君其實還是能急救回來的，只可惜那時已是下午五點半，送醫的路途被下班尖峰時間的交通所堵塞，救護車來不及趕到飯店，而飯店臨時應變而緊急出發的接送車上又沒有給予純氧的急救設備，服務人員又不會實施人工呼吸或心肺復甦術做第一時間的搶救，使她的腦部缺氧時間過長，即使挽救得了她的生命，她也會終生變成植物人。她到醫院來時，已經瞳孔擴散、心臟停止，不過院方還是緊急做電擊、按摩、注射等搶救治療，一般只作半小時就宣布放棄的，他們為她做了將近一個小時才放棄，醫院真的已經盡全力了！

在她死亡過程中，她手中始終緊捏著一罐氣喘病人常用的「氣管擴張噴劑」，關於這點，蘇美醫師分析也可能是鄧麗君致死的主因之一。由於她是哮喘，日常生活中常會間歇性發作，醫生多半會開擴張支氣管的噴劑給病人，這個噴劑是不能噴太多的，頂多噴個兩次，沒有效果就不能再用，因為這種噴劑的原理是壓縮心臟，使氣管擴散讓空氣湧入，有可能會引起心臟停頓，這些常識他們在給藥之前都會向病人詳細說明，但是，病人如果一時吸不到空氣，亂了方寸，把噴劑拿來當唯一的救命用品猛噴，就極可能會引發心臟上的不適，造成更不利的狀況。

由於親人不在場，飯店的經理不知該如何決定，警察到了醫院勘察，判斷不是犯罪案件，並沒有他殺嫌疑，也沒有解剖的必要；史蒂芬稍後趕到醫院來大聲要求任何人都不准碰她，同時也在診斷書上寫著不要碰她，直到家屬趕來處置，同時院方也了解中國人的傳統思想中有尊重亡者保存「全屍」的觀念，所以醫院並沒有做解剖探查。果然，鄧家人趕到醫院時，也希望讓她平靜的走，不要再折磨她的身體，蘇美醫師便在死亡證明上簽下了「哮喘」的死因。

鄧麗君已經走了整整十八年，臺灣的紀念活動和媒體矚目似乎漸漸淡了，但是，在泰國，在泰北，對她的思念卻與日俱增。從一九九六年至今，梅坪酒店每逢鄧麗君的忌日都會舉辦盛大的紀念活動，有時在大廳，鄧麗君為大家引吭高歌的老地方；有時在戶外的空間，鄧麗君曾悠閒小坐的啤酒屋；他們會請模仿鄧麗君非常成功的歌星珍珍，以中文、英文、泰文、粵語等來唱她的成名曲，唱得當然絕對沒有鄧麗君好，卻已經聊以寬慰清邁人和觀光客思念鄧麗君的心切，地方報會發布演唱會消息讓大家聚集懷念，第四臺也同步轉播，成為清邁一年一度重要的、慣常的盛會，他們相信，用歌聲來紀念鄧麗君，是讓她在天上最高興的方法，他們獻上祝福，獻上祈禱。

〈再見，我的愛人〉是紀念音樂會上常作來壓軸的歌曲，泰國的歌迷們早已不再問〈何日君再來〉，而是誠誠懇懇、心心念念地與她道再見，愛她的心一如往昔，從未稍減……

一代歌后遠離塵世，令人不勝唏噓！

第十二章 何日君再來

好花不常開
好景不常在
愁堆解笑眉
淚灑相思帶
今宵離別後
何日君再來
喝完了這杯
請進點兒小菜
人生難得幾回醉
不歡更何待
今宵離別後
何日君再來

有人說〈何日君再來〉是中國流行歌壇上的長青樹，的確，這首歌從周璇唱紅之後，歷經李香蘭、靜婷、紫薇等老牌歌星的傳揚，直到四十年後，再由鄧麗君細膩溫柔的詮釋，不論在東南亞、日本或海峽兩岸，都是一支長紅歌曲，流行半世紀而百聽不厭，甚而在流行歌壇把它列為是「東方的飲酒歌」。這首懷古名曲，沒有西方飲酒歌的縱情狂歡，卻有東方人內斂含蓄的隱藏辛酸，看似豁達於勸酒，實則藉酒意瞞住了離愁，這樣的情緒，最適合鄧麗君這樣既懂得隱藏感情，又能充分釋放感情的歌聲來表達。

這首好聽的歌在臺灣、大陸都曾遭禁，原因是中共把這首歌視為靡靡之音，不但有頹廢的歌女勸酒，還隱藏著盼望蔣委員長早日率國「軍」打回來的政治呼喚，是不折不扣的黃色反動歌曲，這首歌的作曲者劉雪庵因而被中共畫成「黑五類」一度遭到紅衛兵鬥爭。

然而，現在這首歌有了另一層意義，〈何日君再來〉成為君迷們對「君」的呼喚，因為「君」已遠離，「君」再不能來，唱這首歌時就倍增無限傷感和懷念，鄧麗君的〈何日君再來〉取代了任何前輩歌星唱這首老歌的印象，成為她的謝幕曲或安可曲，和〈君在前哨〉一樣有同樣深刻的寓意，特別是在她的告別式中，這首曲子的淒婉、轉折，就像每個人懷念她的心緒一般，裊裊不絕，綿綿不斷。

帶君回家
國禮規格入葬千萬人追悼

一九九五年的春節，鄧麗君回臺灣過春節，當時就患了重感冒，幾乎足不出戶，凱悅飯店為她特別延請醫師到房間裡去診治；鄧媽媽還想：感冒一直沒好，去清邁養養病也不錯，那邊畢竟氣候比較好；卻怎麼也沒想到臺灣的家人都在為鄧爸五月九日的忌日而忙碌，準備到父親靈位所在的靈骨塔祭拜時，一時疏忽了再三叮囑她，竟造成遺憾。

鄧麗君在泰國清邁遽逝的消息傳回臺灣，鄧媽媽完全不肯相信，她多麼希望這又是媒體另一次的惡意傳言，家人更是傷痛欲絕，五弟鄧長禧緊急辦妥了赴清邁的證件，和三嫂朱蓮及鄧麗君生前好友一起去接她回家。

短短三天辦好所有手續，五月十一日鄧麗君

公祭靈堂上，美麗的鮮花簇擁著美麗的鄧麗君倩影。

面容安詳的穿著桃紅衣裳完成入棺儀式，棺木上了靈車駛向機場；天，陰霾欲淚，上機後，老天也抑不住悲痛地開始落下傾盆大雨，飛機開始在清邁機場跑道滑行，時間很巧合的就落在14：14，鄧麗君飛離地面，伊逝伊逝，飛回歸鄉路吧……

泰航六三六班機在傍晚六點十五分的薄暮時分從曼谷起飛，早星已在天邊亮起，飛行路途中晚霞染紅了半天，瑰麗而燦爛地暈出漫天霞光，夕陽餘暉在雲邊鑲出金晃晃的奪目天光，也像鄧麗君的絢麗人生，天幕由多彩歸於全然地墨黑，唯有星子布滿夜空，一如她未了的「星願」……

桃園中正機場航站主任周文軍在航北端二號機坪等候，纖秀白棺緩緩落地……入境證明文件，只有薄薄的一紙死亡證明，和厚厚一本中華民國護照。機場拖車緩慢的牽引，一如在場人們沉重的心，貨運棧場布置成偌大的臨時靈堂，接機人群眾多，此時卻靜闃無聲，只有此起彼落的鎂光燈閃閃滅滅，平添人世無常的喟嘆。

天空飲泣，細雨如絲，鄧麗君落地歸根，姪女銘鳳、銘玉、銘芳及家寧代表她的後人，傷心迎靈，鄧家人分列在側，他們迎她，也是送她。

在姑姑靈前三叩首，鮮花、素果與清香一一敬上，是的，何日君再來？鄧麗君真的回來了，而且永遠不走了，但，所有的人也都失去了她。

親友和大批歌迷早在機場守候多時，鄧麗君在日本唱片公司「金牛座」社長五十嵐泰弘手執念珠，雙掌合十，率領著副社長舟木稔向他們最愛的藝人深深地三鞠躬；當時的新聞局長胡自強、聯合文學發行人張寶琴、華視董事長周世斌、總經理張家驤等人都到場上香致祭，更有大票藝人來到機場哀慟致意。

當時因著大型勞軍晚會而與鄧麗君接觸頻繁的張家驤將軍，以他一貫明快的軍人行事作風，傾全力籌備成立鄧麗君治喪委員會。華視更提撥了新臺幣一百萬元的治喪經費，以快速效率，短短幾個小時內就在華視視聽中心布置好典雅素淨又莊嚴肅穆的靈堂，淡淡的粉紫檯布鋪設的兩層靈桌，垂掛兩旁的大幅粉紅與純白布幔，典雅有味，使熙來攘往、綿亙數日的告別式達到盡善盡美。許多前往祭悼的民眾都說，從沒有看過這麼美的靈堂。

鄧麗君的遽逝，震驚全球華人，她短短的四十二載生命煥發的光與熱，被報章雜誌以大篇幅報導出來，並被冠以「在演藝圈空前絕後而絕無僅有的藝人」；絡繹不絕的上萬歌迷前來追悼，通宵守候的行禮鞠躬人潮，從四面八方湧來的真摯憶念，也讓人強烈感受到，過去她輻射出去的光熱，而今全都返照回來。每日川流不息的歌迷湧到華視弔祭，不分男女老幼，不分職業、國籍，還有遠從金門、馬祖、澎湖等離島，以及高屏花東等地搭機、渡船、包車趕來，悼念心意，溢於言表。

鄧麗君是國軍最愛、榮民最愛，她的離世，烈性男兒也一灑熱淚。一位八十一歲的李姓老榮民，拄著枴杖從永和跑到第一殯儀館，再經過服務人員指點趕到華視，只為在她靈前一鞠躬；另一位老兵捧著親手繪的鄧麗君肖像，肖像背面寫著「因為妳愛國，所以我愛妳。」一長長的隊伍，憂戚的臉龐，整天穿梭不停。

每天都有數千人來悼念。

前往祭悼的民眾非常多，甚至還有人通宵守候。

鄧麗君的頭七，正好是那一年的母親節，慈濟功德會在場不斷念誦經文，並特別唱了〈當一滴燭淚落下來〉和〈惜緣〉兩首歌，告慰祝禱，鄧媽媽口述了一封信，由大哥長安筆錄，慈母心無從託付青鳥，她只能說：「適逢母親節，以往妳在身邊，總會一大早拿一朵白色康乃馨為我佩上，紀念妳外婆；自己佩上一朵紅康乃馨，再神祕兮兮的拿出早已選好的禮物，祝我母親節快樂；如果不在身邊，哪怕再遠、再忙，也都會打通電話來賀節，不論妳在何處，我都感受到那份溫馨。更或者妳會突然飛回來，給我一個大驚喜……」而這原本充滿期待的母親節，鄧媽媽唯一的期望就是女兒能入夢來，哪怕是片刻相依都好，都好，都好……

華視的鄧麗君靈堂開放十六天來，每天都有數千人來悼念，送花、獻詩、作畫、雕刻、寫輓幛，弔唁方式不同，流露哀痛卻一致。一位從事服裝設計的年輕女歌迷，徹夜未睡，親手趕製了一件桃紅色旗袍，精繡了十六隻翩翩飛舞的蝴蝶，滾邊、內裡、繡工、造型，針針線線都是思念和苦心，只為了能在鄧麗君出殯之日，燒給她帶到另一個世界裡穿，好依舊美美地四處去唱歌，四處去遨遊。

張家驤將軍與鄧麗君的交情縷縷綰繫在她熱情有勁的愛國心上，早在一九八八年的紀念八二三金門勞軍演唱會，到一九九三、九四年的連續勞軍活動，鄧麗君都是被張家驤說動而高高興興的返國勞軍，當時她已幾乎將全部的演藝事業移向海外，晚期也幾乎已經是半退休狀態，在國內並沒有任何必要做宣傳，她的勞軍就是單單純純的想唱歌慰勞三軍，沒有一點點商業動機，也沒有任何附加價值，只是一心一意想以演唱方式回饋國軍、報效國家。

她分文不取的熱情演唱，還花費不貲地自備燈光也自帶樂團，她積極綵排，絕不馬虎，即使身體不舒服，也拚著演出，不露任何痕跡，這樣的心，已不是「讚佩」二字所能形容。她的歌聲成了絕唱，美好成了永恆；屬於她的各項殊榮，也隨著她的慈悲善良、忠貞愛國、為國爭光等嘉德懿行而備受肯定。

追贈「華夏一等獎章」的殊榮，鮮少由女性獲得，更別說是一個演藝人員；國防部的「陸海空軍褒狀」給這位深入前哨鼓舞士氣的永遠的軍中情人，鄧麗君紀念郵票永遠於郵冊留芳；更審慎的是，靈柩上覆蓋國旗、黨旗走完最後一程人生路。電視臺連日輪番的詳實即時報導送出新聞畫面給全球，世界各地的弔唁電文如雪片般的飛來，三臺節目部動員所有可能的資源、人際關係，投入令人震撼的馬拉松式新聞戰，也以特別報導的手法，在最快的速度下製作出鄧麗君生平的紀念專輯，接連不斷地播放她的燦爛、豐碩而短暫的一生。

當時擔任臺灣省省長的宋楚瑜，為她的墓地親書「筠園」二字，撫棺悲慟，溢於言表。正如張家驤將軍沉痛的哀悼詞：鄧麗君的才華和愛國行徑無人能及，她的逝去，不但是演藝圈的損失、歌迷的損失，其實也是國家的損失。

是的，鄧麗君在歌壇的地位是國寶級的，也是國際級的，無人可替，成為絕響！

這絕響，流傳在世界各個角落不滅不滅，綿綿無期。中國人常把有過人之招、不傳之祕、厲害高明的技藝，稱為「絕活兒」，這個「絕」字就暗藏了無可取代、無可比擬的讚許，依

此而稱鄧麗君的歌為「絕響」毫不為過，她開啟了許多演藝事業的新頁，創下許多紀錄，然而，她是那麼謙虛、親切而率真。我想起日本一位資深媒體人在受訪時說，他喜歡的歌手有好幾個，但是每當一想到仍能讓他心痛的，只有鄧麗君一人。

我至今仍然記得，他說著說著就以九十度深深一鞠躬的景象，忍不住的淚水和著驕傲無聲滑下，是的，太多太多喜歡鄧麗君的人，不只是喜歡她的嗓音、她的歌藝而已！中國藝術史有「人品如畫品」的說法，人品不好，畫得再好也不會被肯定、不會被讚揚，流傳得久遠。同樣地，人品也有如歌品，多少紅極一時的明星都消失在時空泡沫中，過了就被遺忘，唯有真正在品格上讓人尊敬，在作風上讓人佩服，在言行上讓人讚嘆的，才會在時空的洪流中被記取，越久越讓人懷念，鄧麗君是這樣的人，這樣的絕響！

五月廿八日出殯當天，鄧麗君死忠的歌迷們依然漏夜守候在第一殯儀館景行廳外，坐輪椅、撐枴杖、扶老攜幼，垂淚漣漣地送她一程。凌晨五時，在慈濟功德會師姊和張玉玲、三嫂朱蓮的協助下，完成淨身換衣，誦經念佛聲中，鄧麗君的大體妝容自然而安詳，梳著辮子，穿著鳳仙裝，安詳、純真有如百合。

正如鄧媽媽所說，鄧麗君是從小領洗，信仰天主教的，在天主教信仰中有一個非常特別的教理是「諸聖相通功」，生者可以藉由彌撒祭獻為亡者祈禱，讓她的靈魂早日煉淨，得奔天鄉，永享榮福；清晨六時卅分，新店中華聖母堂的周神父和萬大路玫瑰天主堂的聖詠團，為她主持家祭前的「小殮」儀式，悠揚清亮的聖歌聲中，周神父在她的靈體移出時，邊走邊為她灑聖水，慈濟人則一旁為她低聲誦經，天主教與佛教兩種信仰儀式共融於一堂，同心為她祈禱，氣氛格外莊嚴。

十二位威武英挺的軍中弟兄為她扶棺，那是鄧麗君生前最在乎、最心繫的國軍之愛，鄧媽媽在家人扶持下遠遠的、深深的看女兒最後一眼，白髮人送黑髮人的傷慟，何時能平復？家祭時慈濟功德會何日生先生朗讀由三哥長富親自撰寫的〈祭妹文〉，感念她對國家的付出，感謝她讓家人在物質上不虞匱乏，在精神上帶來歡樂愉悅。她大半生的奔波忙碌卻從不喊累、說愁；她孝順父母、友愛兄弟、疼愛晚輩；她以歌聲柳營勞軍、宣慰僑胞、穿透海峽，種種行誼說不盡、道不完。在場靜靜聽聞的所有人早已唏噓啜泣，那淚水難挽的愛，流淌奔竄在每人心中，也在往後綿亙無絕期的思念裡。

送君千里，終須一別。

最後的家
筠園成為金寶山擁愛寶地

長達兩小時的公祭，在鄧麗君生前僅有一首親自作詞的〈星願〉歌聲中結束，漏夜排隊的上萬名歌迷擁入，流著淚瞻仰遺容；滿滿的人潮也早在墓園等候相送，十二位國軍弟兄扶棺，把靈柩一步一步移到墓地，四位姪女依照習俗「封穴土，一擲萬金」，所有送「君」到山頭的萬千愛君人，深深鞠躬作最後致意，大家流連在她墓園前久久不散，直到晚星升起，夜幕籠罩，山間燈火盞盞亮起，鄧麗君是真正的，安心的，安靜的歇下了！

金寶山董事長曹日章非常敬重鄧麗君生前行善的好心，助人的熱心，敬軍的愛國心，覺得好福地非常適合長眠善心人，他以熱愛鄧麗君的心主動提出，願意以象徵性的新臺幣一元價格，將金寶山的愛區占地五十坪的墓地「賣」給鄧家人。

金寶山墓園的整體景觀是座石雕公園，大片竹林，十分清幽，遠眺太平洋，背倚群山，鄧媽媽選中較開闊清靜的一塊，平靜而依戀地說：「這裡比較適合鄧麗君的個性。」

鄧家人欣然同意「二元」接受金寶山的美意，並決定由墓園設計顧問奚樹祥教授和藝術顧問蕭長正將五十坪占地建築成小巧精緻的「鄧麗君紀念公園」，讓鄧麗君安眠於此，有鳥唱相伴，有樂音長響。「筠園」在眾多專家的心力投注下，短短二十天內進行整地工程並完成墓穴周邊的設計，處處顯出音樂人的棲息氛圍，白色音符裝飾成的紅外線感應矮欄杆在入口處，園區中央有放大的鋼琴鍵盤，電腦會感應有人入園而播放鄧麗君的歌曲，有中、英、日、粵、臺語等歌，每天風雨無阻的參觀熱潮，鄧麗君的歌聲幾乎是終日唱響在金寶山，令歌迷們流連忘返。

筠園是鄧麗君的長眠之地，背倚群山，寧靜清幽。

筠園矗立著鄧麗君銅像，是留法藝術家蕭長正的手筆，他挑選了許多她的照片，最後選定鄧麗君在一九九三年在清泉崗勞軍時的演唱表情作雕塑，左側則是三哥長富所撰寫的簡潔精要〈墓誌銘〉，將鄧麗君短暫而璀璨的榮耀一生濃縮在飽含深情的字句裡。正前方則有一尊以黑色大理石雕刻的大地之母雕像，雙手環抱著碑石，守護著鄧麗君，平心長眠。

我在鄧麗君逝世六週年那天來祭悼，在現場訪問到藝人凌峰的妻子賀順順。這位生長在大陸的鄧麗君迷，在讀書時就和姊妹淘們天天偷聽鄧麗君的歌，聚在一起也愛談鄧麗君的事，鄧麗君死後，她們都傷心得不得了，又不能到臺灣來追悼她，就只好全權拜託賀順順，年年都到金寶山憑悼。大陸的親友死黨們不斷打電話叮嚀她，一定要到場將她們的心意說給鄧麗君聽，代替海峽彼岸的她們獻花、獻香、獻心意。

這十幾年內，我搭乘計程車時習慣向司機作小小的抽樣調查，驚訝的發現筆記上的統計數據：臺北、桃園、基隆附近的計程車司機，幾乎有超過七成以上載過客人上金寶山，也有不少司機自己帶著妻小專程去的，其中，載到日本客的比例最大，他們不會說中文，只要拿著鄧麗君的照片或CD唱片比一比，司機就知道是要到筠園。

當代雕塑家朱銘創作「人生之路」系列作品，及寶相莊嚴的佛像群山系列，讓金寶山的環境更美、更雅致，這裡充滿了文化氣息，曹董事長很願意讓鄧麗君這樣有貢獻的人，有個能到達國際水準的長眠之處，提供各國人士來此紀念、憑弔。

對於報紙上所刊登的「謠傳這塊地風水不佳，才給沒有子嗣的鄧麗君用」，或是鄧家人半夜把遺體挖起來另葬、埋下的只是空棺等，完全是媒體捕風捉影、不合邏輯的猜測，鄧家人根本不予回應。

十八年來，事實證明筠園的確是一個理想的安棲之地，不久之後，鄧家人也把鄧麗君生前最愛、最牽掛的父親移厝到金寶山，在靠著她不遠的地方長相陪伴，家人的愛、歌迷的愛，四面八方的愛伴隨著筠園永不歇的歌聲，年年湧入，日日流轉，鄧麗君應已無憾。

歌迷來探望鄧麗君，會把周圍布置得很美。

澄清謠傳 以寬容心笑看積極人生觀

鄧麗君從出道以來就一直有死亡傳聞，見諸報章雜誌傳述得沸沸揚揚的就有四次之多，每一次鄧麗君都能一笑置之，現身闢謠。

一九七二年，她從新加坡到香港與歌迷歡聚，新加坡八卦消息中傳出她「暴斃」消息，香港媒體十分關注。抵港記者會時，當然記者就圍繞著她的「死訊」來談，一般人談死很忌諱，但年輕的鄧麗君幽默以對：「一咒十年旺，我快要大發了！」

沒多久，她和鄧媽返臺，在報上發表了一篇〈我復活了〉的文章，淡定道出對死亡謠言的感覺：

我根本不把這些謠言當作一回事，我想只要自己做的正，一定會澄清這些傳聞的，我絕不會去斤斤計較……謠言的攻擊並沒有使我受到損害，反而使我因這個遭遇而思索到許多人生的問題，想開了，也就釋然了。當我遇見久別的故友，他們常常這樣吃驚的問我：「聽說妳死了！」

「我『復活』了！」我會這樣回答。

一場不算小的「誹謗」被她輕描淡寫的化解，謠言果然是越咒越旺，她不但當選了香港十大最受歡迎歌星及白花油義賣慈善皇后，慷慨捐款行善，不實傳聞對她沒有任何殺傷力，她依然以一貫的悲憫心腸做善事，對生命的態度反而更豁達，更淡泊。

一九九〇年，盛傳鄧麗君自殺，也有人說她死於腎臟病。謠言使她再度到香港露面，比過去略顯福態的身材，說明她健康狀況良好。一九九一年又傳她死於愛滋病，直到有人目睹她在淺水灣酒店的名店購物才不攻自破；一九九二年，香港通訊社再度傳出她遭暗殺，日本新聞界也附和報導，日本資深記者平野外美子追蹤到巴黎訪問她，告訴她港日盛傳的死訊，她也只是淡然一笑說：「嗯！已經死好幾次了。」神情上毫不在意。

這些任何空穴來風的「死訊」，鄧媽媽也聽到過好幾次，每次鄧麗君都會用輕鬆、快樂的語氣打電話向她報平安，讓虛驚一場的媽媽能夠放心，可是，一九九五年五月八日那天，鄧媽媽也懷著同樣的心情等待她的一句「媽，別擔心，我沒事啊！」來打破無聊的謠傳，但是，她報平安的電話卻再也不會、再也沒有響起了。

人們的關懷並沒有隨著她的離世而淡去，五月廿八日鄧麗君喪禮結束當晚，臺中天主教一所修女會的陸多默修女在寤寐睡夢中，彷彿見到鄧麗君清清楚楚地求獻十臺彌撒，陸修女馬上起身為她誦念玫瑰經，之後，天主教的教友們反應熱烈地爭著獻彌撒，大哥長安也在高雄為妹妹獻彌撒，往後更不時有本堂神父陸陸續續接到教友們為鄧麗君獻彌撒的請求，大家被她生前的善行懿德所感動，願意幫她做任何事，為她祈禱、獻彌撒，那種出於自然而然的行動響應，超越信仰，成為一種愛的凝聚。

同樣地，基督教長老會也為她做追思禮拜，特別是泰北回莫村的禮拜堂，以整個週日假期集合了全村教友和非教友，一起為她祈禱，他們並非歌迷，也不一定全都認識鄧麗君，但在聽了鄧麗君的故事後，都齊聚到禮拜堂同心祈禱，這樣的向心力、凝聚力，如果不是因為愛，只靠個人魅力是不可能達成的。

遺音遺願
星願的不了情愛永留人間

往事不堪思　世事難預料
莫將煩惱著詩篇　夢長夢短同是夢
一切都是為了年少的野心　身世浮沉雨打萍
天涯何處有知己　只愁歌舞散化作彩雲飛
一切都是為了如水的柔情　不妨常任月朦朧
為何看花花不語　是否多情換無情
燭火無語照獨眠　愛情苦海任浮沉
無可奈何花落去　唯有長江水默默向東流

這是鄧麗君最後的手稿。

姊姊過世後，五弟鄧長禧到香港為她整理遺物，在鄧麗君筆記本中，發現這份手稿，唱過一千多首由別人作詞、作曲的歌的鄧麗君，一直希望能唱自己的作品。四月底從清邁打了一個多小時的長途電話，她還興致勃勃想進棚錄自己寫的歌，卻不料再也不能親自演唱這首嘔心瀝血的作品。能寫詞譜曲的全才藝人羅大佑也感慨著，鄧麗君曾打電話給他，表示在巴黎期間寫了些詩，想讓他看看能否譜成歌，請大佑幫忙製作專輯，哪能料到，她的新企畫還沒說出來，人已溘然長逝。

她最後所寫的詩是不是指這首詩？大家並不得而知，但為完成她想唱自己作詞的歌這心願，長禧把歌詞帶回臺灣，由李壽全、童安格、李子恆等人共同整理並譜曲，在廿七日凌晨發表了〈星願〉，出殯當天演奏，以她的歌，送她上路。

為了紀念鄧麗君對流行歌樂的貢獻，並鼓勵這些一頭栽進通俗音樂領域的執著人，鄧麗君文教基金會籌備小

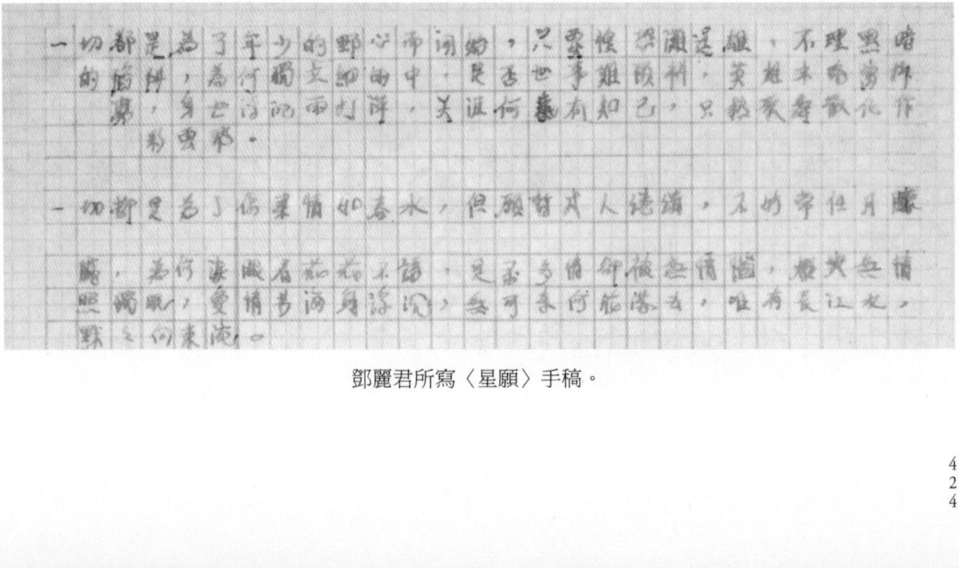

鄧麗君所寫〈星願〉手稿。

組邀請鄧麗君生前好友以連唱或合唱方式，共襄盛舉完成鄧麗君的遺作〈星願〉，並開放給海內外所有想唱這首歌的人演唱，版稅一律捐給公益活動運用，而第一個捐助的對象，就是在那年因車禍而去世的音樂專輯製作人楊明煌。

從第一屆「星願」全國創作歌謠歌唱比賽，反應熱烈；五週年時，富士電視臺主辦紀念鄧麗君演唱會，並尋找「鄧麗君接班人」，更可貴的是各地所成立的歌迷會，反而忙著為她「把愛傳出去」，平時只是聽歌和交換資訊的會友，這時都走出原有的團聚目的，而開始以行善助人來表達他們對鄧麗君的熱愛和懷念。這股原來四散的力量，因她的離去而凝聚起來，「鄧麗君國際歌迷臺灣俱樂部」串連上香港、日本、星、馬、歐洲和美洲等地的歌迷會，互通訊息，並矢志要讓鄧麗君在國際藝壇歷久彌堅，並傳揚她的真、她的善、她的美，源遠流長在人們的心海裡。

鄧麗君過世的第六年，歌迷驚喜地發現又能買到新專輯了，原來是鄧麗君文教基金會整理出她生前早已錄好，但尚未發行的多首歌曲來，一批是早在一九八九年夏天，香港九龍尖沙咀漢口道上的新歷聲錄音室所錄的〈不了情〉等幾首國語老歌，以及一首英文歌〈Heaven Help My Heart〉，在八月底與九月底分三次錄音完成；另一批則是隔年的五、六月間在巴黎錄音室錄下的〈Let It Be Me〉等。那時候，鄧麗君很喜歡「雷鬼」的唱法，還曾經從牙買加請來吉他手，從倫敦找來合作的鍵盤手Gofrey Wang進行錄音，錄的不算多，只留下這幾首。

長禧從她在法國的遺物中整理出這些錄音母帶，那時全家人都在傷心欲絕的當口，聽了徒

增感傷，根本沒有發行的意願。兩年後，鄧家從哀慟中走出，慢慢的調適與接受，整理香港故居就是一種心境的轉變——他們從「保存」跨越成「整理、開放」，讓更多人來追念、體會。有位失明歌迷遠從日本來，用他的手一點一點地撫摸「觀看」，面露喜悅；也有位癌症患者，坐著救護車來參觀，了卻生平最後一個心願。這些感人的實例，讓長禧再次把母帶找出來重聽，那貼近而遙遠的感覺，一如他一直以來的思念心情。他找來音樂人李壽全，決心以專業的後製，讓時空回歸，讓心情還原。

整個處理錄音的後製過程李壽全很慎重，把「遺物」轉變為「寶物」，無疑地是一種高難度的挑戰！國語老歌的部分請來北京的管絃樂團伴奏，聊慰鄧麗君生前沒有機會和大陸音樂家合作的遺憾；西洋歌曲則更用心地處理成國際巨星的現場演唱，找新加坡吉他手、馬來西亞的貝斯手來演奏，再找到一個澳洲的和聲團，讓音樂像現場般呈現。最後的混音工程，找來在日本時期為鄧麗君做混音的茂本正三來處理，為的是希望貼近鄧麗君的想法。而最重要的，鄧麗君的聲音，不做任何的剪接與修補，保持原來的聲音質地，甚至連耳機回傳的聲音都不去除掉，只拿掉原來錄音時的簡單 midi 伴奏。

李壽全花了許多時間思考如何做得盡善盡美，因為「技術不是問題，態度才是關鍵」，鄧麗君是個對自我要求很高的人，他把一個不再能重來的「遺音」，變成 live 現場的原音，從中感受到她的音容笑貌，從時空交替，遙遠的場景，貼近的心情，轉換成忘不了、忘不了、忘不了的繞樑餘音。

愛的擴張
在網路世界仍然備受矚目

進入E世代，所有訊息傳遞都在網路上蓬勃開展，鄧麗君逝世十八年卻並未從網路這新興玩意兒上缺席。君迷在無遠弗屆的網路上非常活躍，歌迷以鄧麗君的名義所辦的活動不少，更令人欣慰的是他們都在行善，因為他們覺得能以她的名行善，是最貼近她心靈，最讓她高興的事。

新加坡歌迷會成立於一九九五年九月卅日，會名是「永恆鄧麗君——歌迷聯絡站」，會員除了新加坡本地的歌迷，還有馬來西亞、英國以及澳洲的成員。他們固定舉辦活動，包括：鄧麗君生日紀念會、懷念之旅、探訪及協助兒童院和安老院等公益活動。

馬來西亞的歌迷會成立於一九七九年八月，會員們每逢鄧麗君的週年紀念便與其他國家的歌迷一起來場「清邁之旅」，參觀梅坪酒店一五〇二房，也會到筠園參加追念會。有位僑生說：「我每天讀書都要聽她的歌，是她的忠實歌迷，我真的願意為她做任何好事，希望她在天上會高興。」

香港歌迷會歷史最長，舉辦的活動不計其數，所有盈利也拿來做慈善用途。會長依舊是老資格的張艷玲，副會長是周鳳秋，顧問群更是驚人，音樂老前輩陳蝶衣就是其中之一，愛護鄧麗君為終身職志的宗惟賡宗伯伯，資深廣播人車淑梅等都是香港歌迷會的資深顧問，東方

魅力明星網更開設鄧麗君專屬網頁。

一九九五年，鄧麗君在香港赤柱的故居曾開放讓數以萬計的歌迷參觀，因維持開放的財力所費不貲，鄧家準備只開放一年就關閉，消息披露，香港的藝人如阿Ｂ鍾鎮濤、譚詠麟等更群起為故居的保留而請命。為了紀念鄧麗君，香港歌迷會精心籌畫了《漫步人生路》音樂劇，詮釋鄧麗君的生平；「星願縈我心音樂會」由香港ＴＶＢ藝人演出，門票收入全數捐贈給香港保良局的孤兒。懷念鄧麗君逝世音樂會幾乎年年舉辦，藉著各式各樣的懷念活動，為慈善皇后永續愛願。

君迷三十年來的收藏齊全而彌足珍貴。

在日本不但有歌迷會，也有不少網站，世界各地成立的鄧麗君網站也十分驚人：麗君戀網與臺灣蜜蜜相簿、日本 Lily 麗君追憶站及大陸所設的網站等，共同展出長達四年的全日本有線放送大賞特別節目。歌迷會以網站密密連起一個愛的大網在世界各地串連。一位資深網路專家說：「個人有魅力讓人四處為她成立網站的，鄧麗君是唯一的一個，她的個人網站紀錄分布幅員之廣、數量之多，至今無人可匹敵。」另一位資深網族也驚訝的說：「上網是年輕人的時髦玩意兒，是新興的產物，而鄧麗君的歌迷群眾現在應該都是半百以上很少摸電腦的老翁老嫗了，怎麼會有這麼多年輕人還知道她，流連在網站上談論她，真是匪夷所思。」

最有規模、人數最龐大的應該是大陸的君迷，中國鄧麗君歌友會的分會幾乎「網」羅了大陸三十個省、市、自治區及港、澳、臺和海外七個辦事機構，君迷們運用網路做連結，用文字抒發自己對鄧麗君的感情；中國網發起「新中國最有影響力文化人物」網路評選活動，網

君迷橫跨老中青三代，高齡八十的宋學導老先生是君迷，海榕則是鄧麗君網站年紀最輕的版主。

友熱情支持鄧麗君以逾八百五十萬張選票獲選「新中國最有影響力文化人物」的第一名；中國十大風尚影響力女性網路票選，鄧麗君更獲得「榮譽獎」，由她的姪女鄧永佳代表領獎。

各地君迷經常舉行不定期的聚會、K歌、交流，光在網上發表、轉貼的「愛君」文章就超過百萬字，還發起「愛心延續」捐書助學活動給貧困地區的小學；更在汶川大地震時也以君迷身分發起「守望相助，延續愛心」賑災募款捐獻給海紅十字會和四川綿陽災區；二〇一一年底更舉辦了「鄧麗君音樂文化現象論壇」作多層次的深入研討；隔年，湖北楚天音樂廣播臺也開播了《永遠的鄧麗君》節目，製作人林楓是湖北（武漢）分會會長，每天播出一小時長的節目談鄧麗君所譜寫的樂壇傳奇，這是中國廣播史上的創舉。

我在二〇一二年初在北京頗負盛名的「鄧麗君主題音樂餐廳」參加由歌友會主辦、北京原鄉人國際文化傳播公司承辦的「笑著舉杯」音樂會，慶祝她五十九歲生日，驚訝於十來個來自各地的「小鄧麗君」的模仿功力與認真，君迷之家創始人王素萍會長更是出錢出力，費心費神，那熱忱與真誠簡直是「愛」到義無反顧，讓人感動得沒話說，我真的覺得鄧麗君一直沒有離去，她是如此鮮明燦亮地活著！

愛的延續
基金會運作把愛廣傳出去

一九九五年，鄧麗君文教基金會成立，展開愛的延續，追念她艱辛奮鬥史和赤誠愛國心，紀念她在藝術歌唱事業的成就，一方面也希望能促進文化提升，從文化、教育、公益等多方的活動舉辦和獎助上，為她實現遺願，尤其是為泰北兒童教育奉獻一分心力，讓中華文化能在異地延續的心願。

泰北難民村四處以克難教室繼續中文教育。天不亮的六點半，就搶時間先上一段中文課，然後趕在八點正規時間去上泰文課；當泰文學校下課後，天色已晚，再續接上一堂中文課，直到八、九點才摸黑走山路回家。泰北村民管這樣早出晚歸的上學方式叫「兩頭黑」，即使辛苦，學生們都學習情緒高昂，家長也非常支持、鼓勵孩子，因為，他們堅信唯有經過「兩頭黑」才有「出頭天」。

我在天主教明愛會泰北辦事處的羅仕興協助下，訪問到家徒四壁的退休老校長，他家裡只有一把椅子。那天，我席地而坐，聽他感謝鄧麗君文教基金會多年來的捐助生活及教育補助金，逐年捐贈教室、課桌椅、圖書館、教學器材，透過認養學校，改善教室照明設備、學童用水之水源改善，更為小朋友上學方便，而捐錢架橋鋪路……事隔十年，我忘了老校長的名字，但他在昏暗光線下沿著皺紋深溝默然而下的老淚縱橫，是我心頭難以磨滅的側影。

鄧麗君文教基金會為泰北兒童上學便利而舖路。

鄧麗君文教基金會董事長鄧長富關懷四川偏遠地區的孩子們，捐助興建希望小學。

鄧麗君文教基金會捐給泰北的學生交通車。

許多地方都有基金會的捐助。滿堂村的中華中學由學校師生合作了一面照壁，國文老師親自寫了一句詩：「翠竹黃花曼妙影，白雲流水慈悲心」來感念她的遺愛。一位老先生開心的說：「多虧鄧麗君文教基金會捐款鋪路，我孫子上學不必再踩著一腳的黃泥巴來回了。」基金會更提供補助給泰北長大的孩子，從臺灣學成後再回到村落服務，讓他們得享較合理的待遇，繼續為泰北孩童的中文教育奮鬥。

不只是金錢和物質上的改善，鄧麗君文教基金會也重視他們的精神生活，贈送球類器材和全套音響，伴隨著讓學童快速學會唐詩宋詞的《淡淡幽情》，讓美斯樂、邊龍村、茶房村、老象塘等地有了歌聲，有了寄情，豐富了他們的精神層次。

同樣的愛，也散播在大陸的偏遠山區，我們走訪四川簡陽市周家鄉瓦窯溝村的希望小學，看到孩子們活潑的笑臉、朗朗的讀書聲，他們就算步行一個多小時，甚至要翻越一個山頭，都願意來上學，學校負責人十分感謝基金會的資助，鄧麗君的名字對他們而言，不是藝人，而是恩人！

開始寫鄧麗君傳記後，我驚異的發現，十餘年來基金會幾乎沒有「營利」的觀念，反而是專注於文化、教育、藝術及慈善公益活動，持續數年的「星願全國創作歌曲比賽」、以及贊助政大金旋獎、臺大民謠之夜等各大專院校的音樂創作比賽，獎勵無數有音樂才華的青年。

更可貴的是為善不欲人知的默默行善，包括：捐助國軍家屬扶助基金會、贊助陽明大學醫療服務隊至偏遠地區實施公衛及義診，關懷被火紋身、唇顎裂及身心障礙的兒童，以及榮民之家、老人安養院、天主教失智老人基金會及收容重障多障兒的聖安娜之家等，愛心更達海峽彼岸的汶川大地震賑災，日本三一一大地震時，也立刻捐助百萬深致慰問之情。每一幀、每一幅照片、獎牌、紀念盃、感謝旗，都代表鄧麗君遺願完成的點點屐痕。

為了「氣喘」這令鄧家人心痛至極的疾病，基金會製作了兒童氣喘宣導短片《三不五時防氣喘》，在向氣喘說「不」的健康博覽會播放；鄧麗君國際歌迷臺灣俱樂部志工也編印《氣喘防治手冊》，免費發給民眾，在各種場合宣傳防治氣喘和急救知識，希望讓氣喘病猝死的危機降到最低。「把愛傳出去」，正是愛鄧麗君的人共同的心願。

是的！鄧麗君的生前、身後都傳播著愛的訊息，用歌聲，用行動，用潛移默化，用默默引領。流行會過去，時代會轉移，唯有愛，永遠不會過去，這是鄧麗君一生的精神縮影，把愛傳出去！用心傳出去！用歌聲傳出去！

何日「君」再來呢？也許，我們不必多問，因為，她從來沒有遠走，她一直都在，一直都在。

她的大愛精神，一直長存世間、長存每個愛她的人心中。

後記

有些愛是不由分說的

時光的迅捷無聲，何其驚人，也何其無情，流年暗中偷換，一轉眼，鄧麗君逝世竟然已十八年，今年，她也邁入了六十歲的冥誕！八，是鄧麗君偏愛的數字，六十，是中國人最重視的一甲子，選擇在此時讓大家懷念更深入的鄧麗君，實在有其深意！

筠園，依然寧馨舒寬，淨土裡以國葬靜靜長眠的一縷芳魂，也依然讓人愛戴、追念、敬重；沒有人能問她、知她、解她，或代她回答此生是否不虛不枉，但，她短短的人世一遭，的確值得，也的確深具意義。

會答應執筆寫這本鄧麗君傳記，其實，不為她幕前幕後的璀璨亮麗，不為她遊走各國的充實豐盈，也不為她數不清的榮銜、后冠、名利、聲望和掌聲；而是為了在她身後，仍有許多團體、許多人以她的名義行善、助人、撫幼、慰安；他們超越宗教、超越國籍的以做種種善事來紀念她，來慰她的亡靈，相信這是她的遺願、遺愛，相信這樣的深重美意，能續存她在人間的未竟志業；身為藝人，這已超越演藝成就而達精神感召，唯有以與鄧麗君Teresa Teng同名的諾貝爾和平獎得主德蕾莎姆姆（Mother Teresa）的襟抱自期、自許、自勉，同樣的心懷大愛做小事，見到她的種種行誼在生前以真愛至情感動人，這樣可珍可貴的愛的續航力，才可能持久下去，也才可能在她身後十八年之久，還越做越蓬勃，越愛越美麗。

為什麼鄧麗君能號召這樣的影響力，在她生前、身後依然播愛流芳？

為什麼鄧麗君歌迷會能在各地動員，分享她的愛，給人們帶來歡笑？

為什麼有生命、有病苦、有災難、需要愛的地方，都有鄧麗君同在？

為什麼翻唱她的歌、模仿她的人，在大陸、東南亞都走紅的特別快？為什麼在新新人類主宰消費的時代，她的唱片還依然熱賣歷久不衰？為什麼四海之內有華人的地方就有她的歌聲，永遠聽不膩也忘不了？為什麼國內的善行義風需要共襄盛舉之際，她的名字仍然跑在裡面？為什麼柳營中的慶生會、康樂活動，每次都一定會唱她的招牌歌曲？為什麼？為什麼？許多的為什麼是沒有答案，也不需要答案的，我們只知道，她從來都沒有離開，她一直在我們左右，她的歌，她的好，她的溫暖和貼心，從來不曾高高在上，也從來不會因回歸天鄉而被遺忘！

家，一直是她的依靠與信託，累的時候，倦的時候，她總是回家來靠一靠，而此刻，她靜靜地躺在最愛的土地上，這片她生前最不捨、最鍾愛、最捍衛、最依賴、最感恩的土地，生時，她為爭取隱私權而流浪異國，現在，她可以安安穩穩長眠於此，放眼青翠的山崗，耳畔是輕柔的微風，身邊是四季不斷的玫瑰，周遭是自己唱了一輩子的成名曲，何止是靠一靠呢？

但是，選擇這樣的方式回家，無疑是讓人心慟的，到筠園來致意的人，莫不垂淚、嘆息，聽她柔柔的歌聲，看她甜甜的笑靨，心中的疼就忍不住一圈圈泛開，惋惜嘆息聲此起彼落，輕輕唱和著她的歌，她的音容笑貌就清晰湧現，遙遠的祝福來自遙遠的愛，而愛，從來是不由分說的。

是的，愛是不由分說的，就像歌迷愛鄧麗君，不用什麼理由，從大陸、日本、香港、泰國、新加坡、馬來西亞、歐洲、美國等地搭飛機遠道而來，旅途勞累，不倦不悔，只為在她墳前上一柱香，鞠一個躬，這樣的摯情已然超越「追星族」的熱情盲目，而是一種冷靜以對的珍愛敬重；粉紅色的玫瑰被歌迷一枝枝的剪下來，編排成她的名字，妝點成她的燭臺，被花刺到手指猛一縮，吸吮一口，隨之淡然一笑，她抬頭說：「這點痛，不算什麼，我的痛，在這裡！」細細流著鮮血的手，指著自己的心口，讓人鼻酸，誰不是呢？

就像鄧麗君愛那些前哨基層的阿兵哥，忍著病痛連唱幾個小時，和他們載歌載舞，和他們閒話家常，和他們穿一樣的戎裝，和他們曬一樣的烈陽……她那時還病著，可是，誰看得出來？她向誰吐露？沒有，她只是一逕的微笑、親切的說笑話、頑皮的邀約大夥兒一起唱，如果不是愛，她不必用這樣的忍苦來付出，她的盛名與受寵程度已不需要再打歌、打知名度，她只是全心全意的要給這些離鄉背井的戰士一些些鼓舞，我去離島訪問時，大家津津樂道的仍是鄧麗君的迷人風采，她的幽默，她的群眾魅力，她的歌聲飄過的坑道、戰壕，她的笑靨撫慰病榻弟兄……那是不由分說的愛，是雙向的，是交融的，一如春風走過！

對中華民族的大愛，她從不掛在口頭說，她只是用歌聲表達，在華僑地唱〈梅花〉、唱〈阿里山之歌〉、唱〈四海都是中國人〉，唱得熱淚滾滾，泣不成聲，臺上、臺下一片婆娑，卻又掌聲如雷；她在日本穿著中國旗袍，壓軸一定唱中國歌曲，不管日本人聽得懂不懂，要大家知道她是中國人，她毫不掩飾自己對家國民族的深情，從來不需掩飾。

在鄧媽媽的回憶中，她看到老幼婦孺會立即讓坐，看到貧病傷患容易落淚，看到貧童會立刻捐錢助學；看到電視新聞裡播報的無依老人，她會跑去送金慰問；看到泰北難民村苦況，她會給予實質幫助；河南商丘有人家貧，父死無法殯葬，她就立即匯款給完全不認識的彼岸同胞；甚至於看到流浪被棄的動物都起惻隱之心，得了獎金也轉贈出去，諸如此類的小例子不勝枚舉，這些都是陌生人，可她一樣疼愛，且為善不欲人知，唯有親如家人才會知道這些小瑣事，一一細數，卻又數不清。

寫這本書時，一直本著絕對不要將鄧麗君「神格化」，不要渲染她有多特別，所描述的只是她一生之中扮演好自己的角色罷了——身為子女，做到孝順信悌；身為學生，勤學力爭上游；身為藝人，四處義演勞軍；身為國民，提升國家形象；一個人一生能扮演多少角色，又能顧全多少角色呢？她只是把自身角色做好而已，說來簡單，其實多麼不易！

她的努力，不只在實質上能鼓舞年輕人，在精神上也影響著有心人；二〇〇一年，在我長達兩年又五個月的採訪中，越訪問越心折，竟然沒有一句負面訊息。二〇一一年數次走訪中國大陸，更發現她無遠弗屆的影響力。有人因欣賞她而改變一生，有人因她的榜樣而奮發向上，有人因聽她的歌而轉化心緒，更有一位少女在輕生之際因著聽她的歌重燃生命希望，在絕望邊緣活了下來！她的歌，她的人，引人向上向善，引人自珍自重，是這些原因讓我想深入探索鄧麗君的精神面，而非把她塑造成才學歌藝、外貌出色出眾的偶像崇拜，讀她的一生有所感，有所得，有所啟發，這才是紀念鄧麗君真正的意義！

鄧麗君渴望過平凡日子，渴望享平凡人才有的隱私，盛名所累，捕風捉影，從淚灑記者會到心頭長繭，對謠傳漠然到再也無所謂；這一路走來，起伏高低，笑淚悲歡，從繁華到極簡，到只求一份不受打擾的清靜，也許，我們都該慶幸自己的平凡。

不管她此生有多少蜚短流長，多少謠言中傷，絲毫不影響她在十幾億中國人心中的美好形象，也絲毫不會動搖她的巨星評價。正如日本人所言，鄧麗君是值得敬重的，不只國人如此認為，連國際也一致肯定，著名的中美洲郵票國格瑞納達發行了一式十六張的鄧麗君郵票套票，表達對她的敬意；她讓我想起作家白先勇在名作《謫仙記》的開卷篇所錄蘇曼殊名句：「人間花草太匆匆，春未殘時花已空；自是神仙淪小謫，不必惆悵憶芳容。」

也許，鄧麗君真是一個天上謫貶下來的小小仙，來人間玩一回，愛一回，鄧媽媽就認為她是隻銜環報恩的靈鳥，不管她是不是偶爾謫貶人間的小仙，她的人生都已過去，不逝的，卻是她的精神，她的遺愛。她想到大陸演唱的心願雖然沒能實現，她的歌卻響遍了神州，此生已成絕唱，此愛卻不會絕響。

《絕響——永遠的鄧麗君》不是敘述一位藝人的起伏轉折，而是一個愛者的精神情操，我們有幸在她的歌聲中愛過，痛過，生活過，悲喜過，有些愛，不由分說，只是浸潤，只是感受，只是在心頭慢慢滋長著，那就是一種幸福。

姜捷初稿於二〇〇一年清明．完稿於二〇一二年十一月

附錄／鄧麗君身影集

一九六三～一九七七年，臺灣、香港發跡時期

一九七〇年，參加電影《謝謝總經理》的高雄首映。

一九六七年，加入宇宙唱片時拍攝的沙龍照。

一九七〇年，於香港登臺表演。

一九六九年於新加坡表演後臺，和父母合照。

一九七一年去越南作秀，順道遊覽時與母親合照。

一九七〇年，於香港表演，姚莉前來探班，左為吳靜嫻。

辛苦多年，終於在北投買了新家，全家人可以快樂的住在一起。

一九七二年在香港參加白花油皇后加冕典禮。

一九七三年開始，前往日本發展

一九七三年，為了讓母女倆安心與日本「寶麗多」簽約，舟木稔親自請鄧麗君和媽媽到日本去視察環境。攝於大阪、京都。

以單曲〈空港〉，獲一九七四年第十六回唱片大賞新人賞。

一九七七年，在日本新年時，於東京新橋市民會館舉辦演唱會

在日本節目錄影時，扮成藝妓表演。

在日本發展期間鄧麗君仍繼續在香港出唱片，
並於一九七八年，在「利舞台」舉辦演唱會。

在沖繩旅遊。

一九七八年，於川琦產業文化會館獻唱，盛況空前。

一九八五年，於東京ＮＨＫ大會堂舉辦首次個人演唱會，門票在三天內銷售一空，入場券一張要五千日元，黃牛票更喊到每張三萬日元的高價！也讓鄧麗君的聲勢如日中天！

一九七八年赴外國充電，重拾書本

一九七八年，已經大紅大紫的鄧麗君，還是把握難得機會，與家人一同過春節。

一九七八年於羅馬旅遊。

一九七九年，「護照風波」後，鄧麗君去美國表演，順道散心。

除了拉斯維加斯、洛杉磯，鄧麗君也應邀前往溫哥華開演唱會。

攝於尼加拉瓜瀑布。

一九八一年，三軍將士心中永遠的軍中情人

一九八一年，前往金門舉辦「君在前哨月光晚會」前，與三哥合照。

鄧麗君參加勞軍活動一向不計酬勞，無論多忙都會參與。

舉槍姿勢俏皮可愛。

鄧麗君穿上空軍制服，展現英氣模樣。

身穿蛙人裝。

陸軍弟兄唱歌歡迎，大家打成一片。

體驗弟兄們的辛苦，於玉米田匍匐前進。

一九九四年，永遠的黃埔演唱會，向三軍將士致敬！

一九八七年，法國愜意生活

悠遊於巴黎塞納河畔。

九〇年後，鄧麗君逐漸淡出演藝圈。

在法國生活簡單、放鬆，遠離紛擾。

鄧麗君遇見了法國攝影師史蒂芬，兩人都對攝影很有興趣。

一九五三～一九九五，倩影、歌聲長留你我心中

VIEW系列011

絕響——永遠的鄧麗君

作　者—姜　捷
策　畫—鄧麗君文教基金會
主　編—陳信宏
責任編輯—尹蘊雯
責任企畫—曾睦涵
封面／版型設計—三人制創
內頁美術編輯—張瑜卿
校　對—林冠妏、尹蘊雯
發行人
董事長—孫思照
總經理—莫昭平
第二編輯部總編輯—李采洪
出版者—時報文化出版企業股份有限公司
一〇八〇三　台北市和平西路三段二四〇號三樓
發行專線—（〇二）二三〇六—六八四二
讀者服務專線—〇八〇〇—二三一—七〇五・（〇二）二三〇四—七一〇三
讀者服務傳真—（〇二）二三〇四—六八五八
郵撥—一九三四四七二四　時報文化出版公司
信箱—台北郵政七九～九九信箱
時報悅讀網—www.readingtimes.com.tw
電子郵件信箱—newlife@readingtimes.com.tw
第二編輯部臉書—http://www.facebook.com/readingtimes.2
法律顧問—理律法律事務所　陳長文律師、李念祖律師
印刷—詠豐印刷有限公司
初版一刷—二〇一三年一月二十五日
初版二刷—二〇一三年一月二十八日
定價—新台幣五五〇元
⊙行政院新聞局局版北市業字第八〇號

ISBN 978-957-13-5706-5
Printed in Taiwan

國家圖書館出版品預行編目資料

絕響——永遠的鄧麗君／鄧麗君文教基金會策畫；姜捷著.
-- 初版. -- 臺北市：時報文化, 2013.01
面；　公分. -- (VIEW ; 011)

ISBN 978-957-13-5706-5 (平裝)
1. 鄧麗君　2. 臺灣傳記

783.3886　　101026582